aller menschen würde

Reiner Engelmann
Urs M. Fiechtner (Hg.)

aller menschen würde

Ein Lesebuch
amnesty international gewidmet

Verlag Sauerländer
Aarau · Frankfurt am Main

Aller Menschen Würde
Ein Lesebuch
amnesty international gewidmet

Herausgeber: Reiner Engelmann, Urs M. Fiechtner

Lektorat: Paula Peretti
Einbandgestaltung: Manuel Süess unter Verwendung einer Illustration
von Katja Gehrmann
Innenillustrationen: Katja Gehrmann

Copyright © 2001 Text, Illustrationen und Ausstattung
by Verlag Sauerländer, Aarau und Frankfurt am Main

Printed in Germany

ISBN 3-7941-4580-1

Die Deutsche Bibliothek – CIP-Einheitsaufnahme

Aller Menschen Würde : ein Lesebuch ; amnesty international gewidmet /
Reiner Engelmann / Urs M. Fiechtner (Hg.) –
Aarau ; Frankfurt am Main : Sauerländer 2001
ISBN 3-7941-4580-1

Inhalt

Schranken

Schritte

Horizonte

Epilog

Anhang

REINER ENGELMANN / URS M. FIECHTNER

Vorwort

Vor gut einer Generation, im Jahr 1961, führte ein Zeitungsartikel über das Schicksal politischer Gefangener zur Entstehung einer internationalen Bewegung, deren Mitglieder seitdem mit wachsendem Erfolg und jenseits aller politischen oder religiösen, sozialen, kulturellen oder nationalen Grenzen für die Verteidigung und Verwirklichung der Menschenrechte arbeiten. Mit 7500 lokalen Gruppen und über einer Million aktiver Mitglieder in mehr als 150 Staaten gilt amnesty international heute als größte und einflussreichste unabhängige Menschenrechtsorganisation der Welt. Ihr Name steht heute stellvertretend für die aus jahrhundertealter Erfahrung geborene Erkenntnis, dass die Entwicklung und Durchsetzung der Menschenrechte nicht mehr allein den Nationalstaaten, den Parteien und Regierungen überlassen werden darf, sondern auf internationaler Ebene von möglichst vielen Menschen in die eigenen Hände genommen werden muss.

Das scheint auch zu funktionieren. Die Zahl der großen und kleinen, international oder regional agierenden Organisationen, Gruppen, Initiativen und Projekte, die sich, auf verschiedenen Wegen und mit unterschiedlichen Schwerpunkten, für die Verwirklichung der Menschenrechte einsetzen, geht inzwischen weltweit in die Tausende. Niemals zuvor in der Geschichte haben sich so viele Menschen so pragmatisch für ihre *und* die Rechte der anderen engagiert als in unserer Zeit. amnesty international ist hier eine Organisation unter vielen und versteht sich als Teil einer vielgestaltigen Bewegung, die ihrem Wesen nach nichts anderes als eine weltweite Bürgerbewegung ist und deren gemeinsames Ziel sich mit den ersten Worten aus der Präambel zur »Allgemeinen Erklärung der Menschenrechte« definieren lässt: »... die Anerkennung der allen Mitgliedern der menschlichen Familie innewohnenden Würde und ihrer gleichen und unveräußerlichen Rechte (als) Grundlage der Freiheit, der Gerechtigkeit und des Friedens in der Welt ...«.

Aber sind wir diesem Ziel auch näher gekommen? Noch immer vergeht kein Tag ohne Berichte über Menschenrechtsverletzungen in vielen Ländern der Erde, noch immer ist die Welt als Ganzes und die überwältigende Mehrheit ihrer Bewohner von Frieden, Freiheit und Gerechtigkeit weit entfernt, noch immer scheint es so, als gäbe es über den Zustand der Menschenwürde nur selten etwas Gutes zu berichten.

Wir haben den 40. Geburtstag von amnesty international zum Anlass genommen, genau diese Frage an eine Auswahl höchst unterschiedlicher Autorinnen und Autoren in verschiedenen Ländern und Kulturregionen weiterzugeben und sie um eine Antwort aus ihrer persönlichen Erfahrung und individuellen Sicht der Dinge zu bitten. Besonderen Wert haben wir auf die persönliche Erfahrung der Autoren gelegt und deshalb neben Schriftstellerinnen und Schriftstellern auch Menschenrechtler, Journalisten, Wissenschaftler, Juristen, ehemalige politische Gefangene, Flüchtlinge und natürlich ai-Mitglieder zur Mitarbeit an dem Buch eingeladen. Möglichst viele Stimmen und Standpunkte sollten zu Wort kommen und die Thematik in einem möglichst weiten Bogen umreißen. Auf jede unnötige Eingrenzung unserer Frage nach Erfolgen und Niederlagen, nach Fortschritten und Rückschlägen auf dem weiten Weg zur Anerkennung der Menschenwürde haben wir verzichtet und daher auch die Arbeit von amnesty international wohl zum Anlass, nicht aber zum einzigen Thema des Buches gemacht.

In gewisser Weise gehört es zum Thema des Buches, dass hier längst nicht alle Autoren vertreten sind, die wir gerne als Mitarbeiter gewonnen hätten. Die Arbeit an einem Buch, das sich mit dem Recht und der Würde des Menschen befasst, mag bei uns in Europa inzwischen etwas Selbstverständliches sein. In zahllosen anderen Regionen der Erde aber nicht. Viele unserer Anfragen haben ihre Adressaten gar nicht erst erreicht.

In einem Fall haben wir nachträglich erfahren, dass unser Brief an einen renommierten Menschenrechtler ohne Umweg direkt bei der politischen Polizei gelandet war. Umgekehrt sind einige Beiträge trotz mehrerer Versuche bei uns nicht angekommen. In vier verschiedenen Ländern konnten wir Menschenrechtler nicht erreichen, weil sie untergetaucht oder ins Ausland geflohen waren. In einigen Fällen haben uns Autoren absagen müssen, weil angesichts der gespannten Lage in ihren Ländern jede öffentliche Äußerung für sie ein zu hohes Risiko gewesen wäre. Unser Buch hat daher, im übertragenen Sinne, auch manche leere Seite, die erst noch gefüllt werden will.

Insgesamt haben an »Aller Menschen Würde« 45 Autorinnen und Autoren aus 21 Ländern mitgeschrieben. Ebenso vielfältig wie die Zusammensetzung des Autorenkreises sind auch die literarischen Formen, die sich hier gegenseitig ergänzen und dem Leser einen – seinen – individuellen Zugang zum Thema anbieten: Kurzgeschichten und Reportagen, Berichte und Essays, autobiographische Erzählungen und kompakte Sachinformationen verbinden sich hier mit Tagebuchaufzeichnungen oder Gedichten, mit Liedern oder Arbeiten für Bühne und Film. Diese Vielfalt haben wir gesucht und, wo immer es möglich war, in Gesprächen mit den Autoren immer wieder unterstützt. In ihr liegt die Stärke eines Lesebuches, das schließlich nichts anderes ist als eine miniaturisierte Bibliothek, die zu geordnetem Stöbern einladen und auf vielen

Wegen den Blick für die Wirklichkeit schärfen will.

Lesebücher sind Gebrauchsgegenstände und haben einen praktischen Nutzwert – zumindest ist dies immer die Hoffnung ihrer Herausgeber. Angesichts des Themas haben wir es für richtig gehalten, nicht nur auf den immateriellen Wert des Buches zu bauen, sondern auch für einen materiellen Nutzen zu sorgen. Wir haben daher die Autorinnen und Autoren gebeten, gemeinsam mit uns auf Honorare zu verzichten. Zusammen mit einer Spende des Verlags werden alle Honorare und Tantiemen aus diesem Buch amnesty international zufließen. Wir notieren dies aber nicht nur, um uns bei Autoren und Verlag zu bedanken, sondern auch, um den vielen Anregungen in diesem Buch eine weitere hinzuzufügen – auf den letzten Seiten, aber nicht an letzter Stelle werden hier auch praktische Vorschläge für die Unterstützung der Menschenrechtsarbeit gemacht.

Reiner Engelmann, Urs M. Fiechtner

MARKUS MUNZER-DORN

Der Anfang vom Lied

Ihr Herren Ge-ne-rä-le und ihr Herren Präsi-denten!

Ihr Herren Unter-nehmer, all ihr Herren dieser Welt!

Jetzt werd'ich euch mal sagen, was mir al-les nicht gefällt —

—! Ja, im Ernst, so fingen früher uns-re

Lie-der an, Voller J-dea-lis-mus, den man

nur bewundern, voller Na-i-vi-tät, ü-ber

die man nur staun-nen kann …

»Ihr Herren Generäle und ihr Herren Präsidenten!
Ihr Herren Unternehmer, all ihr Herren dieser Welt!
Jetzt werd ich euch mal sagen, was mir nicht gefällt! …«

Ja, im Ernst, so fingen früher unsre Lieder an
Voller Idealismus, den man nur bewundern
Voller Naivität, über die man nur staunen kann

Als hätten wir nicht genau gewusst
dass diese Lieder,
wenn sie denn jemals
aus der Kneipe, dem Hinterzimmer
dem regennassen Festivalzelt
nach außen gedrungen wären
in die »Welt«

schon in den ersten Vorzimmern jener Herrn
von deren untersten Sekretären
wie lästige Krümel
vom Schreibtisch gewischt worden wären.

Im Grunde waren wir wohl überzeugt
von unserer Machtlosigkeit
Nichts wurde mit Singen, Dichten, Schreiben erreicht –

Aber da täuschten wir uns vielleicht.

Denn irgendwann hörte man
von diesen Leuten
die Briefe schrieben
beharrlich, hartnäckig, stur,
Briefe
von ausgesuchter Höflichkeit
und doch messerscharf.

Geehrter Herr Präsident
schrieben sie
Exzellenz, Eure Hoheit
Herr Senator oder Herr Generalsekretär

Wir bitten dringend um Information
einen Menschen betreffend
der in einem Ihrer Gefängnisse sitzt
der nie ein Verbrechen beging
und nie vor einem Gericht stand
der eine Ihnen unbequeme Meinung äußerte
und im Anschluss an eine friedliche Demonstration
einfach verschwand.

Wir haben uns gründlich informiert
wir beobachten den Fall
auch die Welt-Öffentlichkeit ist dabei

Lassen Sie den Gefangenen frei!

Wieder diese Naivität
über die man nur staunen kann
Sogar die unteren Sekretäre
die längst ein paar hundert dieser Briefe
gewohnheitsmäßig in den Papierkorb gewischt hatten
staunten irgendwann

Und plötzlich hieß es
auch in den oberen Etagen:
Wieso wissen die das überhaupt
Sind unsere Mauern nicht dick genug
Wir haben doch dieses Subjekt
wie tausend andere
in aller Stille und spurlos verschwinden lassen
(haben wir jedenfalls geglaubt!)
Und warum hat so jemand
Freunde in aller Welt
die uns auf die Finger schauen?

Und die Herren
die so selbstgerechten
blinzelten irritiert
im ungewohnten Licht der Öffentlichkeit
und waren auf einmal bereit
zu Zugeständnissen
an die Menschlichkeit

Ja, ab und zu konnte man erleben
wie große Herren
lernten, klein beizugeben.

Das ist die Macht
der geballten Machtlosigkeit

Das ist
unbefugte Einmischung
in innere Angelegenheiten
unserer eigenen Welt

Und das veränderte eine Menge
nicht nur unsre Liedanfänge.

Hier wird keine Menschheit errettet
keine Schlacht
und kein letztes Gefecht gewonnen

Wir verloren jedoch
mit der Zeit
ein Stück weit den Glauben
an die eigene Machtlosigkeit.

Wege

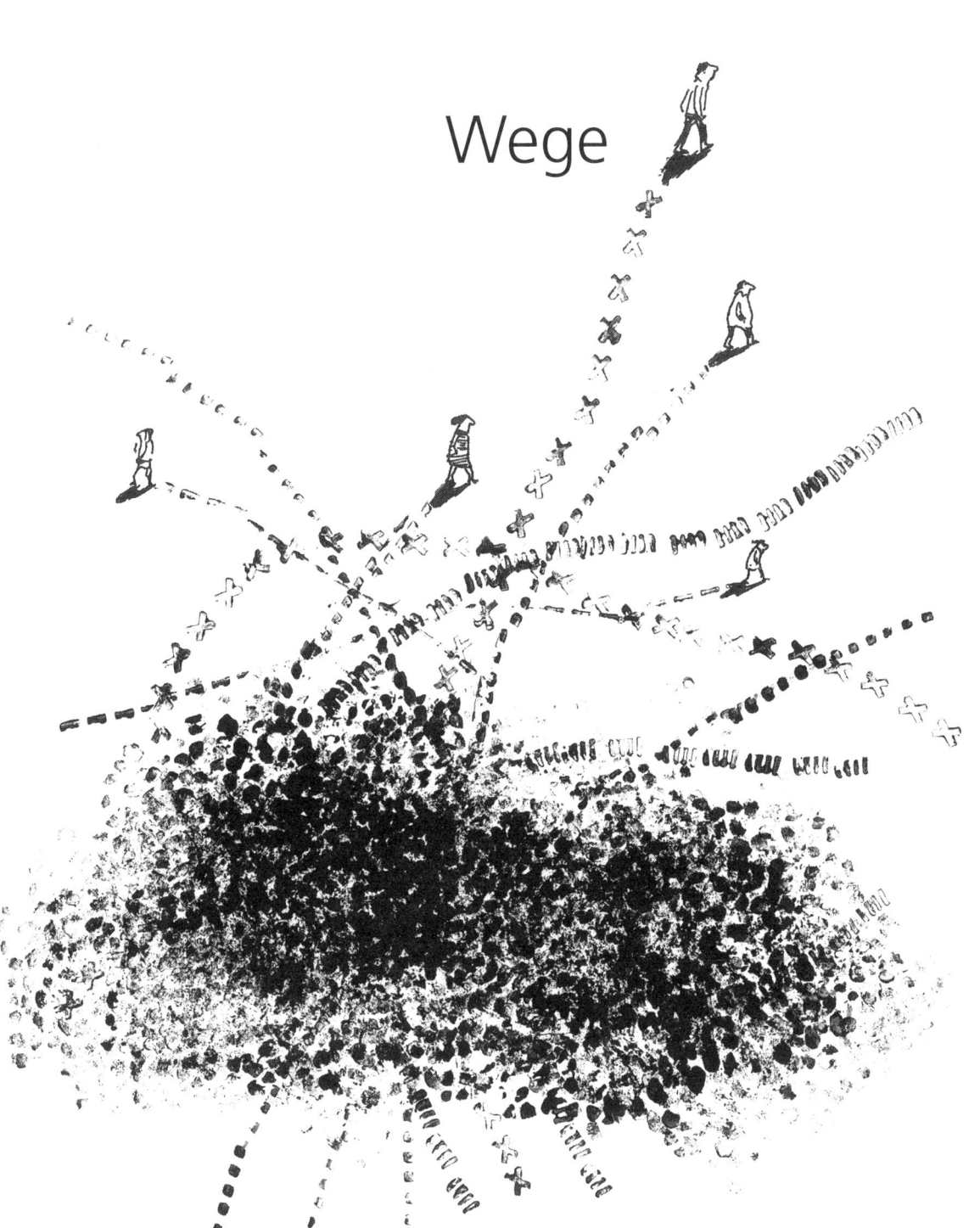

ROSIDA EICKELPASCH

Aufhören war nie eine Alternative

Meine ganz persönliche Geschichte mit amnesty

Mein *amnesty*-Lebenslauf beginnt eigentlich schon am 10. Januar 1951 in Olbernhau im Erzgebirge, in der damaligen »SBZ«*. Natürlich gibt es *amnesty international* zu dieser Zeit noch gar nicht, und auch die AEdMR (Allgemeine Erklärung der Menschenrechte) ist erst drei Jahre alt.

Ich bin ein sechsjähriges Mädchen, fröhlich und behütet besuche ich die 1. Klasse. Eines Tages – es ist beinahe 50 Jahre her – verbreitet sich eine Nachricht wie ein Lauffeuer in unserem verträumten 10 000-Einwohner-Städtchen: Gegen **Hermann Flade**, einen 18-jährigen Oberschüler, ist im Ballhaus die Todesstrafe beantragt worden. Anklagepunkte sind Boykotthetze, militärische Propaganda und versuchter Mord. Hermann Flade hat, wie man sich in der Schule erzählt, Flugblätter gemacht und verteilt. Bei seiner Festnahme hat er einen Vopo mit dem Taschenmesser leicht verletzt.

An diesem besagten Januar-Tag nun wird der Prozess im Radio übertragen. Meine Mutter möchte nicht, dass ich mithöre, und will mich aus der Küche schicken, doch im Winter ist das der einzige beheizte Raum und so darf ich bleiben.

Die Erwachsenen sitzen wie gelähmt vor dem Empfänger. Die Übertragung wird kurz unterbrochen, nachdem Hermann Flade gerufen hat: »Ich liebe die Freiheit«. Als dann das Todesurteil verkündet wird, weint meine Mutter und schluchzt: »Man kann doch so einen Jungen nicht umbringen!« Ich versuche teilnahmslos zu wirken und spiele in meiner Ecke weiter, aber mein Herz schlägt bis zum Hals. Ich frage mich, wer den Jungen, dessen kindliches Gesicht ich aus der Zeitung kenne, umbringen will. Darf man überhaupt einen Menschen mit Absicht töten? Ich verstehe nichts, und niemand spricht mit mir darüber. Auch in der Schule herrscht jetzt lähmendes Schweigen.

Je weniger ich erfahre, desto mehr beschäftigt mich diese Geschichte. Der Name Hermann Flade hat sich damals tief in mir eingegraben. Die ganze Wahrheit werde ich erst Jahre später erfahren.

Das Todesurteil für einen 18-jährigen Schüler löst in der ganzen Welt Protest aus. Politiker und Gewerkschaften,

* SBZ = Sowjetische Besatzungszone

Schriftsteller, Künstler, Universitäten und Schulen bitten Wilhelm Pieck, den Präsidenten der DDR, um Gnade. Auch in der DDR gibt es Widerstand. Es werden Gnadengesuche eingereicht und Eingaben gemacht, auch von Lehrern und Schülern unserer Oberschule. Vereinzelt werden auch Flugblätter verteilt mit dem Aufruf »Gebt Flade frei!« Ein paar davon sind von meinem Vater in Kunstschrift handgemalt, aber das habe ich erst vor ein paar Jahren erfahren.

Unter dem großen internationalen Druck kommt es schließlich zu einer Revisionsverhandlung. Hermann Flade wird zu 15 Jahren Haft verurteilt und verschwindet für viele Jahre hinter den Zuchthausmauern von Waldheim.

Langsam verflüchtigen sich die Schatten dieses Vorfalls. Ich gehe gern zur Schule und erlebe eine unbeschwerte Kindheit. Später möchte ich zum Zirkus gehen, das steht schon fest, als Schlangentänzerin oder als Löwenbändigerin.

1958, schon mit 14 Jahren, hat es sich ausgeträumt, ich flüchte mit meiner Familie in den Westen. Wir wohnen im Lager, mit sechs Personen in einem Zimmer zusammengepfercht. Statt in der Manege oder auf der Bühne zu stehen, sitze ich in einer kalten, stinkenden Fabrik und nähe im Akkord Ledermäntel.

Völlig überraschend holt mich im Jahre 1960 mein traumatisches Kindheitserlebnis wieder ein. Hermann Flade, so lese ich im *Stern*, ist nach 10 Jahren Zuchthaus entlassen worden und in die Bundesrepublik ausgereist. Der *Stern* feiert das als großen Sieg, denn er hat im Westen Deutschlands dafür gesorgt,

dass der ehemalige Oberschüler nicht in Vergessenheit geriet. In großen Lettern hat er immer wieder gefordert: »Gebt den Jungen endlich frei!« Daraufhin haben unzählige Bundesbürger Briefe an die DDR-Regierung mit der Forderung nach Freilassung des todkranken jungen Mannes geschickt. Im Nachhinein erscheint mir diese damals erfolgreiche Kampagne geradezu als Vorwegnahme der bewährten ai-Strategie, wie sie einige Jahre später entwickelt wurde.

Noch ein Nachtrag zu Hermann Flade: In Veranstaltungen und im Unterricht zum Thema Todesstrafe erzähle ich immer wieder diese alte Geschichte aus meiner Kindheit. Im Jahre 1998, also 47 Jahre nach dem Todesurteil, stoße ich in der *Frankfurter Rundschau* wieder auf dieses Kindergesicht. Ein ganzseitiger Artikel: »Ich liebe die Freiheit! – Ein Lebenslauf und ein Todesurteil in der DDR«.

Ich erfahre nun auch alles über seine Jahre »danach«. Er hat das Abitur nachgemacht und in Politologie promoviert. Er schreibt und hält Vorträge über politische Gefangene in der DDR und über Totalitarismus. Aber er wird nicht mehr heimisch in der neuen Welt. Die Spätfolgen einer offenen Tuberkulose und andere Wunden verheilen nicht. Hermann Flade stirbt 48-jährig in Bonn, 10 Jahre vor dem Fall der Mauer.

Es ist Anfang der 60er Jahre, als zwei Ereignisse mein Kindheitstrauma wieder aufwühlen.

Zum einen ist es das schreckliche Ende des jungen kongolesischen Staatspräsidenten **Patrice Lumumba**. Erstmals wird die ganze Welt vor den Fernsehgeräten Zeuge von Ekel erregenden Grausamkeiten, beim Abendbrot. Das Bild hat sich bei mir regelrecht eingebrannt: Dieser blutende schwarze Mann, der mit brutalen Schlägen auf einen offenen Lastwagen geworfen wird. Einige Tage später kam die Nachricht von seinem Tod.

Ein anderer Fall, der mich in jener Zeit stark beschäftigt, ist der des amerikanischen Mörders **Caryl Chessman**, der nach 12 Jahren in der Todeszelle in San Quentin vergast wird. Wieder ist es der *Stern*, der mir detaillierte Hintergrundinformationen bietet, so dass ich für die erregten Diskussionen über die Todesstrafe in der Firma gut gewappnet bin.

Aber eigentlich geht es jetzt erst einmal aufwärts mit mir: Mein Prinz taucht auf! Ich heirate mit 19 Jahren einen jungen Lehrer und die akute Nestbauphase beginnt. Dennoch: Von einem Rückzug ins Private kann keine Rede sein. Wir engagieren uns in der Politik und in sozialen Initiativen, die kleinen Kinder sind dabei kein Hindernis, sie sind immer mitten drin.

Anfang der 70er Jahre bekommt das, was mich so umtreibt, erstmals einen Namen: Menschenrechte. Es ist Carola Stern, die engagierte Publizistin und Mitbegründerin von amnesty-Deutschland, die mir den letzten Anstoß gibt. In mehreren *Zeit*-Artikeln und in Rundfunkbeiträgen informiert sie über Ziele und Arbeitsweise der jungen Gefangenenhilfsorganisation. »*Wer schweigt, wird mitschuldig!*« lautet ihr Slogan aus diesen Tagen. Ich fühle mich unmittelbar angesprochen, denn ich weiß inzwischen viel über Folter und Mord in den Militärdiktaturen und über die unmenschlichen Bedingungen in sibirischen Hungerlagern.

Aber was kann *ich* tun? Inzwischen haben wir unser drittes Kind und wohnen auf dem Land. Von ai hat man in unserer Region noch nichts gehört. Eine Anfrage beim nationalen Sekretariat in Hamburg bleibt unbeantwortet.

1978, endlich, lese ich einen Bericht in der Lokalzeitung über eine eindrucksvolle Konzertlesung, die eine amnesty-Gruppe in der Nachbarstadt organisiert hat. Es gibt also eine ai-Gruppe unmittelbar in der Nähe! Ohne zu zögern nehme ich Kontakt auf und werde Mitglied.

Zu sagen, dass ich es bis heute nicht bereut habe, wäre eine glatte Untertreibung. Die Wahrheit ist, dass ich auch nach mehr als zwei Jahrzehnten ai-Arbeit noch mit Leidenschaft und vollem Einsatz bei der Sache bin. Das hängt vor allem damit zusammen, dass ich bei ai all das ausleben kann, was mich seit Kindesbeinen umgetrieben hat: meinen ausgeprägten Beschützerinstinkt, meinen Eifer für Toleranz, Gerechtigkeit und Aufklärung. Auch meine Neugier und mein Wissensdurst finden bei ai ein reiches Betätigungsfeld. 22 Jahre Menschenrechtsarbeit, das kommt einem Studium in Politik, Jura, Geschichte und Geographie nahe. Für jemand, der nach acht Jahren die Schule verlassen musste, ist das nicht eben wenig.

»Man muss immer die einzelne Person

sehen, diese eine und dann jene eine, im-
mer nur eine auf einmal.«

Diesen Spruch habe ich zum Leitmotiv
für meine ai-Arbeit gewählt. Er stammt
von Mutter Teresa, einer Expertin in Sachen Menschlichkeit.

Ich gehöre also einer von 600 amnesty-
Gruppen in Deutschland an. Wir sind
immer so um die zehn Leute, die meisten sind schon über 15 Jahre dabei. Einer macht es sogar schon über 24 Jahre,
er war auch Gründungsmitglied. Seine
hervorstechendste Eigenschaft ist sein
unverwüstlicher Humor. Neben Geduld
und einem unerschütterlichen Glauben
an eine mögliche bessere Welt ist das
wohl die beste Voraussetzung für eine so
lange Mitarbeit bei amnesty.

Seit Bestehen unserer Gruppe haben wir
neun Fälle betreut, nein: Wir haben uns
für neun »einzelne Personen«, politisch
Verfolgte aus verschiedenen Ländern,
eingesetzt. So lange eingesetzt, bis sie
wieder frei waren bzw., bei Verschwun-
denen-Fällen, bis ihr Schicksal geklärt
war.

Für diese Menschen haben wir, nachdem wir uns gut eingearbeitet hatten,
Tausende von Briefen und Faxen in das
jeweilige Land geschickt – an Regie-
rungs- und Justizbehörden, an Institutionen und an die Presse. Wir haben Anwälte und Schulgeld bezahlt, Unterhalt
für die Familien aufgebracht und, wenn
irgend möglich, Briefkontakt zu den Gefangenen unterhalten. Auch in Deutschland suchen wir ständig Unterstützung
in der Politik, bei Kirchen und Gewerkschaften, Universitäten, Frauengruppen
und Schulen.

Zu den wichtigsten Bereichen der ai-

Gruppenarbeit gehört die Pressearbeit,
denn *Menschenrechte brauchen Öffentlichkeit.* Natürlich müssen wir uns auch
um so triviale Dinge wie Finanzbeschaf-
fung kümmern. Die Ermittlung, die Ge-
fangenenbetreuung, die Aufklärungs-
kampagnen und das Porto – alles kostet
Geld.

Einen neuen Motivationsschub für die
oft triste und frustrierende Alltagsarbeit
liefert vor allem ein erfolgreich abge-
schlossener »Fall«. Einer, mit dem ich
ganz persönlich intensiv befasst war,
trägt den Namen **Özcan Kesgeç**.

Im Jahre 1980 putscht in der Türkei das
Militär, und eine Verhaftungswelle gegen ganze Bevölkerungs- und Berufs-
gruppen sorgt für Zehntausende politische Gefangene. Einer von ihnen ist der
hochrangige Gewerkschaftsfunktionär
Özcan Kesgeç, der am 1.3.1981 nach
schweren Folterungen im Istanbuler
Militärgefängnis landet. Für ihn und
weitere 29 führende Mitglieder der Gewerkschaft DISK fordert der Staatsan-
walt die Todesstrafe, wegen umstürz-
lerischer Tätigkeit.

Wir arbeiten uns als erstes in das Geschehen, die Geschichte und Kultur der
Türkei ein. Daneben suchen wir nach
Mitstreitern in Deutschland und Europa. Bei den Europäischen Gewerkschaften auf allen Ebenen und bei einem
unserer Bundestagsabgeordneten (wir
werden auch in den Bundestag eingeladen und treffen hochrangige Gewerkschafter) finden wir kompetente und
langfristige Unterstützung. Über Info-
stände, Plakatwände, Unterrichtsstun-
den und die Presse informieren wir eine
breite Öffentlichkeit.

Auch die schrecklichen Nachrichten über systematische Folter, unvorstellbare Haftbedingungen, Tote und Verschwundene in der Türkei können uns unseren Optimismus nicht nehmen. Es ist doch kaum vorstellbar, dass ein Land, das Anschluss an Europa sucht und der Nato angehört, einen Gewerkschafter allein aufgrund seiner Gewerkschaftsarbeit zum Tode verurteilen und hinrichten kann. So argumentieren wir auch in unseren unzähligen Briefen an die Justiz und die Regierung der Türkei. Unsere wiederholten Versuche, Kontakt zu Özcan aufzunehmen, schlagen fehl. Meine Briefe in türkischer Sprache – ich habe eigens aus diesem Grund Türkisch gelernt – bleiben ohne Antwort. Dagegen klappt der Briefwechsel mit seiner Ehefrau sofort. Wir sorgen einige Jahre für den Unterhalt der Familie. Irgendwann erfährt auch Özcan, dass er von ai betreut wird.

1985 erreicht uns dann endlich die befreiende Nachricht: Özcan Kesgeç ist frei! Vier Jahre später, an einem Sommertag 1989, besucht er mit Freunden die ai-Gruppe Beckum. Wir empfangen ihn bei mir zu Hause mit großem Bahnhof und hissen zu seinen Ehren sogar die türkische Flagge.

Wir sitzen in meiner großen Küche und erzählen bei Kaffee und Kuchen. Ich zeige ihm die vielen Bücher über die Türkei und die dicken Aktenordner mit seinem »Fall«. Özcan sieht die vielen Zeitungsartikel über ihn und Hunderte von Briefdurchschlägen mit seinem Namen. Er ist sehr gerührt über die Mühe, die wir uns gemacht haben, aber auch sehr erstaunt über unsere »Unprofessio-nalität«. Rosida von amnesty international hatte er sich ganz anders vorgestellt, irgendwie bedeutender. Er dachte immer an ein großes Büro mit Vorzimmerdame und nicht an eine Hausfrau auf dem Land in einer gemütlichen Küche.

Ein ehemaliger, mit der Todesstrafe bedrohter politischer Gefangener, für den wir gekämpft haben, sitzt uns leibhaftig und ungebrochen gegenüber – das sind Momente, aus denen ein ai-Mensch für Jahre Kraft schöpft, die für die jahrelange, oft frustrierende Arbeit entschädigen.

Das Wissen und die Erfahrung, die ich bei der Arbeit für Özcan Kesgeç gesammelt habe, kommt mir noch bei einem anderen »Fall« eines politischen Gefangenen in der Türkei sehr zustatten. **Ilker Demir** – ein junger Journalist, der für einen regimekritischen Artikel in einer kommunistischen Zeitung zu 23 Jahren Haft verurteilt wurde und schwer krank ist – wird mit unserer Hilfe nach sechs Jahren aus der Haft entlassen.

Neben der Todesstrafe bildet die Menschenrechtssituation in der Türkei seit vielen Jahren einen Schwerpunkt meiner ai-Arbeit. In den letzten 20 Jahren habe ich Hunderte Vorträge in ganz Deutschland zur Kurdenproblematik und zu den andauernden Menschenrechtsverletzungen in der Türkei gehalten. Das Thema meiner Veranstaltungen lautete über Jahre: »Menschenrechte in der Demokratisierungsphase«. Daraus spricht ein verhaltener Optimismus, aber es geht nur im Schneckentempo voran. Immerhin spricht amnesty international im Jahresbericht 1999 erstmals nicht mehr von »systematischer«, sondern von »weit verbreiteter« Folter.

»Wir müssen uns Sisyphos als einen glücklichen Menschen vorstellen.«
Dieser Satz von Albert Camus trifft, wie ich meine, sehr gut das Verhältnis von Lust und Frust in der ai-Arbeit. Das Alltagsgeschäft bei amnesty gleicht in der Regel einer ermüdenden, immer wieder von Enttäuschungen und Rückschlägen begleiteten Sisyphusarbeit. Oft bewegt sich über lange Zeit rein gar nichts.
Um nicht mutlos zu werden, sage ich mir immer wieder, dass die Menschenrechtsarbeit, gemessen an der langen, blutigen Menschheitsgeschichte, noch ganz jung ist. Die Anti-Sklaverei-Vereinigungen im 18. Jahrhundert waren die Ersten, die sich für die Rechte anderer, fremder Menschen eingesetzt haben. Heute ist die Sklaverei in Amerika bekanntlich abgeschafft. So wird das eines Tages auch mit der Todesstrafe sein.
Auch im Fall unserer irakischen Frauen, die wir im Augenblick betreuen, tut sich einfach gar nichts. Die beiden Schwestern **Sabiha** und **Intisar Rasan Khallati** sind nach dem letzten Golfkrieg im Kuwait verhaftet worden. Nach schweren Folterungen und einem unfairen Prozess wurden sie wegen Kollaboration zu 15 Jahren Haft verurteilt.
Wir fordern die bedingungslose Freilassung der Schwestern, wieder mit den üblichen Mitteln und dem gewohnten Einsatz. In der nächsten Woche werden wir wieder ein Päckchen schicken, vielleicht kommt es diesmal ja an!
Frustrierend!! Aber ich werde nicht lockerlassen, meine Freundinnen und Freunde von ai auch nicht. Schließlich geht es nicht um Betreuungsfälle, sondern um Menschen. Und der Erfolg hat uns schon so oft Recht gegeben! Aufhören wäre jedenfalls keine Alternative.

I have a dream!
Manchmal überlege ich, was ich bei meiner statistischen Lebenserwartung noch erwarten kann, in Sachen Menschenrechte:

1. Intisar und Sabiha kommen frei.
2. Wenn weiter jährlich vier Staaten die Todesstrafe abschaffen, dann ist sie bald so geächtet wie die Sklaverei. Schon jetzt sind die Staaten ohne Hinrichtungen in der Überzahl.
3. Die UNO installiert ein weltweites Überwachungssystem um die auf dem Papier versprochenen Menschenrechte und Grundfreiheiten durchzusetzen. Ein ständiger internationaler Strafgerichtshof mit umfassenden Kompetenzen sorgt für Gerechtigkeit.
4. Die verschiedensten Nichtregierungsorganisationen als Anwälte der Schwachen werden als Korrektiv zur dritten Macht, neben Politik und Wirtschaft.
5. Die Türkei wird in die EU aufgenommen, weil sie allen Anforderungen, auch denen in puncto Demokratie und Menschenrechte, gerecht wird.
6. In Deutschland wird das Asylrecht wieder so gehandhabt wie von der

Gründergeneration der Bundesrepublik vorgesehen.

Vielleicht lässt sich zumindest einiges davon in den kommenden 25 Jahren verwirklichen.

Vielleicht sagt aber auch Emilia, meine kleine Enkelin, erst viele Jahre später: »Wie schade, dass Oma Rosida das nicht mehr erlebt!«

Der Brief

Ein Brief hat ein Stück Vergangenheit, die Erinnerung an einen fast schon wieder vergessenen Menschen, in mir neu aufleben lassen. Einen Menschen, den ich nie gesehen habe, mit dem ich nie ein Wort gewechselt habe, dessen Schicksal mich aber viele Jahre beschäftigt hat, mir keine Ruhe ließ. Außer seinem Namen, seinem Alter, seinem Beruf und der Tatsache, dass er, als ich zum ersten Mal von ihm erfuhr, bereits mehr als zehn Jahre als politischer Gefangener in einem Gefängnis in Asunción, der Hauptstadt Paraguays, einsaß, wusste ich nichts von ihm. Die letzte Nachricht über ihn entnahm ich vor über zwanzig Jahren einem Pressebericht, aus dem hervorging, dass er aus der Haft entlassen wurde.

Und nun kommt ein Brief von ihm, der mir die Zeit wieder ins Gedächtnis zurückruft. In den vergangenen Jahren waren einige Aktenordner, prall gefüllt mit Briefen, Berichten und Aufzeichnungen stumme Zeugen von ihm. Ich muss sie heute nicht mehr durchblättern, muss nichts in ihnen nachlesen um mich wieder zu erinnern.

Aus der Arbeit der amnesty-Gruppe

Im März 1970 wurde unserer amnesty-Gruppe ein neuer Fall vom Internatio-

nalen Sekretariat von amnesty international in London zugewiesen. Es war für uns – neben einem aus Vietnam und einem aus der Sowjetunion – der dritte Fall. Der Akte entnahmen wir folgende Daten:

Name: Alberto Ch.
Alter: 29 Jahre
Beruf: Fährmann
verhaftet am: 31. Dezember 1959
Grund der Verhaftung: vermutlich verwechselt mit einem Gesuchten des gleichen Familiennamens
Wohnort: unbekannt
Familie: unbekannt
Gefängnis: Villa Aurelia, Asunción
Status: Adoption

Dazu der Hinweis: »Schreiben Sie bitte höflich formulierte Briefe in gutem Spanisch, in Englisch oder in Deutsch, in denen Sie die sofortige Freilassung des Gefangenen fordern, an folgende Adressen.«

Aufgelistet waren alle Minister der paraguayischen Regierung.

Paraguay. Wir hatten viele Berichte über dieses Land gelesen und darin erfahren, dass Alfredo Stroessner 1954 mit Hilfe des Militärs durch einen Putsch an die Macht kam; dass er den Ausnahmezustand über das Land verhängte und damit alle verfassungsmäßigen Grundrechte außer Kraft setzte; dass Menschen willkürlich verhaftet wurden, wenn sie auch nur im Verdacht standen, gegen Recht und Ordnung zu verstoßen, und dass diesen Menschen ein Gerichtsprozess verweigert wurde und sie so für Jahre hinter Gitter kamen. Über Folterungen und Misshandlungen von Gefangenen war darin zu lesen; von unzureichender Ernährung, von Krankheiten der Inhaftierten und der Weigerung der Gefängnisleitungen, ihnen ärztliche Hilfe oder wenigstens Medikamente zukommen zu lassen.

Diese allgemeinen Beschreibungen wurden plötzlich sehr persönlich.
Durch den Namen Alberto Ch.

Da wir außer den offiziellen Adressen zunächst keine weiteren Kontaktpersonen hatten, an die wir uns hätten wenden können, mussten wir diese auf vielfältigste Weise ansprechen und bei ihnen gegen die Inhaftierung von Alberto Ch. protestieren. Immer neue Methoden dachten wir uns aus, angefangen bei Briefaktionen an Informationsständen, wo wir Interessierte darum baten, einen der vorgefertigten Briefe mit ihrem Absender und ihrer Unterschrift zu versehen und ihn an die angegebene Adresse zu schicken, über bundesweit durchgeführte Unterschriftensammlungen oder einer weltweit organisierten Postkartenaktion, alle mit dem einen Ziel: die Freilassung von Alberto Ch. zu erreichen. Und auch wir, die Gruppenmitglieder, schrieben Briefe, damals noch mit der Schreibmaschine:

Sehr geehrter Herr Präsident,
erneut wende ich mich heute an Sie, um Ihre Aufmerksamkeit auf den Bürger Ihres Landes, Herrn Alberto Ch. zu lenken, der sich nun schon seit 11, 12, ... 17, 18 Jahren im Gefängnis befindet, ohne jemals von einem Gericht verurteilt worden zu sein.
Später kam der Satz hinzu: Nach den mir vorliegenden Informationen ist sein Gesundheitszustand Besorgnis erregend, eine ärztliche Behandlung wird ihm jedoch verweigert.
Die Inhaftierung von Herrn Ch. widerspricht insbesondere dem Artikel 5 der Allgemeinen Erklärung der Menschenrechte, wie sie von der UNO 1949 verabschiedet und auch von Ihrem Land mit unterzeichnet wurde.
Deshalb bitte ich Sie erneut und eindringlich, alles in Ihrer Macht Stehende zu unternehmen und die sofortige Freilassung von Herrn Ch. anzuordnen.

In Erwartung Ihrer Antwort verbleibe ich
hochachtungsvoll

Ungezählte Briefe, immer an die gleichen Adressen, immer mit dem gleichen Anliegen – sie alle blieben unbeantwortet.

Sollten wir aufgeben? Sollten wir den Fall als nicht lösbar an das amnesty-Sekretariat zurückgeben, einen neuen beantragen, bei dem das Engagement Erfolg versprechender war?

Diese Fragen tauchten während der Gruppensitzungen dann auf, wenn nach einer auf breiter Basis durchgeführten Aktion keine Reaktion der Verantwortlichen in Paraguay zu registrieren war. Weitergeholfen und Mut gemacht haben uns damals die Aussagen ehemaliger politischer Gefangener, die hier im Exil lebten, dass sich ihre Situation im Gefängnis schlagartig gebessert habe, als man sich in Briefen aus dem Ausland für sie einsetzte.

Also schrieben wir weiter, schrieben gegen eine wie aus Beton gegossene Mauer. Vielleicht würden unsere Briefe doch ihre Adressaten finden und sich wie Stecknadeln in ihre Kopfkissen eingraben, die sie irgendwann nachts nicht mehr ruhig schlafen ließen.

Es gab noch einen weiteren Grund, nicht aufzuhören, nicht aufzugeben, sondern weiterzumachen, auch wenn wir gegenüber der neuen Aktion zunächst etwas skeptisch waren. Wir hatten von einer Parlamentsabgeordneten in Paraguay erfahren, die regelmäßig politische Gefangene besuche, ihnen Lebensmittel und Medikamente bringe. Aber dazu brauche sie Geld.

Sollte es für und durch sie möglich sein, mit Alberto Ch. in einen indirekten Kontakt zu kommen? Würde sie uns etwas von ihm mitteilen oder wenigstens über ihn schreiben können?

Auf in unseren Augen verschlungenen Pfaden ließen wir ihr in regelmäßigen Abständen Geld über Mittelsmänner in Deutschland und den USA zukommen. Erst viel später sollte sich herausstellen,

dass es wirklich ankam und sie für Alberto Ch. die dringend benötigten Medikamente kaufte.

Auch das letzte Jahr unseres Einsatzes – damals wussten wir allerdings noch nicht, dass es das letzte sein würde – war gekennzeichnet durch Briefeschreiben, durch weitere Postkartenaktionen, durch weitere Unterschriftensammlungen und durch weitere Geldsendungen. Angespornt dazu wurden wir durch neue Informationen des Internationalen Sekretariats, Alberto Ch. sei krank, habe Tuberkulose und sei zudem durch wiederholte Hungerstreiks sehr geschwächt. Auch die Quelle dieser Informationen erfuhren wir: Es war die Parlamentsabgeordnete.

Fast zeitgleich mit diesen neuen Informationen erreichte uns ein Brief der Deutschen Botschaft aus Paraguay, datiert vom 6. 1. 1978, mit der knappen Nachricht:
Ich kann Ihnen mitteilen, dass der paraguayische Gefangene Alberto Ch. am 24. Dezember vergangenen Jahres freigelassen wurde.

Ein Grund zum Jubeln? Hatten wir mit all unseren Bemühungen nun endlich den Erfolg? Ein paar Tage konnten wir uns das einreden, uns über diesen Satz freuen. Eine Woche später mussten wir jedoch einem Zeitungsbericht einer paraguayischen Tageszeitung, die auf Grund von Pressezensur nur im Ausland hergestellt und vertrieben werden durfte, entnehmen: Alberto Ch. sei vermutlich deshalb entlassen worden, weil zu befürchten war, er könne im Gefängnis sterben.

Solange Alberto Ch. im Gefängnis war, konnten wir ihm helfen, konnten ihm Geld für Medikamente schicken. Jetzt, da er in Freiheit war – es war auch nicht herauszufinden, wo er sich aufhielt –, fiel diese Möglichkeit weg. So blieb uns nur die Hoffnung, Alberto Ch. möge auf Menschen treffen, die ihm weiterhelfen würden.

Die Begegnung

Seit der Nachricht über die Freilassung von Alberto Ch. sind viele Jahre vergangen. Die amnesty-Gruppe hat sich seitdem erfolgreich für die Freilassung eines Gefangenen aus Vietnam, eines aus Malaysia und eines aus Argentinien eingesetzt, sie hat sich – in Briefen – auf die Suche nach einem 1978 in Argentinien »verschwundenen« Ehepaar begeben, das, wie nicht nur die Angehörigen später vermuteten, sondern auch eine Zeugin bestätigte, bereits wenige Wochen nach seiner Verhaftung im Konzentrationslager »La Perla« erschossen wurde; sie hat sich an Kampagnen gegen Folter und Todesstrafe beteiligt und hat die oft winzigen Siege als »Wir sind nicht machtlos« betrachtet und auf Niederlagen mit »Jetzt erst recht« reagiert.

Alberto Ch. wäre sicher nicht mehr als ein Glied in einer Reihe von Menschen gewesen, für die die Gruppe sich eingesetzt hat, wenn es nicht zu einer folgenreichen Begegnung gekommen wäre.

Zufall?

»Es gibt keine Zufälle, nur glückliche Fügungen« wird Alberto Ch. in seinem Brief schreiben.

Durch eine solche »glückliche Fügung« lernte ich eines Abends vor einem knappen Jahr Virgilio kennen, einen Exil-Paraguayer, der am folgenden Tag für immer in sein Heimatland zurückgehen wollte. Freunde hatten für ihn ein Abschiedsfest organisiert, zu dem ich eingeladen war, ohne jedoch den Grund zu kennen.

Im Laufe des Abends ergab es sich, dass ich mit Virgilio, den ich bis dahin nicht kannte, ins Gespräch kam. Dabei stellte sich schnell heraus – es kommt mir heute noch unwirklich vor, als er es wie selbstverständlich sagte –, dass er Alberto Ch. kenne, er sei jahrelang sein Zellennachbar im Gefängnis gewesen und er habe auch heute noch, von Deutschland aus, gelegentlich Kontakt zu ihm. Es gehe ihm, zumindest nach seiner letzten Nachricht, gut, er habe eine kleine Wohnung in Asunción und er habe auch wieder eine Arbeit.

Es wurde ein langes Gespräch, an dessen Ende wir verabredeten miteinander in Kontakt zu bleiben.

Nach einigen Monaten kam tatsächlich ein Brief aus Paraguay. Briefmarke und Stempel waren eindeutige Beweise dafür. Dem Gewicht nach musste es ein langer Brief sein. Nur der Absender fehlte. Den sollte ich aber wenige Augenblicke später erfahren. Es war ein Brief von Alberto.

Der Brief

Asunción, Februar 2000

Lieber Freund,

seitdem ich von Virgilios Rückkehr nach Paraguay wusste, hatte ich die Hoffnung, er könne mir zumindest einige Anhaltspunkte dafür geben, wer sich in den Jahren, die ich hier im Gefängnis war, für mich einsetzte. Dass ihr euch erst am letzten Abend vor seiner Abreise getroffen, euch kennen gelernt habt, war sicher kein Zufall. Es gibt keine Zufälle, nur glückliche Fügungen. In all den Jahren, die ich jetzt in Freiheit verbringe, habe ich das Bedürfnis den Menschen zu danken, die in den schweren Jahren an mich gedacht haben. Während meiner Haftzeit hatte ich zwar nie schlüssige Beweise dafür, dass es sie gab, ich hatte keine Vorstellung darüber, wer sie sind, geschweige denn eine Ahnung davon, wie und mit welchen Mitteln sie sich für mich einsetzten. Aber irgendwann, ich war damals schon mehr als zehn Jahre im Gefängnis, gab es Veränderungen in meinem Alltag. Die größte dieser Veränderungen – sie kam erst ein oder zwei Jahre später – war der regelmäßige Besuch einer Parlamentsabgeordneten, die mir Medikamente brachte oder Lebensmittel oder für die Wintermonate warme Kleidung. Allerlei Spekulationen stellten wir an, wieso nicht nur ich, sondern auch einige andere Gefangene zu dieser bevorzugten Behandlung kamen. Dass es Menschen aus einem so entfernten Teil der Welt waren, die diese

Besuche ermöglichten, hätten wir uns damals nie träumen lassen. Davon erfuhr ich auch erst nach meiner Haftentlassung und seitdem habe ich das Bedürfnis ihnen zu schreiben, ihnen zu danken. Nun, da ich von dir, lieber Freund, die Adresse habe, möchte ich dich stellvertretend für alle anderen, die sich um mich bemüht haben, herzlich umarmen. Ich weiß nicht, was aus mir geworden wäre ohne euch.

Ich möchte aber auch die Gelegenheit nutzen, um dir, um euch, aus meinem Leben zu erzählen, besonders über die Jahre im Gefängnis. Ich hoffe, es gelingt mir, denn die Erinnerung an diese Zeit fällt mir noch schwer, löst immer noch – auch nach den Jahren außerhalb der Gefängnismauern – Ängste in mir aus. Neu ist für mich, dass ich diese Erinnerungen zum ersten Mal aufschreibe und dabei allein bin. Gesprochen habe ich schon oft darüber, mit Freunden und mit einem Arzt. Aber ich will es versuchen.

Womit soll ich beginnen, es gibt so viel zu sagen.

Zunächst einmal dies: Seit einigen Jahren hat sich mein Leben normalisiert, sofern man nach so vielen Jahren Haft und den Erfahrungen dort das Wort »normal« gebrauchen kann. Ich meine es auch nicht so, wie man es im üblichen Sprachgebrauch anwendet. Ich habe dem Wort meine eigene Interpretation gegeben. Wenn ich also sage, mein Leben habe sich normalisiert, so meine ich damit, dass ich gelernt habe es so zu akzeptieren, wie es ist – gerade mit den Erfahrungen im Gefängnis. Darüber konnte ich lange Zeit nicht reden. Tagsüber versuchte ich, meine Erinnerungen zu verdrängen, so gut es eben ging. Im Laufe der Zeit gelang es mir auch immer besser. Ich schreckte nicht mehr vor jedem Polizeiauto zurück, das an mir vorüberfuhr, und in den Männern, die einige Schritte hinter mir hergingen, wenn ich durch die Stadt lief, sah ich nicht gleich einen Spitzel, der mich bewachte. Eine Sache, die mir aber erst sehr viel später auffiel, war, dass ich tagsüber, wenn ich allein in meinem Zimmer war, nie mein Transistorradio einschaltete um Musik zu hören, allenfalls mal Nachrichten. Musik schaltete ich immer sofort aus.

Aber Nacht für Nacht kamen in meinen Träumen die Erinnerungen hoch. Da sah ich sie wieder, diese Bilder, wie sie mich aus der Zelle herauszerrten, wie sie mich mit der durch ihre Uniformen scheinbar verliehenen Macht in den Verhörraum brachten, in dem schon alles vorbereitet war um ein Geständnis von mir zu erzwingen. Der Bottich mit der steifen, stinkenden Brühe, in den sie meinen Kopf eintauchen würden, bis ich an diesem Brei zu ersticken drohte; das Seil, über einen Querbalken unter der Decke geworfen, an dessen einem Ende sie meine Beine festknoten würden und mich am zweiten Ende hochziehen, bis ich kopfüber frei in der Luft hing; die Schläge auf die Fußsohlen, bis sie blutig waren und jeder Schritt zurück in die Zelle so schmerzhaft war wie ein neuer Schlag; oder die Kiste in der Ecke,

luftdicht abschließbar, in die sie mich einsperrten, und schließlich das metallene Bettgestell, auf das sie mich festschnallen würden, nackt, schutzlos, wehrlos gegen den Strom. Und auf einem Regal an der Wand das Transistorradio, das sie einschalten und auf volle Lautstärke drehen würden, damit meine Schreie nicht zu hören wären.

In meinen Träumen konnte ich mich gegen diese Bilder nicht wehren, zu tief waren sie in mir eingebrannt. Alles hatte ich erlebt, nichts hatten sie an mir ausgelassen.

Wenn ich irgendwann schweißgebadet aufwachte, brauchte ich lange Zeit um zu begreifen, dass ich nicht mehr in ihren Händen war, sondern zu Hause in meinem Bett. Mir graute jeden Abend vor dem Zu-Bett-Gehen und vor dem Einschlafen.

Du musst dich ablenken, redete ich mir ein, und so probierte ich nacheinander verschiedene Dinge aus: Ich versuchte es mit Lesen, mit Alkohol, ich hörte über den Langwellensender Nachrichten und Berichte aus verschiedenen Ländern, selbst körperliche Betätigung bis hin zur Erschöpfung gehörten zu meinem Programm, aber irgendwann überkam mich immer die Müdigkeit und ich fiel in einen Schlaf, aus dem ich durch die Träume wieder herausgerissen wurde. Selbst Schlafmittel halfen nur kurze Zeit.

Erst mit Hilfe von Freunden, insbesondere mit der von Julio, fand ich nach und nach zu meiner nächtlichen Ruhe zurück. Julio hatte ähnliche Erfahrungen gemacht wie ich, auch er war viele Jahre im Gefängnis, wurde gefoltert, und durch ihn und mit ihm lernte ich über meine Haftzeit zu reden. Es war schwer, sich noch mal an alles erinnern zu müssen, und manchmal erschien es mir, als wiederhole sich dadurch die Zeit des Grauens. Aber es half mir, mehr als Wein und Schlaftabletten, und heute plagen mich die Träume nur noch selten.

Wenn ich also davon rede, dass mein Leben sich »normalisiert« habe, dann meine ich diesen langen Weg, an dessen Ende es für mich wieder normal geworden ist, mich abends, wenn ich müde bin, ins Bett zu legen und zu schlafen.

Zu meinem heutigen Leben gehören auch wieder eine feste Arbeit und eine eigene Wohnung. Beides war lange Zeit nicht selbstverständlich. Einige Jahre war ich darauf angewiesen, dass Freunde mich bei sich aufnahmen, mir nicht nur Unterkunft gewährten, sondern mich auch durchfütterten. Sie taten es sicher gerne, das war gar keine Frage für sie. Aber ich hatte das Gefühl, immer noch der Haftentlassene zu sein, ohne festes Zuhause, ohne feste Arbeit. Auch dieser Zustand hat sich in meinem Leben normalisiert. Nur fehlen mir achtzehn Jahre meines Lebens, achtzehn Jahre, die für andere, trotz aller politischen Umstände, normal verlaufen sind. Sie konnten Familien gründen, sich ein Zuhause schaffen.
Für mich ist heute nur wichtig, dass ich

das Leben, mein Leben, wieder gelernt habe.

Nun will ich erzählen, wie es dazu kam, dass ich verhaftet wurde.
Mit fünfzehn Jahren bin ich von zu Hause weggegangen. Bis dahin lebte ich mit meinen Eltern und Geschwistern auf dem Land, wo wir eine kleine Landwirtschaft betrieben. Schon als Kind musste ich, wie auch meine Brüder, bei der Feldarbeit mithelfen, meine Schwestern waren mehr für den Haushalt und die kleineren Geschwister zuständig. Daher konnten wir nie eine Schule besuchen. Weggegangen bin ich, weil die Erträge aus der Landwirtschaft nicht mehr ausreichten um die Familie zu ernähren. Ich musste mir Arbeit suchen, selbst Geld verdienen. Die ersten Monate schlug ich mich als Tagelöhner durch, bis ich nach einem knappen Jahr eine feste Anstellung auf einer Fähre bekam. Viel Geld verdiente ich mit dieser Arbeit nicht, aber es reichte zum Leben, mehr brauchte ich nicht.
Dass es im Land auch politische Unruhen gab, dass Präsident Alfredo Stroessner den Ausnahmezustand verhängt hatte, dass es, wie ich gerüchteweise erfuhr, zu willkürlichen Verhaftungen kam, interessierte mich damals nicht. Ich hatte meine Arbeit, die darin bestand, Menschen von einem Flussufer des Rio Negro zum anderen zu bringen. Ich weiß nicht, ob ich heute noch dort arbeiten würde – das wäre reine Spekulation –, denn am 31. Dezember 1959 wurde ich verhaftet.
Ich erinnere mich noch an diesen heißen Sommertag; die Menschen, die ich auf

der Fähre beförderte, waren ausgelassener als sonst, denn ein neues Jahrzehnt stand bevor, dessen Beginn gebührend gefeiert werden sollte. Auch ich hatte mich mit Freunden für den Abend in einer Bar verabredet.

In den späten Nachmittagsstunden betraten einige schwer bewaffnete Polizisten die Fähre, kamen direkt auf mich zu und fragten mich nach meinem Namen. Als ich ihn nannte, sagten sie: »Du bist verhaftet!« Sonst nichts. Nur diesen einen Satz. Auf meine Frage nach dem Warum begannen sie, mich mit ihren Gewehrkolben zu schlagen, sie traten auf mich ein, bis ich wehrlos am Boden lag. Ich erinnere mich, wie sie mich in eines der bereitstehenden Polizeiautos zerrten, spürte noch einen heftigen Schlag im Nacken, danach war alles dunkel. Als ich wieder zu mir kam, wurde ich von einem grellen Licht geblendet. Ich saß nackt in einem Raum, vor mir ein Schreibtisch mit der Lampe, den Schirm auf mich gerichtet, sodass sie mir direkt in die Augen schien. Hinter dem Schreibtisch vernahm ich eine dunkle Stimme, die mir unentwegt Fragen stellte, die ich nicht beantworten konnte, weil ich ihren Sinn nicht verstand, und dazu zeigten dicke, fleischige Finger auf bedruckte Papiere, die ich weder kannte noch lesen konnte. Woher auch? Aber wieder und wieder behauptete die Stimme, ich hätte diese Flugblätter (bis dahin kannte ich dieses Wort gar nicht) geschrieben und sie auch verteilt. Ich solle mich nicht dumm anstellen, man wisse alles über mich und mein Name stehe schon seit Monaten ganz oben auf der Fahndungsliste.

Alle meine Versuche, der Stimme zu erklären, wer ich sei, was ich mache, trieb sie nur noch mehr in Rage und wurde mit lauten Befehlen an einige Wachen quittiert, mich abzuführen, um mich für die nächste Befragung »gefügig« zu machen. Dieses Wort gebrauchte die Stimme, »gefügig«. Ich wusste nicht, was es bedeuten sollte, habe es aber bald erfahren.

Jetzt, da ich alles aufschreibe, mich dadurch erinnere, sehe ich die Bilder wieder genau vor mir, die mich auch noch nach meiner Haftentlassung in meinen Träumen verfolgten.

Diese Erfahrungen sollte ich nicht nur in den ersten Tagen und Wochen, sondern über Monate und Jahre hin machen, wenn sie auch später seltener vorkamen.

»Solange du leugnest, müssen wir dich mit unseren Methoden zu einem Geständnis zwingen, und wenn du wirklich die gesuchte Person bist, dann hast du diese Behandlung ohnehin verdient!« Diesen Satz sagten sie fast regelmäßig, wenn sie mich aus meiner Zelle zu einem Verhör holten.

Wenn ich heute daran zurückdenke, sehe ich – nach den so genannten Verhören – einen bewegungslosen Körper, ausgestreckt auf dem Zementboden der Zelle. Ein Körper, der jedes Lebenszeichen verweigerte, der nur noch Masse ist, übersät mit blauen Flecken, mit Beulen, mit offenen Wunden, in denen das Blut langsam gerann. Diese Masse wurde von einigen Mithäftlingen in der Zelle gepflegt, indem sie ihr feuchte Lappen auflegten und tropfenweise Wasser in den Mund träufelten. Sobald sich die ersten Regungen zeigten, ich wieder begann, Schmerzen wahrzunehmen, versuchte, meine geschwollenen Augen zu öffnen, ich wieder in der Lage war, Laute von mir zu geben, holten sie mich erneut. Ich weiß nicht, wie oft das geschah, ich hatte kein Zeitgefühl mehr. Zeit war für mich ohne Bedeutung. Zeit gab es nur noch für meine Peiniger, die sich, wie ich später herausfand, die Stunden zwischen den Verhören mit Kartenspielen vertrieben.

Ich erinnere mich nicht, wie lange ich in dem ersten Gefängnis war, bis ich in die Haftanstalt Villa Aurelia verlegt wurde. Wahrscheinlich war es irgendwann im Herbst 1960.

In dem neuen Gefängnis, in der neuen Zelle, sollte ich fast dreizehn Jahre zubringen müssen. Dreizehn Jahre, wie kann man diesen unendlichen Zeitraum beschreiben?

Ich bin dort angekommen und war allein, allein in einer Zelle. Auf dem Fußboden lag eine Matratze, in einer Ecke stand ein Eimer für die Notdurft, in der anderen eine Blechkanne mit faulig riechendem Wasser. Die Wände waren zum Teil mit Kot und Blut beschmiert. Auf der gegenüberliegenden Seite der Zellentür war ein kleines Fenster, durch das aber kein Licht fiel, denn das Glas war von außen mit Farbe abgetönt. An der Decke hing eine Glühbirne, die Tag und Nacht brannte.

In der Zelle gab es keine Zeit. Eine Sekunde reihte sich an die andere, eine Minute an die andere, eine Stunde, ein Tag, eine Woche, ein Monat. Nur die Essensausgabe unterbrach die dahinschleichende Zeit. Aber wann, um welche

Stunde, wurde es ausgeteilt? War es morgens, mittags oder abends? Das war unwichtig geworden.

Es machte keinen Sinn, die Zeit, wie auch immer, zu registrieren, die letzten Minuten, Stunden, Tage ... als einen Teil der Vergangenheit einzuordnen, um einem Ziel näher zu kommen. Welchem auch?

Der Entlassung? Dafür gab es keine Anhaltspunkte.

Dem Tod? Wie lebendig ist man noch in einem Raum, in dem die Zeit nur aus Gegenwart besteht?

Dem nächsten Verhör? Mit verbundenen Augen konnte ich außerhalb der Zelle keine zeitliche Orientierung finden. Wenn sie mich zurückbrachten, fühlte ich mich wieder als unbewegliche Masse.

Zeit hatte für mich keine Bedeutung, da sie kein Ziel hatte.

Ich weiß nicht, wie oft sie mich zu Verhören aus der Zelle geholt haben. Sie verliefen aber immer nach dem gleichen Schema. Zunächst wurden mir Fragen gestellt, die ich nicht beantworten konnte, dann wurde ich »gefügig« gemacht.

Heute, mit diesem zeitlichen Abstand, kann ich sagen, dass ich nach ca. sieben bis acht Jahren in diesem Gefängnis nur noch ganz selten »verhört« wurde, bis es schließlich in den Jahren um 1970 bis 1971 ganz eingestellt wurde, in der Zeit also, wie ich heute weiß, in der Ihr angefangen habt, für mich Briefe zu schreiben.

Aber auch in den Jahren davor hatte ich schon etwas Glück. Es gab einen Wärter, der mir gelegentlich etwas Obst brachte, Obst, das in Zeitungen eingepackt war. Natürlich machte ich mich begehrlich darüber her, denn wie lange hatte ich schon keines mehr gegessen? Übrig blieben nach meinen Obstmahlzeiten nur die Zeitungen. Was sollte ich mit ihnen anfangen? Lesen konnte ich sie nicht! Ich hatte ja nie eine Schule besucht. So fragte ich den Wärter – er war ein gutmütiger Mensch, eigentlich passte er gar nicht in dieses System –, was denn in der Zeitung stehe.

Das war der Anfang. In den nächsten Wochen und Monaten brachte er mir das Lesen bei. Wort für Wort, Satz für Satz, Zeile für Zeile begann ich zu entschlüsseln. Die Zeitungsfetzen, die ich gesammelt hatte, waren für mich nun mehr als nur bedrucktes Papier, sie waren eine Verbindung zu der Welt jenseits der Mauern.

Später brachte der Wärter mir zusätzlich Geschichtsbücher und, was ich auch noch lernen wollte und sollte, Papier und einen Bleistift zum Schreiben.

Meine Zeit in der Zelle hatte nun einen Sinn. Ich hatte lesen und schreiben gelernt, kostete diese Möglichkeit tagtäglich aus und freute mich darauf, dass der Wärter mir neues Obst oder ein weiteres Buch bringen würde. Gerne hätte ich mit ihm über das mir angelesene Wissen gesprochen, aber dazu hatte er nie Zeit und außerdem durfte meine bevorzugte Behandlung nicht auffallen.

Mit meinen neuen Fähigkeiten wuchs in mir der Wille, das Gefängnis zu überleben. Aber was hätte ich tun können?

Zeit zum Überlegen ist mir keine geblieben, denn ich wurde in ein anderes Gefängnis verlegt. Ein neuer Ort, äußerlich kein großer Unterschied zu meiner alten Zelle, aber ohne meine in Zeitungspapier eingepackten Obst-Rationen – dafür mit dem Vorteil, mit anderen Gefangenen, die im gleichen Zellentrakt waren, reden zu können, wenn keine Wärter in der Nähe waren. Ich lernte sie alle kennen, Bernardo, den Kraftfahrer, Andrés, den Landarbeiter, Luis, den Frisör, Sanchez, den Maurer, Anastasio, den Architekten, und Virgilio, den Ingenieur, mein Zellennachbar. Alle waren sie seit vielen Jahren hier und einige hatten ihren Lebenswillen schon aufgegeben, wollten nur noch sterben, besonders dann, wenn sie von den Folterungen in ihre Zellen zurückgebracht wurden. Auch mich holten sie wieder. Es waren die schlimmsten Erlebnisse während meiner ganzen Haftzeit und ich bitte dich um Verständnis dafür, dass ich darüber nichts schreibe. Manchmal habe ich mitbekommen, dass Gefangene nach der Folter nicht mehr zurückgebracht wurden. Sie waren gestorben.

Einige meiner Mitgefangenen durften einmal in der Woche Besuch von Angehörigen empfangen. Es waren nur wenige Minuten, die sie miteinander verbringen und dabei auch nur über ganz persönliche Dinge reden durften, denn ein Wärter stand jedes Mal dabei und hörte alles mit. Trotzdem war es für sie eine Verbindung nach draußen, eine Hoffnung, ein Ziel, das sie erreichen wollten. Für uns, die wir keinen Besuch empfingen, weil unsere Angehörigen entweder zu weit entfernt wohnten oder sie nicht wussten, wo, in welchem Gefängnis wir waren, war es aber auch eine

Abwechslung, erfuhren wir doch so wenigstens die Neuigkeiten aus deren Familien.

Bereits im ersten Winter in dem neuen Gefängnis wurde ich krank. Ich hatte einige »Verhöre« hinter mir, war körperlich sehr geschwächt und dazu kam die Kälte, die sich in dem Betonfußboden einnistete. Mein Kopf glühte und ich hatte einen Husten, der mir fast den Atem raubte. Von Virgilio erfuhr ich später, die anderen Mithäftlinge hätten einen Arzt für mich gefordert, weil sie befürchteten, ich würde sterben. Aber ein Arzt kam nicht.

Monate später – meine akute Erkrankung war abgeklungen, nur meine Lunge röchelte noch beim Atmen – bekam ich zum ersten Mal in all den langen Jahren Besuch. Zunächst wollte ich es nicht glauben, als ein Wärter mich aus meiner Zelle in den Besucherraum führte. Wer konnte das sein? Jemand aus meiner Familie?

Ich kannte die Dame nicht, die auf mich wartete, die mich fragte, wie es mir gehe, sie habe gehört, ich sei krank gewesen und brauche Medikamente. Ich war so verblüfft, dass ich gar nicht reden konnte. Nur angestarrt habe ich sie und allenfalls mal mit einem leichten Kopfnicken geantwortet.

Diesen Besuch sollte ich noch öfter, ja fast regelmäßig bekommen und jedes Mal brachte sie etwas mit, mal einen Saft zur Linderung meines Hustens, mal Lebensmittel wie Brot und Obst oder, für die Wintermonate, warme Kleidung. Bereits bei ihrem ersten Besuch stellte sie sich als Doña Carmen vor, sie sei Parlamentsabgeordnete und Freunde hätten ihr Geld gegeben, damit sie mir all diese Dinge bringen könne. Später fragte ich sie, wer denn diese Freunde seien, aber sie antwortete ausweichend, es seien eben Freunde.

Ich konnte mir nicht vorstellen, nach einer so langen Zeit im Gefängnis draußen noch Freunde zu haben. Auch meine Mitgefangenen hatten keine Erklärung, vermuteten aber, es könne sich um einen Wohltätigkeitsverein handeln.

In der Zeit, als ich die ersten Besuche von Doña Carmen bekam, begann ich mit meinen Hungerstreiks. Ich wollte damit nicht nur erreichen, einem Arzt vorgestellt zu werden, der mich untersuchen und behandeln sollte, mein Ziel war es auch, nun endlich dieses Gefängnis verlassen zu können. Durch Doña Carmens Besuche wuchs in mir der Wille, mein Leben selbst in die Hand zu nehmen und mein weiteres Schicksal nicht dem Zufall zu überlassen. Ich war entschlossen, alles zu riskieren.

Tagelang lehnte ich jede Mahlzeit ab und trank nur etwas Wasser, bis ich so geschwächt war, dass ich nur noch auf meiner Matratze liegen konnte. Meine Mitgefangenen redeten auf mich ein, ich solle wieder essen, einen Arzt werde ich nie bekommen, allenfalls einen, der meinen Tod feststelle. Irgendwann gab ich ihrem Zureden nach, denn ich wollte das Gefängnis lebend verlassen.

Nach den Hungerstreiks war Doña Carmen für mich immer eine sehr zuverlässige Person, nicht nur, weil sie mir Lebensmittel brachte, mit denen ich zu neuen Kräften kam, sie versprach auch, sich für mich einzusetzen; um eine Aufnahme in eine Krankenstation wolle sie sich bemühen, ich solle abwarten. Scheinbar war aber auch sie, trotz ihres Einflusses, machtlos, denn ich sah weder einen Arzt geschweige denn eine Krankenstation.

Im Frühjahr 1977 hatte ich keine Geduld mehr, ich wollte raus, raus aus dem Gefängnis, egal wie. Ich war am Ende meiner Kräfte, hatte in den letzten Wochen erlebt, wie einige Gefangene verlegt oder entlassen wurden und, was mich am meisten traf, Virgilio, mein Freund und Zellennachbar, sollte ins Ausland abgeschoben worden sein. Zudem war ich in den Wintermonaten ständig krank. Ende Oktober fing ich an zu hungern. Ich war entschlossen, durchzuhalten, entweder bis zu meiner Entlassung oder bis zu meinem Tod. Die ersten Wochen habe ich noch bewusst erlebt. Dann stellten sich Halluzinationen ein und schließlich verlor ich das Bewusstsein.

Als ich wieder aufwachte, lag ich in einem Bett mit weißen Laken, einer Decke und einem Kopfkissen. Alles um mich herum war fremd, der Raum riesig groß und ich sah in Weiß gekleidete Menschen. War ich nun im Himmel? Waren das Engel um mich herum? So musste es sein. Ich war also tot, gestorben, anders war es nicht zu erklären. Sonderbar leicht fühlte ich mich und in diesem ersten Augenblick bedauerte ich es sogar, nicht schon viel früher gestorben zu sein.

Dass ich mich nur in einem Krankenhaus befand, begriff ich erst nach Tagen, als Ärzte und Pflegepersonal mir erklärten, ich sei lediglich zur Behandlung hier und werde anschließend nach Hause entlassen. Das war der zweite Knackpunkt – nach Hause. Ich hatte kein Zuhause. Nicht nur das erzählte ich ihnen, sondern auch, wo ich in den letzten Jahren war. Sie wüssten Bescheid und sie würden alles regeln, versprachen sie mir, und zurück ins Gefängnis müsse ich mit Sicherheit nicht mehr.

Ganz sicher war ich aber erst, als ein für mich bis dahin fremder Mann kam um mich abzuholen. Es war Santiago, der mich zuerst bei sich aufnahm, wenn auch nur für kurze Zeit, aber in den ersten Jahren war ich meist nur für kurze Zeit irgendwo.

Lieber Freund, nun habe ich dir meinen langen Weg beschrieben, einiges habe ich sicher noch vergessen, anderes bewusst ausgelassen, weil ich die Erinnerung daran jetzt nicht zulassen wollte.

Dank eurer Mühe und eurer Menschlichkeit, die Ihr mit eurem Engagement bewiesen habt, lebe ich. Nicht nur ich weiß eure Arbeit, euren Einsatz für die Menschenrechte, zu schätzen; Freunde, die auch im Gefängnis waren, teilen meine Auffassung.

Für eure weitere Arbeit wünsche ich euch viel Kraft und Ausdauer, denn Ihr könnt damit etwas bewegen, wenn auch der Weg zu einem wirklichen menschlichen Miteinander noch weit sein mag. Gerade eure Arbeit ist für viele eine Hoffnung. Für heute verabschiede ich mich mit einer herzlichen Umarmung für dich, deine Familie und deine Freunde aus der amnesty-Gruppe. Ich wünsche mir sehr, mehr von euch zu erfahren und freue mich auf eine Antwort.

Herzlichst, Alberto

JIŘI GRUŠA

Vor einem Vierteljahrhundert

Vor einem Vierteljahrhundert schrieb ich einen Roman, der den Genossen nicht gefiel. Sie nannten sich untereinander so, obwohl sie kaum etwas genossen hatten, geschweige denn aufmüpfige Literaten.

Das Thema meines Textes war ein Fragebogen, den wir, die Menschen im Lande, auszufüllen hatten, um danach die schlechtesten Jobs ausüben zu dürfen. Man befragte uns ad causam unserer Servilität – im wahrsten Sinne des Wortes. Mir kamen die Fragen skurril vor. Und da sie sich in verschiedensten Lebenssituationen wiederholten, waren sie lästig. Ich wollte sie lustig haben und beantwortete sie mit einer Leichtigkeit, die mich in Schwierigkeiten brachte. Ins Gefängnis, um genau zu sein. Ein paar nicht einmal gedruckte – nur abgetippte Exemplare wogen schwer. Die erste Anklage hieß »Diversives Handeln« – die obere Strafgrenze: 10 Jahre. Weil ich aber ein Frischling war, konnte ich mit der Hälfte rechnen.

Mein Befrager, den ich bis dato für abstrakt hielt, erschien persönlich als Hauptmann der Staatssicherheit und ich musste mir Fragen anhören und Antworten liefern, die nicht mehr zum Lachen waren. Und dennoch – nach einer Zeit änderte sich der Ton, und als mir

der Mann eines Tages – es herrschte eine schreckliche Sommerhitze – ein Glas Wasser anbot, wusste ich plötzlich: Da draußen geschieht etwas zu meinen Gunsten.

Keine Zeitung, keine Besuche und keine unzensierten Briefe erlaubte man uns, den Polit-Häftlingen. Es war schließlich die Untersuchungshaft.

Dann änderten sich auch Paragraphen – statt einer Diversion hat man mir plötzlich nur eine schlichte Aufwiegelung zugemutet. Die obere Strafgrenze: 3 Jahre. Also konnte ich mit eineinhalb Jahren rechnen – irgendwo im Arbeitslager. Eine fast optimistische Perspektive.

Als ich das ein wenig verdaut hatte, fiel ich beinahe in Ohnmacht. Man sagte mir nämlich: Ich sei frei. Kein Diversant, kein Aufwiegler, ein schlichter Schreiberling nur, ein Schribifax, den niemand ernst zu nehmen hatte. Nie war mir die öffentliche Bekanntgabe meiner Insuffizienz lieber.

Und stellte fest, dass nicht nur Europa einen neuen Fußballmeister hat, sondern die Kirchen zum zweiten Mal einen neuen Papst.

In der Wohnung eines Freundes, den ich in der S-Bahn traf und der mich zu sich einlud (mit mir zu Hause rechnete niemand, ich musste meine Leute erst benachrichtigen), erfuhr ich, dass das Wunder in Prag (für mich persönlich mit dem in Rom fast kompatibel) einen Namen hat: amnesty international.

Ich fühlte mich glücklich. Denn nichts war schlimmer als vergessen zu sein, mundtot gemacht, in eine Kartotheknummer verwandelt. amnesty – die gegen Amnesie der Mächtigen eintrat und die Welt als einen Raum gleicher Kriterien für oben und unten jedweder Gesellschaft verstand. Das war neu. Es war das Zeichen der neuen Nähe der Dinge, der Verkettung und Vernetzung von alles und allem, das auf sich aufmerksam machte. Philosophisch gesehen verkündete amnesty für mich die beiden wichtigsten Bedingungen eines bewohnbaren Weltdorfes der Zukunft: Transparenz und Milde.

Da ich zu den wenigen gehörte, die Machtlosigkeit und Machtfülle erlebt haben, weiß ich ziemlich gut, dass amnesty auch ärgern kann. Manch eine Ruh wird unterbrochen und manche »Decisions-Maker« scheinen darunter zu leiden. Doch dieses tut Not. Da alles, was wirklich hilft, gewollt werden will. Und nicht alle wollen, wenn sie können. Und die Zähmung der heimlichen Kannibalen beginnt mit der Preisgabe ihrer Speisekarte.

SERGIO VESELY

Das größte Übel

Weder der Krieg
noch der internationale Rüstungshandel
weder der Staatsterrorismus
noch das Fernsehprogramm
weder die Milliarden eines arabischen Ölpotentaten
noch der Generalstab einer südamerikanischen Armee
weder die russische Mafia
noch die islamische Inquisition
noch die Pornoindustrie
weder die Central Intelligence Agency
noch die Glacéhandschuh-Diplomaten
weder die durchgeknallten Sektierer
noch die Parteifunktionäre
weder die Präpotenz des Weißen Mannes
noch die Korruption der Stammesfürsten
weder die ethnischen Säuberungen
noch die Pressezensur
weder der Kapitalismus
noch der Kommunismus
noch der Imperialismus
noch der Neoliberalismus
noch der Faschismus
noch der Rassismus
noch sonst irgendeines der Übel des 20. Jahrhunderts
hat größeren Schaden angerichtet
als die elende Gleichgültigkeit
des kleinen Mannes auf der Straße.

(Aus dem Spanischen von Urs M. Fiechtner)

LEIF JØRGENSEN

Hand in Hand

(Auszug aus meinem Tagebuch)

Die Lage in Gilleleje ist verzweifelt. Vorgestern hat die Gestapo die Einfahrtsstraßen in die Stadt abgesperrt und das Badehotel besetzt. Sven Holten, der Chef der Küstenpolizei, hat zusätzliche Mannschaft bekommen und das gesamte Hafengebiet abgeriegelt. Doch das Schlimmste ist, dass die Gestapo die an die hundert in der Kirche versteckten Juden verhaftet und ins Gefangenenlager in Horserød gebracht hat. Der übliche Fluchtweg nach Schweden mit Fischerbooten vom Hafen aus ist damit versperrt.

Gestern konnten einige wenige der in Kellern und auf Dachböden versteckten Juden aus der Stadt geschafft werden. Während die Deutschen damit beschäftigt waren, Unbefugte am Betreten des Ortes zu hindern, wurden sie in kleinen Gruppen durch Gärten und über Hinterhöfe hinausgeschmuggelt und in Fischkarren, Taxen und Pferdekarren in westliche Richtung nach Udsholt und Smidstrup gebracht. Am späten Abend war angeblich kein einziger Jude mehr in der Stadt.

Freitag, 8. Oktober 1943
Am frühen Morgen bin ich mit dem Rad zu Kaufmann Lassen gefahren. Der starke Nordwestwind, der zwei Tage geweht hatte, hatte sich gelegt, und die Sonne schien von einem fast wolkenlosen Himmel. Gegen neun Uhr kamen der Arzt Henning Christiansen und einer der Helfer aus der Pension Havregaard. Zusammen fuhren wir nun zu den Höfen, um die dort untergebrachten Juden zu zählen. Der Arzt schaute nach allen Kindern und alten Leuten und gab ihnen Beruhigungsmittel. Erst um kurz vor elf trafen wir wieder in Kaufmann Lassens Hinterzimmer ein und bekamen die dringend benötigte Tasse Kaffee. Wir hatten uns gerade erst gesetzt, als der Kaufmann hereinkam. Er war außer Atem und leuchtend rot im Gesicht. »Kapitän Mikkelsen fährt los«, sagte er sehr laut und warf seine Wolljacke auf den Tresen. Er stellte einen leeren Bierkasten hochkant und setzte sich. »Wart ihr schon überall?«, fragte er und schaute Christiansen fragend an. Christiansen nickte.

»Gut, dann hört zu«, sagte Lassen und trank einen Schluck Kaffee. »Wenn es dunkel ist, wird die ›Jan‹ ablegen und Kurs nach Hesselø einschlagen, doch hinter Rustens Rev werden die Laternen gelöscht, und ich blinke ihn an den Strand.«

»Soviel ich weiß, stammt Mikkelsen aus Jütland und hat hier nur angelegt um vor dem scharfen Nordwestwind in Deckung zu gehen«, sagte Erik. »Was weiß er denn von unserer Küste?«

Lassen nickte. »Du hast also nicht gehört, dass Mikkelsen und ich gestern am Strand waren, und dass er sich für eine Abfahrtsstelle zwischen Rylevej und Stenvej entschieden hat. Außerdem haben Erik Frederiksen, Christian Pedersen und zwei weitere Fischer versprochen, den Transport vom Strand zum Schiff zu übernehmen ...«

(...)

Als Lassen um sechs Uhr seinen Laden schloss, servierte Frau Lassen im Hinterzimmer Tee und Brote. Nach und nach stellten sich noch weitere Männer ein, und am Ende saßen wir zu zehnt auf Bierkästen um den Tresen. Lassen breitete auf dem Tisch eine Karte aus. »Das ist leider die einzige, die ich habe«, sagte er. »Ich hätte ja gern ein Messtischblatt, aber Jacobsen hat selber keins und konnte auch keins besorgen – der Verkauf von dänischen Landkarten ist verboten, was sagt ihr dazu?«

»Die spinnen doch alle«, sagte einer.

»Richtig – aber wir haben jetzt andere Sorgen. Wir müssen die ›Gäste‹ vom Limkær-Hof holen. Ich habe mit Kutscher Petersen verabredet, dass er mit dem großen Lastwagen kommt, mit dem er sonst Vieh zum Schlachthof in Hillerød fährt, und es wäre mir lieb, wenn Sie«, er zeigte auf mich, »und Erik mitfahren und darauf achten könnten, dass niemand vergessen wird. Erik, Sie kennen den Weg, nicht wahr?«

»Doch, das schon, aber können wir es wagen, über den Strandvej zu fahren, was meinen Sie?«

»Sie können auch über Udsholt fahren«, sagte Lassen.

»Das wäre sicher besser«, sagte Erik. »Denn wenn wir erst losgefahren sind, könnt ihr uns nicht mehr so leicht erreichen.«

»Sie haben Recht – und wenn Sie zurückkommen, dann sollten Sie bei der Jugendherberge abladen und den Rest des Weges durch den Rylevej zu Fuß gehen. Niemand soll sehen können, dass Autos durch den Park gefahren sind.«

Erik nickte.

»Sie können jetzt gehen, wenn Sie wollen. Sagen wir, Sie fahren um acht Uhr beim Park los. Hat jemand von Ihnen eine Uhr?«

»Ja, ich«, sagte ich. »Das heißt, wir haben jetzt eine Stunde Zeit.«

Ich erhob mich und zog meine Windjacke an, Erik zog seinen Overall hoch.

»Einen Moment noch«, rief Lassen uns hinterher, als wir fast schon aus der Tür waren. »Im Park stehen Wachen. Die Parole lautet *Hand in Hand*.«

Als wir beim Kutscher auf den Hof fuhren, stand der große Lastwagen bereits mit laufendem Gasgenerator da und konnte gleich starten. Die Ladefläche war von kräftigen Balken umgeben, auf dem Boden lag eine dicke Strohschicht. Es roch nach Stall.

»Sie sind aber früh dran«, brummte der Kutscher.

»Wir dachten, es sei das Beste, auf dem Rückweg über Udsholt zu fahren, und da ist es doch gut, wenn wir etwas mehr Zeit haben«, sagte Erik.

»Vielleicht wäre das sehr klug. Na, gehen wir an Bord.« Er zog eine alte Lederjacke an und setzte sich die Schirmmütze auf den Kopf. »Ich bin bald zurück, Mütterchen«, rief er ins Haus hinein und setzte sich hinter das Lenkrad.

(...) Wir waren fast eine Viertelstunde zu früh, als wir vor der Jugendherberge vorfuhren. Die Juden strömten auf dem Kiesplatz zusammen. Erik kümmerte sich um die beiden alten Damen, die im Führerhaus gesessen hatten.

»Ist es noch weit?«, fragte die eine.

»Ungefähr fünfhundert Meter durch den Park. Wir haben Zeit genug und brauchen uns nicht zu beeilen«, sagte Erik. »Können Sie das Meer nicht riechen?«

»Schön, dann gehen wir«, sagte ich. »Bildet eine lange Reihe, am besten nie mehr als zwei nebeneinander.« Der Halbmond sandte ein schwaches Licht durch die leichten Wolken. Von der Jugendherberge aus gingen wir zweihundert Meter über den Strandvej. Ich versuchte das Tempo ein wenig zu steigern, damit wir so schnell wie möglich in den Schutz des Parks gelangten. Einige Kinder fingen an zu weinen und ich konnte die Mütter tröstende Lieder summen hören. Als wir ungefähr zwanzig Meter auf dem Weg in den Park zurückgelegt hatten, blieb ich stehen und drehte mich um. »Wir warten einen Moment, damit alle mitkommen.«

Plötzlich kam vorne Unruhe auf. Einige versuchten zurückzudrängen und wichen zur Seite aus. Ich drehte mich um und fand mich von Angesicht zu Angesicht mit einer dunklen Gestalt. Im schwachen Mondlicht schimmerte eine Pistole.

Lassen hatte zwar gesagt, dass im Park Wachen aufgestellt waren, aber so hatte ich mir das dann doch nicht vorgestellt. Ich fühlte mich absolut nicht wohl in meiner Haut.

»Hand in Hand«, sagte ich und hielt den Atem an.

»Gut«, sagte der Wachtposten und steckte die Pistole in den Gürtel. »Geht weiter zum Strand, aber bleibt oben, bis euch gesagt wird, dass die Boote bereit sind.«

Als wir die offene Fläche erreichten, wo sich vor den Kiefern Gras und Heidekraut ausbreiteten, konnten wir das Meer sehen. In der Ferne fegte der Scheinwerfer des Leuchtturms von Kullen in Schweden in kurzen Abständen über den Himmel, und rechts konnten wir die Lichter von Mölle wie kleine Nadelstiche in einem Verdunklungsrollo funkeln sehen.

»Wie kommen wir jetzt weiter?!«, fragte eine Stimme in der Dunkelheit.

»Bald kommt ein großes Schiff«, flüsterte ich. »Und ihr werdet mit Ruderbooten an Bord gebracht.«

»Ist es das dahinten?«, fragte ein Mann, trat neben mich und zeigte auf das Wasser hinaus.

Ich drehte mich um und schaute in die Richtung, in die er gezeigt hatte. Ein kleines weißes Licht und eine rote Backbordlaterne ließen sich erahnen.

Aus einiger Entfernung konnten wir Schritte über Kieselsteine hören. Durch das Knirschen der Steine hindurch hörten wir auch leise Stimmen, in einem bestimmten Rhythmus. »Die sind weiter dahinten, sie lassen ein Boot zu Was-ser«, sagte der Mann neben mir. »Wir sollten zu ihnen gehen.«

Ich konnte die Juden, die mich umstan-den, in der Dunkelheit spüren, und ich wusste, dass ich sie nicht daran hindern könnte, an den Strand zu gehen, wenn sie wollten. »Wir bleiben hier«, sagte ich, so laut ich mich traute. »Sonst wissen sie nicht, wo sie uns finden können.«

Plötzlich hörten wir aus der Dunkelheit das ruhige Tuckern eines Fischkutters, und ein kleines grünes Licht war zu se-hen.

Erik kam zurück. »Wir gehen jetzt an den Strand«, sagte er. »Aber Vorsicht, es gibt eine kleine Böschung, und oben lie-gen lockere Steine.«

Ich suchte die Kante ab und fand eine weniger steile Stelle. »Hier könnt ihr nach unten klettern«, sagte ich und schaltete meine Taschenlampe ein, de-ren schwaches Licht die besagte Stelle zeigte. Langsam stiegen sie die Bö-schung hinunter. Einige machten zu lange Schritte, rutschten aus und setzten sich auf den Hintern.

»Können Sie nicht ein wenig mehr leuchten«, jammerte jemand.

»Nein, eigentlich darf ich überhaupt keine Lampe einschalten«, sagte ich.

»Jetzt haben mein Mann und ich zwei-mal erlebt, dass uns das Schiff da-vongefahren ist ... jetzt kann ich bald nicht ...«, fing eine ältere Dame an, dann ertranken ihre restlichen Worte in ihrem Schluchzen.

Erik nahm ihren Arm und half ihr die Böschung hinunter. »Wir tun unser Bes-tes. Und jetzt müssen Sie versuchen, still zu sein«, sagte er.

Gut hundert Meter weiter am Strand er-reichten wir die beiden Ruderboote, die halbwegs auf den Strand heraufgezogen waren. Ich sah ein kräftiges Licht zwi-schen den Kiefernstämmen aufflackern und ein eisiger Schauer jagte mir den Rücken hinab. Dann blinkte das Licht noch einmal. Diesmal sah ich, dass es aus einem der Ferienhäuser stammte, und mir fiel ein, dass Lassen von dort aus das Schiff heranblinken wollte. Und dann blitzte das Licht zum dritten Mal auf.

»Sollen wir in diesen kleinen Booten hinüberfahren?«, flüsterte eine verängs-tigte Frauenstimme. »Da passen wir doch gar nicht alle rein.«

Ich ging in die Hocke und schaute auf das Wasser hinaus. Als der Leuchtturm von Kullen seinen Lichtstrahl übers Wasser fegen ließ, konnte man den Ho-rizont erahnen, und davor zeichnete sich vage die Silhouette eines großes Schiffes mit zwei Masten ab. Ich hatte es im Ha-fen gesehen – ein altes Eisenschiff, mit dem Torf von Jütland nach Kopenhagen gebracht wurde. Es war dichter an Land herangesegelt, als ich erwartet hatte, und lag höchstens hundert Meter vom Strand entfernt, vielleicht auch nur achtzig. Jetzt kamen alle die Böschung herunter. Oben am Hang bewegten sich die Steine, und dann waren vorsichtige Schritte durch den Sand zu hören.

»Na, sind Sie alle so weit? Das ist gut«, erklang Kaufmann Lassens vertraute, tiefe Stimme.

Einige wateten ins Wasser hinaus, zogen die Boote nach und legten die Ruder be-reit. »Jetzt kommt er«, kündigte eine be-legte Stimme an.

Dann knackten Dollen und wir hörten, wie Ruder ins Wasser gelassen wurden, und plötzlich schien ein Phosphorstreifen durch die Dunkelheit gezogen zu werden. Das Wasser tropfte von den Rudern wie Tropfen geschmolzenen Metalls. Dann wurden die Ruder aus dem Wasser gezogen und das gespenstische Licht war verschwunden. Die *Steven* schrammte zehn Meter vor uns über den Sand und jemand sprang an Land und zog die Jolle weiter hoch.

»Ist der Kaufmann hier?«, fragte der Mann, der aus der Jolle gestiegen war.

»Ja, ist das Kapitän Mikkelsen?«

»Sicher. Jetzt sind wir so weit.«

»Hier ist das Verabredete«, sagte Lassen.

In der Dunkelheit konnte ich sehen, dass Lassen dem Kapitän eine kleine Mappe gab, so eine, wie Schuljungen sie benutzen. Sie schüttelten einander die Hände und Mikkelsen ging zur Jolle zurück. »Sie können jetzt anfangen«, sagte er, als er an den beiden großen Booten vorbeikam. »Und ich kann schon mal vier oder fünf mitnehmen.«

Einige Juden liefen zu den Booten, griffen nach der Bordkante und wateten ins Wasser hinaus. Andere folgten dem Kapitän, der in der Dunkelheit fast schon verschwunden war. Erik stapfte hin und her und trug einige der alten Leute zu den Booten.

»Hier ist alles voll«, hörten wir dann, und Ruder wurden ins Wasser getaucht.

»Auch hier ist alles so weit«, hieß es aus dem anderen Boot, das ins Wasser gestoßen wurde und dann losruderte.

Dann war wieder das gespenstische Licht zu sehen. Schon bei den ersten Ruderschlägen tropfte geschmolzenes Silber, und Kielwasser und die von den Rudern erzeugten Wirbel blitzten auf dem schwarzen Wasser wie Lichtquellen.

»Meeresleuchten«, flüsterte Erik mir zu. Es war seltsam, hier in der Dunkelheit zu stehen und zu wissen, dass es um uns herum von Menschen nur so wimmelte. Es waren über hundert. Gerüche und Geräusche änderten sich immer wieder, wenn wir uns bewegten oder ein Windstoß aufkam. Der Wind war plötzlich nach Süden umgeschlagen. Christiansen lief umher und gab den Kindern Milch mit Honig und einem Schlafmittel. Einige der Juden murmelten lange Gebete vor sich hin, andere pressten sich Taschentücher vors Gesicht, damit niemand ihr Weinen hörte, und der Geruch wechselte zwischen dem warmen Jodduft des Seetangs, dem Gestank von Pferdestall und dem Aroma von exotischem Parfüm.

(...) Inzwischen waren sie sechsmal hin- und hergefahren, und am Strand waren nur noch so wenige, dass sie in ein Boot passten. Der Fischkutter draußen vor Gilbjerg, der lange mit dem Motor im Leerlauf gelegen hatte und deshalb kaum zu hören gewesen war, drehte den Motor wieder höher ... *dunk, dunk, dunk* ... das Tuckern wurde lauter. Hier unten am Strand konnten wir die Topplaternen gerade noch erahnen. Der Kutter fuhr jetzt zurück nach Gilleleje und war immer weniger zu hören.

Wir halfen den Fischern, das eine Ruderboot über den Strand zu ziehen, und Lassen verwischte die Spuren im Sand mit einem Kiefernzweig. Im Park schoben wir dann das Boot unter die Veranda eines Ferienhauses und verdeckten die Öffnung mit einem Stück eines alten Lattenzauns. Dann kehrten wir zum Strand zurück und warteten auf das andere Boot. Es war fast halb zwölf, und der Mond war hinter den Wolken im Westen verschwunden. Wir konnten nur das regelmäßige, einschläfernde Schwappen der Wellen hören. Endlich erklangen die Ruderschläge und plötzlich war das Licht zu sehen. Ein Fächer aus blauweißen Flammen breitete sich am Steven aus und erreichte die funkelnden Kaskaden der Ruder. Es sah aus wie ein Feuervogel, der im Tiefflug über das schwarze Wasser kam ... wie ein

Freudenfeuerwerk als Abschluss eines guten Tages in einer bösen Zeit.
(...)

Ich denke oft an jene Tage zurück. Das alles ist jetzt siebenundfünfzig Jahre her. 1945 sagten wir: »Nie wieder ...«, aber diese Seiten aus meinem Tagebuch könnten mit wenigen Änderungen auch eine verzweifelte Situation irgendwo in der Welt des Jahres 2001 schildern.

(Aus dem Dänischen von Gabriele Haefs)

URS M. FIECHTNER

Deutsche Familiengeschichte

Er hat niemals Anstoß erregt. Er war
immer gehorsam, gefügig, manchmal
auch willig, begeistert, gläubig, wenigstens fast
leicht zu haben für die klingenden Worte der Führer
für Fahne und Vaterland, die Pflicht und den Gott
gelegentlich murrend vielleicht, doch
nie widerstrebend. Unberührt meist.
Gehorsam schont den Kopf, nannte er das
und sich selbst den Kleinen Mann – der
muss sich raushalten, sagen die Leute:
Es ist zu seinem Besten.

Zu seinem Besten holten die Preußen ihn
und schickten ihn auf Reichsgründungsjagd.
Er gehorchte. Bei Sedan
geriet er in glorreichen Dreck. Dort
ist er geblieben.

Den Sohn holten die Gründer sich
zum Besten der Industrie.
Er gehorchte. Unter Tage schlug er
sich die Lunge schwarz. Im Armenhospiz
ist er geblieben.

Der Sohn tauschte den Hunger
gegen des Kaisers feldgraues Kleid.
Der Kaiser schickte ihn nach Verdun.
Er gehorchte. Im Gas
ist er geblieben.

Den Sohn holten die Nazis sich
und führten ihn auf Menschenjagd.
Er gehorchte. Und fuhr reiche Beute ein.
Bis Stalingrad. Im Schnee ist er geblieben.

Einen Sohn holten die Preußen sich
zum Besten der Neuen Zeit. Im Namen
des Volkes lehrten sie ihn
auf dasselbe zu schießen.
Er gehorchte. Heute spucken ihm wenige
in das Gesicht. Dabei
ist es geblieben.

Der andere tauschte die Trümmer
gegen die Gier. Sein Management wünschte
Waffen für Diktatoren zu schieben.
Er gehorchte. Zu seinem Besten.
Und machte Karriere als Schweinehund
bis in den Aufsichtsrat. Auf den Bahamas
ist er geblieben.

Nach so vielen Vätern steht noch dahin
was aus den Töchtern wird und ihren Kindern
Noch ist alles offen, alles bereit
einen anderen Anfang zu finden. Doch
irgendeine Falle hält die Geschichte
immer parat. Unmerklich, einschleichend oft
wird beizeiten von Jedem gehorsames Schweigen
verlangt. Und immer hockt hinter den Hecken
der Gleichgültigkeit Einer und wartet
die Kopflosen zu führen.

Ob sie dann wissen werden
dass der Kopf nicht geschont werden darf
will man ihn behalten
Ob sie das eine Wort aussprechen werden
von dem alles abhängt
(die Selbstachtung erst, endlich das Leben)
Oder ob sie weiter treiben werden, dahin

Auf ewig nur Kleine Menschen zu sein
steht noch dahin. Wie immer. Steht alles
noch dahin.

PETR CHUDOŽILOV

Das Wirtschaftswunder
und der Duft von Sauerkraut

Kurz vor Mitternacht des 20. August 1968 landete auf dem Prager Flughafen überraschend ein unangemeldetes sowjetisches Flugzeug. An Bord des geheimnisvollen Besuchers befand sich ein perfekt ausgerüsteter Kontrollturm, mit dessen Hilfe ununterbrochen Dutzende von weiteren sowjetischen Transportflugzeugen zu landen begannen. Von weitem sah es wie eine Hochzeit von Leuchtkäferchen oder ein Film über eine feindliche Invasion aus dem All aus. Jedes Flugzeug spuckte ein paar Panzer aus, die das Zentrum von Prag besetzten.

Das überraschte Land setzte sich nicht zur Wehr. Mein bester Freund taumelte um vier Uhr morgens aus einer Wirtschaft und stieß auf dem Trottoir auf einen schießenden Panzer. Es kam ihm der Gedanke, es könnte sich um ein *delirium tremens* und eine Strafe Gottes für das Saufen handeln. Tränen schossen ihm in die Augen.

Manchmal irrten sich die Russen bei der Besetzung Prags auf eine komische Art. Beispielsweise nahmen sie das Nationalmuseum unter Beschuss, welches sie für den Rundfunk hielten, der verzweifelte Bitten um internationale Hilfe in den Äther sandte. Am schlimmsten er-

wischte es die Naturwissenschaftliche Abteilung. Die Giraffen, vor hundert Jahren in Afrika erschossen, bekamen eine neue Ladung Blei in das verstaubte Fell. In ihren gläsernen Augen tauchte ein verwunderter Ausdruck auf.

Der sowjetische Ausflug in die Tschechoslowakei forderte gleich in den ersten Tagen um die achtzig Todesopfer. Es gab hunderte von Verletzten, eine viertel Million Tschechen und Slowaken emigrierte in den Westen, hunderttausende weitere erhielten Berufsverbot. Universitätsprofessoren fegten die Straßen, Lehrer arbeiteten auf dem Bau, Journalisten verkauften Eis. Tausende von Menschen fanden aus politischen Gründen Unterkunft in Gefängnissen. Sie halfen so die Wohnungsnot zu lindern. So viel zum historischen Ereignis, das euphemistisch »Internationale Brüderliche Hilfe« genannt wurde.

So weit, so gut, aber wo ist das Sauerkraut?, fragt sich der ungeduldige Leser. Der Duft von Sauerkraut schlich sich ganz unauffällig in mein Leben. Ich durfte in keiner Zeitung mehr schreiben, die Universität musste ich ein Jahr vor dem Abschluss meines Studiums verlassen, mein Buch wurde aus den Geschäften und Bibliotheken entfernt, nicht einmal in einer Fabrik wollte man mich arbeiten lassen. Sie würden noch die Arbeiter aufhetzen!, sagte man mir im Personalbüro. Schlussendlich hatte man Mitleid mit mir und ich durfte in der Nacht Gemälde bewachen. Mein Lohn belief sich auf erbärmliche 1003 Kronen. Monatlich. Ist es nicht wundersam, wie man mit fünfzig Franken im Monat eine Wohnung unterhalten und Nahrung, Kleidung und alles andere besorgen kann?

Meine Frau durfte die Uni abschließen. Dank diesem Umstand konnten wir in der Studentenmensa essen. Sogar gratis! Es reichte, sich irgendeinen schmutzigen Teller zu schnappen und so zu tun, als wollte man nachschöpfen. Die gutherzige Frau hinter den Kochtöpfen füllte uns den Teller mit Knödeln und Soße, Fleisch konnten wir aber freilich nur aus der Ferne auf den Tellern unserer glücklicheren Kollegen bewundern.

Der Antrag meiner Frau auf ein Sozialstipendium wurde mit der Begründung abgelehnt, dass unsere Familie drei Kronen mehr verdiene, als das festgesetzte soziale Minimum betrug.

Das Berufsverbot bezog sich später auch auf meine Frau, sie durfte nur als Putzfrau in der Nationalgalerie arbeiten, aber auch dort wurde sie mit der Erklärung gefeuert, dass sie nicht auf dem Gebiet der Kultur tätig sein dürfe. Weil es oben irgendwo geschrieben steht, dass arme Leute große Familien haben, bekamen wir innerhalb kurzer Zeit vier Kinder. Unauffällig begann so die Zeit meines Lebens, an welche ich mich dankbar als an die Zeit des unendlichen Wirtschaftswunders erinnere.

In den Läden kauften wir für das Geld nur das wirklich Nötigste ein, beispielsweise Seife oder Schuhe. Nahrungsmittel beschafften wir vorwiegend ähnlich wie die Mitglieder einiger innerafrikanischer Steppenstämme, also durch Sammeln in freier Natur. Überall zogen sich an den Straßen endlose Reihen von Obstbäumen hin, die schon lange niemand mehr erntete. Wir sammelten Kirschen, Äpfel, Birnen und Pflaumen, so wie sie die Jahreszeiten barmherzig brachten, und aßen sie auf die verschiedensten Arten. Wir versuchten, nicht daran zu denken, dass die Früchte im Abgas der Autos reiften und voller Blei und anderer Schadstoffe waren.

Ich muss gestehen, dass wir für unseren Eigenverbrauch auf den staatlichen Feldern auch Kartoffeln, Mais, Zwiebeln und Gurken ernteten. Auch Kraut. Ein schlechtes Gewissen plagte mich nicht, denn ich redete mir wie Millionen meiner Mitbürger ein, dass ich auf diese Weise wenigstens einen kleinen Teil dessen zurückerhielt, worum mich der Staat beraubte. Wenn der Winter nahte und unsere Speisekammer voller konservierter Früchte und Gemüse war, fühlte ich mich wie ein erfolgreicher Landwirt. Ich eignete mir übrigens auch die uralte Gewohnheit der Bauern an, am Sonntag in festlichen Kleidern in Frage kommende Felder zu begutachten und sorgfältig zu beobachten, ob es feucht genug war und ob die Natur dieses Jahr auch freigebig sein würde.

Eine seltsame, unvergessliche und unverwechselbare Rolle in unserem Überlebenskampf spielte vor allem das Sauerkraut. Wir stellten es selber aus großen Krautköpfen her, leichenhaft blau angelaufen wegen der zu zahlreichen Düngungen mit Stickstoff. Mehrmals pro Woche stand es auf dem Speisezettel, schnell bekam es den Spitznamen *Breschnews Rache*. Die häufigste und am wenigsten geschätzte Form war die sogenannte *lepenice*, ein altes Gericht der Bergleute. Man stopfte das Sauerkraut einfach in gekochte Kartoffeln. Wenn es keine Kartoffeln gab, begnügte man sich damit, das Sauerkraut mit heißem Wasser zu übergießen. Dann nannte man es Suppe. Gar nicht schlecht war Salat aus Sauerkraut und rohen Zwiebeln, wir experimentierten sogar an einem Krautkuchen. Mit der Zeit machten wir das Kraut mit geriebenen Karotten und Zwiebeln ein, fügten Knoblauch und Sellerie bei und erreichten sozusagen einen raffinierten Geschmack der Gourmetklasse.

Wir wohnten an der Endstation der Tramlinie 21. Seit jeher wurde die Gegend *Hrdlořezy* genannt, frei übersetzt *Zur durchgeschnittenen Kehle*, vielleicht als Erinnerung an einen berühmten Mord. Nomen est omen – aus den Fenstern sahen wir direkt in eine Polizeikaserne.

Die Gegend hatte aber offensichtlich auch bessere Tage erlebt, gegenüber dem Kiosk stand ein uraltes Steinkreuz, in der Nacht tummelten sich zwischen dem Geleise Vorstadthasen und aus einem nahe gelegenen Kirschgarten kamen auch ab und zu ein Fasan oder ein Rebhuhn angeflogen. Die Vögel waren aus unbekannten Gründen unglaublich zahm. Sie fürchteten sich überhaupt nicht, sie rannten den Leuten direkt vor den Füßen herum. Einmal rutschte ich auf Glatteis aus und fiel direkt auf einen wunderschön gefärbten Fasan. Der Vogel war auf der Stelle tot. Ich erschrak fürchterlich. Würde man mich jetzt wohl wegen Wilderei anklagen? Ehemals Journalist, nun Kleinkrimineller Chudožilov! Den Fasan steckte ich ohne weiter zu überlegen unter meinen Mantel. Ich nahm ihn eher deswegen nach Hause, um das Corpus Delicti beiseite zu schaffen; der Gedanke ihn zu essen, kam uns erst später, als wir überlegten, wie sich wohl die Spuren dieses Verbrechens am besten verwischen ließen.

Den Vogel ließen wir nach alter kulinarischer Sitte einige Wochen gefiedert an einem versteckten Ort des Balkons hängen. Mein russischer Großvater pflegte zu sagen, dass ein Fasan so lange hängen muss, bis er von selbst herunterfällt, aber auch dann soll man ihn noch nicht essen, sondern warten, bis ihn die Würmer in die Küche schleppen. Als wir kurz nach Weihnachten den Gefiederten aufschnitten, schlug uns ein solch schrecklicher Gestank entgegen, dass wir ihn wegwerfen wollten. In einem Kochbuch lasen wir aber zum Glück, das sei genau das gewisse Etwas, es handele sich um den unverwechselbaren Geruch von Wild. Wir buken ihn an Silvester – wie anders? – mit Sauerkraut.

Wir jagten den Fasan schnell über eine Bratpfanne, strichen ihn leicht mit Knoblauch ein und ließen ihn eine Stunde lang im Ofen schmoren. Begossen wurde er mit der Brühe aus den Flügeln und Läufen. Inzwischen rösteten wir auf einer anderen Bratpfanne Zwiebeln und fein geschnittenen, weißen billigsten Speck, warfen dann zwei Kilo Sauerkraut drauf und fügten ein bisschen Zucker für die Farbe, Salz und Pfeffer bei. Den gebratenen Fasan betteten wir liebevoll in das Sauerkraut, als Beilage reichten wir Bratkartoffeln mit Zwiebeln, Knoblauch und einem bisschen Zitronenschale.

Aus der Küche wand sich ein überwältigender Duft. Siegesgewiss durchquerte er unsere Wohnung und begann sich dann feierlich im ganzen Haus zu verbreiten. Als wir uns an den Tisch setzten, läutete jemand. An der Türschwelle stand eine wunderschöne fremde junge Frau. »Mein Gott«, murmelte sie wie in Trance, »geben Sie mir doch bitte wenigstens ein kleines Stück von dem, was Sie da gebraten haben. Denken Sie von mir, was Sie wollen. Ich bin Ihre Nachbarin aus dem siebten Stock.« Wir baten sie herein. »Ein Orgasmus im Mund!«, verkündete sie selig mit geschlossenen Augen, als sie mit Genuss ein Schenkelchen abnagte. Sie wurde eine treue Freundin von uns, was wir sehr zu schätzen wussten, denn es gab nicht viele Leute, die bereit waren, sich mit einer politisch unzuverlässigen Familie anzufreunden.

Fasan mit Sauerkraut wurde unser festliches Silvesteressen. Ich freute mich das ganze Jahr darauf. Einmal passierte es, dass es keine Fasane gab. Weder draußen in der Natur noch in den Geschäften. Dem Bolschewik war es gelungen, diesen Schmuck tschechischer Felder fast auszurotten. Ich versöhnte mich mit dem Gedanken, mich an Silvester mit Sauerkraut zu begnügen. Ohne Fleisch. Am Silvestertag, um sechs Uhr abends,

läutete jemand. Es war der Ehemann unserer Nachbarin, in der Hand hielt er einen Fasan. »Ich war auf dem Weg aus Nordböhmen zurück«, erklärte er verlegen, »und da rannte er mir direkt vor das Auto. Wollt ihr ihn?« Es überraschte uns nicht einmal allzu sehr.

Das dritte schicksalhafte Läuten erklang im Jahre 1981.

Es waren Polizisten, die mich zum Verhör abholten. »Wovon leben Sie denn so?«, löcherte mich der *estébak*, ein Mitglied der Geheimpolizei. »Wollen Sie behaupten, Sie kämen mit tausend Kronen aus?«

»Ich weiß es selber nicht«, antwortete ich ehrlich, »ich glaube, meine Familie ist ein Wirtschaftswunder.«

Man zwang uns, das tschechische Bürgerrecht aufzugeben, wir bekamen eine Aufenthaltsbewilligung in unserem eigenen Land, beschränkt auf nur drei Monate. Wir gingen in die Schweiz.

Als sich in Basel das erste Silvester näherte, versuchten wir selbstverständlich einen Fasan aufzutreiben. Es war nicht einfach, es gab kein Glatteis und keine Fasane. Bei Migros verlangte ich in einem erbärmlichen Deutsch *Sauberkraft* anstatt Sauerkraut, aber die freundliche Verkäuferin verstand mich zum Glück. Den Fasan kauften wir schließlich in einem kleinen ungarischen Laden, bereits gerupft und eingefroren. Als wir ihn im Ofen hatten, entströmte ihm ein wunderbarer Duft, der an alte, vergangene Zeiten erinnerte. Es überraschte uns überhaupt nicht, als jemand läutete. Es war unsere italienische Nachbarin. Obwohl wir kein Wort Italienisch verstanden, begriffen wir ohne Mühe, was sie sagte. Wir luden sie zu Tisch ein. »Benissimo!«, murmelte sie selig, als sie den ersten Bissen hinuntergeschluckt hatte. Die Sowjetunion und die Tschechoslowakei existieren seit Jahren nicht mehr, ich erinnere mich aber immer an sie, wenn ich den Duft von Sauerkraut in die Nase bekomme. Die Giraffen im Nationalmuseum sind schon lange wieder instand gesetzt. Ein zukünftiger Präparator, nicht mit ihrem Schicksal vertraut, wird sich einmal ganz schön wundern, wenn er entdeckt, dass die im neunzehnten Jahrhundert erschossenen Giraffen moderne Maschinengewehrmunition unter der Haut haben.

MYROSLAV MARYNOVYCH

Die Bedeutung der Menschenrechte in meinem Leben

Damit Sie sich ein Bild machen können, darf ich mich kurz vorstellen. Der erste offizielle Titel, den ich als junger Mann von offizieller Seite verliehen bekam, war der des »besonders gefährlichen Staatsfeindes«. So haben die Kommunisten in der UdSSR diejenigen genannt, die sich für die Menschenrechte stark gemacht haben. Als mich dann später amnesty international unter ihre Fittiche nahm, wurde mir die Bezeichnung »politischer Häftling« zuerkannt. Nachdem ich im Jahr 1993 den ukrainischen Ableger von ai gegründet hatte, übernahm ich als Erster den Vorsitz dieses Komitees. Ein Jahr darauf hat mir das ukrainisch-amerikanische Büro für Menschenrechte den Valeriy-Marchenko-Preis für meinen Einsatz für die Menschenrechte verliehen. Marchenko ist ein ukrainischer Dissident gewesen, der als Märtyrer in einem Lager sterben musste, weil er sich aktiv für die Verwirklichung der Menschenrechte eingesetzt hatte. Seit Oktober 1997 bin ich als Leiter des Instituts für Religion und Gesellschaft an der theologischen Akademie Lviv tätig.

Zum ersten Mal gewann das Thema Menschenrechte für mich im Herbst 1976 an Bedeutung, und das gleich zweifach. Erstens erhielt ich damals eine Einladung des ukrainischen Ablegers der Helsinki-Gruppe – das war zu diesem Zeitpunkt die erste und einzig legale, unabhängige Menschenrechtsgruppe in der Ukraine. Für mich als jungen Ingenieur gab es daraufhin kein langes Zögern: Ich fällte die vielleicht wichtigste Entscheidung meines ganzen Lebens. Das zweite bedeutsame Ereignis zum selben Zeitpunkt war der Aufruf des amerikanischen Präsidenten Jimmy Carter zur Verteidigung der Menschenrechte, was mich damals sehr beeindruckt hat. Denn natürlich basierte mein Verständnis der Menschenrechte zu diesem Zeitpunkt eher auf politischem Ungehorsam gegenüber dem sowjetischen System als auf einem tiefen Verständnis davon, was es mit den Menschenrechten wirklich auf sich hat. Wie dem auch sei, das Thema hatte mich derart gepackt, dass ich die Kündigung meiner Arbeitsstelle auf mich nahm, die Einschränkung des gesamten Lebensstandards, ein halbes Jahr Beschattung, Provokationen durch den KGB und ständige Verfolgungen. Am 23. April 1977 wurde ich verhaftet, musste Nachforschungen über mich ergehen lassen und einen offensichtlich ungerechten Prozess, und ich war vier Wochen lang in Gefangenentransportern unterwegs von einem Durchgangsgefängnis ins nächste. Dann saß ich lange in einem streng bewachten Lager für Regimegegner im Ural. Viele von uns verhungerten dort, wir wurden geschlagen, und die Zellen waren eiskalt. Im April 1984 schließlich ging ich für drei Jahre ins Exil nach Kasachstan. Zum Schluss hatte meine Odyssee alles in allem zehn Jahre gedauert. Als ich zum ersten Mal verhaftet wurde, war ich 28. Und mit 38 kehrte ich schließlich in die Ukraine zurück ...

Was mich in die Arme der nicht gerade zahlreichen sowjetischen Dissidenten getrieben hat, ist ziemlich schwer zu beschreiben. Ich erinnere mich nur, dass es irgendwann einmal einen Punkt gegeben hat, an dem ich erkannte, wie unerträglich aufgeblasen das sowjetische System war. Mir wurde bewusst, dass ich diesen Zustand auf gar keinen Fall ohne den Verlust meiner Selbstachtung akzeptieren konnte. Deswegen kämpfte ich anfangs auch nicht für konkrete, politische Ideale, sondern eher generell für die Menschenwürde und vor allem für das Recht, als menschliches Wesen akzeptiert zu werden. Die Kommunisten haben die Bevölkerung fast pausenlos gedemütigt, aber für mich waren Meinungsfreiheit und nationale Freiheit sehr existenziell. Zu diesem Zeitpunkt war ich mir nicht darüber im Klaren, dass viele Menschen auch nationale Erniedrigung und totalitäre Unterdrückung als sehr schmerzlich empfinden.

Die Helsinki-Gruppen in der ehemaligen Sowjetunion waren die Ersten, die auf legalem Wege ihre Prinzipien, Ziele und Bemühungen zu verfolgen versuchten. Der Kampf im Untergrund hat mich nie interessiert, denn meiner Meinung nach reichten die Sanktionierung unseres Gewissens und die Rechtmäßigkeit unserer Ansprüche aus, um auf legalem Wege aktiv zu werden. Doch das sowjetische System war noch nicht reif für legale Protestformen. Deswegen wurden Menschen gebraucht, die sich auf den Weg durch die Instanzen machten, um auf diese Weise ihre Rechte durchzusetzen und um deutlich zu machen, dass die Staatsgewalt nicht in der Lage war, diese Rechte zu garantieren.

Ich muss nicht betonen, dass ich heute nach 23 Jahren keinen meiner Schritte bereue. Der Kampf war seinen Preis wert und darüber hinaus habe ich Glück gehabt. Erstens bin ich mit dem Leben davongekommen, im Gegensatz zu einigen meiner Freunde. Und zweitens ist es mir gelungen, die zehn Jahre des Leidens dafür zu nutzen, meinem Leben einen tieferen Sinn zu geben. Bei meiner Entlassung aus dem Lager bin ich ein neuer Mensch gewesen oder, wie es im Evangelium heißt, »ein Mensch, der zum zweiten Mal geboren wurde«. Mein Blick auf die Welt hatte sich verändert, ich sah alles sehr viel klarer. Ich als Privatperson hatte ein neues Rückgrat gewonnen. Außerdem ließen sich irgendwann die Dissidenten, die gewaltfrei gegen die totalitäre Gewalt protestiert hatten und die sich als letzte Zeugen der kommunistischen Verbrechen verstanden, nicht mehr durch Panzer oder die Grausamkeit des KGB aufhalten. Dabei muss man jedoch eines berücksichtigen: Sowohl die Dissidenten unter Breschnew als auch die Millionen Opfer der Stalin-Ära sind in den sibirischen Wäldern niedergemetzelt worden, ohne dass die Weltöffentlichkeit davon Kenntnis genommen hätte. Bei den Protesten der Dissidenten gegen den Kommunismus war das anders. Das heißt nicht, dass ich die Bedeutung dieses Kampfes schmälern will, denn mir steht es nicht zu, die Opfer meiner Mitstreiter, die der Freiheit ihr Leben geopfert haben, in irgendeiner Weise herabzusetzen.

Während meiner Zeit im Arbeitslager habe ich natürlich keine Post von amnesty erhalten – sehr wohl jedoch im kasachischen Exil. Dabei muss ich an eine kuriose Begebenheit denken, die sich damals ereignet hat. Ich wohnte in einem entlegenen, kasachischen Dorf und bekam als Einziger dort Briefe mit lateinisch geschriebener Anschrift. Das ging so weit, dass die Post derlei Umschläge quasi automatisch an mich weiterleitete und ich sie ohne zu zögern öffnete. So geschah es, dass ich eines Tages mit wachsendem Erstaunen las: »Sehr geehrter regionaler Sekretär der kommunistischen Partei! Wir, die Mitglieder von amnesty international, bitten Sie, alles in Ihrer Macht Stehende zu tun, um Myroslav Marynovych wieder auf freien Fuß zu setzen ...« Ich empfand es als eine der einprägsamsten Erfahrungen meines Lebens, mitzuerleben, wie Mitglieder von amnesty sich

für mich einsetzten und dafür sorgten, dass ich nicht allein gelassen wurde. Keine Frage also, dass ich ebenfalls Mitglied von ai werden wollte. Als im Jahr 1990 der Demokratisierungsprozess in der UdSSR so weit gediehen schien, dass amnesty international die Einführung des Postgeheimnisses forderte, versuchte man auch regionale amnesty-Gruppen zu gründen. Als Erste engagierten sich die ehemaligen politischen Häftlinge. Diesen Augenblick empfand ich so, als würde mir während eines Staffellaufs der Stab übergeben. Ich wusste, jetzt war ich an der Reihe, den Gesinnungsgenossen in anderen Ländern beizustehen. Mit anfänglicher Unterstützung einiger Freunde rief ich in meiner Stadt die erste Gruppe ins Leben, und gleich darauf gründeten wir den ukrainischen Ableger von amnesty international. Nach und nach erkannten immer mehr Menschen die enorme Bedeutung der Menschenrechte für die moderne Ukraine.

Es ist schon komisch, dass ich mich erst dann näher mit der Erklärung der allgemeinen Menschenrechte befasste, als ich mich entschloss sie zu übersetzen. Weil nämlich in der UdSSR diese Menschenrechtsdeklaration quasi unzugänglich war, wollte ich sie ins Ukrainische übersetzen und sie anschließend an meine Freunde weitergeben. Diese Übersetzung tauchte später in meiner Akte auf als Beweis für meine antisowjetischen Umtriebe. Kein Wunder, dass die Erklärung der Menschenrechte damit zu einem lebenswichtigen Dokument für mich wurde. Meinem Empfinden nach ist sie vergleichbar mit dem winzigen Samenkorn, von dem im Evangelium die Rede ist. Letztendlich nämlich entsteht aus dieser Erklärung die riesige Eiche der Menschenrechte, und ich bin froh, dass das kleine Samenkorn schon von frühester Kindheit an in mir geschlummert hat. Noch heute ist für viele ehemalige Sowjetbürger die Menschenrechtserklärung als Ganzes ein wahres Wunder. Schließlich ist es uns mit Hilfe dieses Dokuments möglich gewesen, der Ungerechtigkeit des Kommunismus in unserem Teil der Welt den Kampf anzusagen.

Im Moment ist nicht absehbar, wohin sich die Menschenrechtsbewegung in der Ukraine in Zukunft entwickeln wird. In den letzten zehn Jahren sind bei uns verschiedene Menschenrechtsorganisationen gegründet worden. Meistens haben Leute aus dem Westen sie ins Leben gerufen oder zumindest deren Gründung stark unterstützt, teils von staatlicher Seite und teils von nichtstaatlicher. Mitte der 90er Jahre schien der Baum der Menschenrechtsbewegung in der Ukraine in voller Blüte zu stehen. Aber heute ist nur allzu offensichtlich, dass diese Aktivitäten nachgelassen haben und stagnieren. Dafür sind verschiedenste Gründe zu nennen.

Zuerst einmal besteht ganz offensichtlich ein Zusammenhang zwischen einer gut entwickelten, unabhängigen Menschenrechtsbewegung und den sozioökonomischen Voraussetzungen einer Gesellschaft. Der Zusammenbruch der post-sowjetischen Wirtschaft und die für alle ehemals totalitären Systeme typische, schwache Mittelschicht bewirk-

ten, dass die ukrainischen Nicht-Regierungs-Organisationen (NGOs) in eine Klemme gerieten. Und zwar sowohl dann, wenn sie a) ausschließlich auf die finanzielle Unterstützung des Westens setzten, als auch b), wenn sie verschiedene staatliche Stellen um Unterstützung baten. Im ersten Fall ließ das Interesse des Westens für die Ukraine immer mehr nach, was natürlich auch finanziell spürbar wurde. Im zweiten Fall haben die ukrainischen NGOs nach und nach ihre Unabhängigkeit und schließlich auch ihren *Elan* eingebüßt.

Außerdem dauert der Demokratisierungsprozess in allen post-totalitären Gesellschaften offensichtlich wesentlich länger, als man noch Anfang der 90er Jahre geglaubt hatte. Das Denken der Menschen stellt sich nicht von heute auf morgen um. Ganz besonders trifft das auf die staatlichen Behörden im großen Verwaltungsapparat der post-sowjetischen Ukraine zu. Vom ersten Schock nach dem Zusammenbruch der Sowjetunion ist in den letzten Jahren nichts mehr zu bemerken. Stattdessen feiern jetzt die ›guten, alten‹ Gewohnheiten und der klassische, sowjetische Beamte fröhliche Urständ. Die Menschenrechtsbewegung ist zu schwach, um dieser Probleme Herr zu werden.

Und schließlich ist bisher noch nicht geklärt, ob die orthodox ausgerichtete Ukraine überhaupt als demokratischer Staat gelten kann (S. Hantington). Im Laufe der Geschichte haben die Ukrainer sich oft recht vieldeutig zum Thema Menschenrechte geäußert, die Ursache dafür kennen wir bis dato nicht. Sicherlich hat die Trägheit unserer Gesellschaft etwas damit zu tun und auch unsere Umgangsformen untereinander. In diesem Punkt besteht berechtigte Hoffnung, dass sich das in Zukunft ändert. Andererseits vermute ich, dass außerdem noch ethnisch-psychologische, kulturelle und religiöse Gründe eine Rolle spielen, und da wird sich nichts ändern. Anders gesagt, vermutlich unterscheiden sich die individuellen und kollektiven ›Gewohnheiten‹ der Menschen in der Ukraine erheblich von denen der Amerikaner. Hinzu kommt, dass es hierzulande ganz andere gesellschaftliche Bedingungen gibt, unter denen sich die Menschenwürde etablieren muss.

Zurzeit wird viel darüber diskutiert, ob und inwiefern die Menschenrechtsidee einseitig von westlichem Denken geprägt ist, und meiner Meinung nach ist an diesem Vorwurf etwas Wahres dran. Die Menschenrechte sind universell, und deswegen besteht keine Notwendigkeit, dass sich alle Welt an die kulturellen Besonderheiten des Westens anpasst, nur weil die Idee dort geboren wurde. Ganz im Gegenteil, die moderne Theorie hinter den Menschenrechten besagt, dass sie weltweit auf unterschiedliche Kulturen und gesellschaftliche Bedingungen anwendbar sind. Unsere Aufgabe ist es nicht, uns an die westlichen Vorstellungen von menschlicher Würde anzupassen. Meiner Meinung nach muss die persönliche Würde der Menschen überall auf der Welt unter Einbeziehung der gesellschaftlichen Gegebenheiten verteidigt werden.

Bisher hat sich in der Ukraine die Erkenntnis noch nicht durchgesetzt, dass die in der Erklärung festgehaltenen Menschenrechte voneinander abhängig und demzufolge unteilbar sind. Dafür ein Beispiel: In den 70er Jahren war die Welt in einen östlichen und einen westlichen Machtblock aufgeteilt, beide hatten ein jeweils anderes Rechtsverständnis. Der Westen, so hieß es, war das ›Königreich‹ für ziviles und politisches Recht, wohingegen der Osten als das ›Königreich‹ für soziale Rechte galt. Die Ersteren waren stolz auf ihre freie Meinungsäußerung, die Letzteren darauf, dass sie keine Armut und keine Obdachlosigkeit kannten. In den 90er Jahren existierte in der Ukraine aber bereits eine beachtliche Meinungsfreiheit, und gleichzeitig war man schockiert über die immer größer werdende Zahl von Bettlern und Hilfsbedürftigen, die in Mülltonnen nach Essensresten suchten. Schon vor der *Perestroika* war das soziale Netz für den Einzelnen recht grobmaschig gewesen. Doch nach der *Perestroika*, nachdem manche Menschen bereits durch die Löcher im Netz gerutscht waren, erinnerte man sich daran, dass dieses Netz zwar löchrig, aber immerhin verfügbar gewesen war. Die meisten Ukrainer, so wurde damals offensichtlich, wollten nicht das eine Königreich mit dem anderen vertauschen. Sie erwarteten eher, dass sich beide vereinigten.
Keine Menschenrechtsgruppe ist also in der Lage, dafür zu bürgen, dass alle Rechte verfügbar sind. Aber erst dann, wenn jeder alle Rechte ohne Ausnahme wahrnehmen kann, ist die Würde des Menschen sichergestellt.

Charakteristisch für die kommunistische Gesellschaft war, dass sie in einem wirklichen ›Jahrhundertexperiment‹ auf eine umfassende, gesellschaftliche Veränderung abzielte. Das war bis in die DDR hinein spürbar und betraf nicht nur die Sowjetunion und die Ukraine als dem Epizentrum des Geschehens. Gorbatschow hat zwar in der Politik und in der Wirtschaft die *Perestroika* ins Rollen gebracht, aber die Menschen sind von ihrer Mentalität und von den Gewohnheiten her eben Sowjets geblieben. Was die Ukrainer und die restliche, ehemals sowjetische Bevölkerung noch vor sich hat, ist eine geistige *Perestroika*, also eine qualitative Veränderung ihrer Haltung, einen *umgekehrten Wandel*. Erst dann werden sich Reformen verwirklichen lassen, wird die Korruption nachlassen, wird es wieder einen wirtschaftlichen Aufschwung geben, und erst dann werden die Menschen einen größeren Respekt gegenüber der Menschenwürde an den Tag legen. Ich weiß nicht, mit welchen Problemen wir in der Ukraine bei unserem Kampf für die Menschenrechte noch rechnen müssen, aber ich bin davon überzeugt, dass unsere Gesellschaft eines Tages die Sprache der Menschenrechte sprechen wird.

Meine derzeitige Funktion als Direktor des Instituts für Religion und Gesellschaft erlaubt es mir, sowohl religiösen Fragestellungen nachzugehen als auch Themen aus dem Bereich der Menschenrechte zu behandeln. Eine der Aufgaben des Institutes ist es beispielsweise, die protestantische und die römisch-katholische Auslegung der Menschenrechte im Vergleich zum Standpunkt der orthodoxen Kirche zu überprüfen. Vielfach wird behauptet, die orthodoxe Kirche und ganz generell die osteuropäische Kirche äußere sich nicht zu Fragen der Menschenrechte. Aus diesem Grunde ist es vielleicht produktiv, hier einige Überlegungen anzustoßen, damit sich die ukrainische Kirche in Osteuropa eine theologische Position zu diesem Thema erarbeiten kann. Mich hat bei meiner Arbeit die beispiellose Haltung der griechisch-katholischen Kirche in der Ukraine ein großes Stück vorangebracht. Sie greift nämlich die römisch-katholische Auffassung der Menschenrechte auf und versucht diese Theorie in die Theologie des Ostens einzubeziehen. Ich habe den Eindruck, dass sich ein paar interessante Punkte in der Entwicklung der Menschenrechtstheorie erarbeiten ließen, wenn wir untersuchen würden, wo sich die Positionen der orthodoxen und der katholischen Kirche berühren.

Zusammenfassend möchte ich sagen, dass ich im Laufe meines Lebens als Objekt und als Subjekt mit der Menschenrechtsbewegung in Berührung gekommen bin. Sie hat mein Leben deutlich geprägt und meinen Gerechtigkeitssinn geschärft. Inzwischen setze ich mich zwar nicht mehr beruflich für die Menschenrechte ein, aber die ihnen zugrunde liegenden Gedanken sind ein Kernpunkt all meiner Überlegungen und all dessen, was mir am Herzen liegt.

(Aus dem Englischen von
Beate Beheim-Schwarzbach)

URS M. FIECHTNER

Dazugelernt

Nun endlich habe ich dazugelernt:
Ich werde nie dazu gehören
Ich werde nie ein Kind sein dieser Zeit.

Ich werde immer die falsche Schlachten schlagen.
Ich werde ein Pferd jagen gegen Raketenstaffeln.
Ich werde mit Mozart gegen den Polizeiminister argumentieren.
Ich werde den Eifer der Geschäftemacher aus meiner Tür
        kehren.
Ich werde still sein, während alle reden, und leise im Lärm.
Ich werde meinen Hund und meine Katze
        den Königspfauen und Richterpavianen vorziehen.
Ich werde auf Empfängen die falschen Schuhe tragen.
Ich werde ungelenk sein auf dem Spielplatz der Beliebigkeit
        und verständnislos in der Konversation.
Ich werde von Volkshochschulkursen kreativ zugetöpfert
        werden.
Ich werde versehentlich die Flanke der Idioten decken.
Der Kalender wird über mich lächeln.
Meine Niederlagen werden zahllose sein.

Doch weil
es nicht die Niederlagen sind, die zählen
Und nicht ein Ausschnitt nur der Zeit
oder der eine Halt auf langer Fahrt
Weil es keine Gründe gibt
außer der Zukunft, diesem Baum
(geboren aus Vergangenheit)
Und weil die Freiheit der schönste Baum ist, der träumt
in seinem Stamm Liebe und Zorn zu einen
Deshalb werde ich

den Gang der Jahre ignorieren
Und immer weiter Abenteuer suchen
und unentdeckte Worte, und Niederlagen
Und die Fingerspur unserer winzigen Siege.

Gitter

Bittere Schokolade

Einsam ist es an diesem Ende der Welt. Der Staub auf dem Boden hält still. Er ist gefügig. Die Sandkörner liegen erschöpft am Boden. Kein Wind wirbelt sie auf. Du ritzt deine Tage in den Sand. Ich bin jetzt seit acht Monaten hier, sagst du zu dir selbst. Zweihundertundachtunddreißig Linien starren dich an aus dem Staub. Eine Linie für jeden Tag. Du kratzt dich am Oberschenkel, versuchst den unerreichbaren Juckreiz zu erreichen. Wenn du eine Schere hättest, würdest du tief in das Fleisch vordringen bis zu dem Juckreiz. Du würdest ihn auf den Schnellstraßen deines Blutkreislaufs verfolgen und herausholen, aber du hast keine Schere. Es gibt gar nichts Scharfes hier. Sie haben dir alles weggenommen. Deine Gefängniswärter. Du kratzt und kratzt, öffnest deine Schenkel, beugst sie zu zwei gegenüberliegenden Vs. Deine Haut schält sich in deiner Hand. Deine früher-einmal-hübsche-ebenholz-glatte, wie-von-Künstlerhand-polierte Haut. Deine glänzende Haut, so strahlend, dass sie einem Mann ins Auge stach und er keine andere Frau mehr sah als dich. Und er dich heiraten musste um sein Sehvermögen wiederzugewinnen.

Hautausschläge eitern an deinem ganzen Körper. Wo die Wanzen und Kakerlaken in der Nacht aufgehört haben, machen die Bazillen tagsüber weiter. Sie haben dir keine Seife zum Waschen gegeben, seitdem das letzte Stück, das dein Mann gekauft hat, aufgebraucht ist. Du hast den Arzt gebeten, dir eine bestimmte Salbe zu besorgen, die die Ausschläge heilt. Er sagte, ich kann es nicht versprechen. Ich werde im Bestand nachsehen, was wir haben, und falls eine vorhanden ist, werde ich dafür sorgen, dass Sie sie bekommen. Und wenn keine da ist, wird deine Haut dann im Staub zugrunde gehen? Er kann dir nicht in die Augen sehen und antwortet nicht. Er schlurft aus dem Zimmer.

Der unerreichbare Juckreiz, du bleibst dran. Deine Fingernägel sind schon alle abgebrochen, aber zumindest hilft es, die Stille zu vertreiben. Diese Ewigkeit der Zeit willst du nicht. Und es wurde Abend und es wurde Morgen, es war der vierte Tag. Und es wurde Abend, und es wurde Morgen, es war der sechste Monat. Und die Zeit vergeht, raubt dir den Atem, verzweifelt ritzt du deine Tage in den Staub.

Du kratzt immer noch deine Schenkel. Deine weiblichen Ausdünstungen dringen in deine Nase. Deine Unterhose, die du drei Tage nicht gewaschen hast, riecht nach getrockneter Pisse und all deinen Säften. Du bist mitten in deinem Zyklus. Dein Eiweiß-Saft wird zu einer kristallklaren elastischen Flüssigkeit. Sie lässt sich endlos dehnen. Du könntest sie fast von einem Ende des Raumes zum anderen ziehen. Zu einer anderen Zeit, an einem anderen Ort würdest du jetzt deinen Mann umarmen, ihn tief in dir aufnehmen, ihn mit deinen Muskeln einer Frau festhalten, und er würde seufzen und kommen, ein bisschen schreien, sich in dir ergießen, dich anschauen mit liebenden Augen.

Diese vier mal vier große Sackgasse mit einer halbtoten Glühbirne und einem Fenster, das einen winzigen Lichtstrahl hereinwirft. Ein Fenster in einer Höhe, an die du nie heranreichst, ein bewaffnetes Fenster, Eisengitter mit Nagelzähnen. Ein Nachttopf steht in der Ecke. Und neben deinem Feldbett ein kleines Bücherregal. Die Bücher halten deinen Geist wach, aber sie stillen nicht deinen Hunger. Nicht deinen Durst nach Neuigkeiten. Das ist dein größter Schmerz. Diese Hungerkur bei den Nachrichten. Nachrichten, die um die ganze Welt gehen. Blitzlichtgewitter, CNN schüttet sie aus, aber die Nachrichten werden ausgeschüttet ohne dich. Studentenunruhen in Indonesien. Hunderte von Toten. Energiekrise legt Lagos lahm. Führer betrügen Anhänger, lassen sie hinrichten. Speichellecker importieren Reis für Könige, die niemals ihren Thron verlassen würden, nicht einmal für die Söhne ihrer Söhne, aber du bekommst nichts davon mit.

Einmal im Monat erlauben sie deinem Mann, mit dir für eine halbe Stunde durch die Eisengitter zu sprechen. Er zeigt dir neue Fotos von deiner Tochter und ihre gekritzelten Wachsmalstift-

Grüße: »Ich liebe dich, Mami, wann kommst du nach Hause?«

Du sagst zu ihm: »Was gibt es Neues?« Er erzählt dir: »Die Höflinge haben gesagt, dass der König bleiben muss. Der königliche Schuhmacher sagt, dass seine Ausrüstung extra in Italien für den König angefertigt wurde. Kein Nachfolger kann seine Schuhe tragen. Der königliche Koch sagt, dass seine Rezepte allein zum Pläsir des Königs erfunden wurden. Jeden Tag halten die Lobsinger Konzerte im königlichen Hof ab und preisen ihn mit Gesängen, worin es heißt, dass er der einzige Herr ist, der dieses Land regieren kann. Seine Sklaven haben mit Massenselbstmord gedroht, wenn er den Thron verlässt. Tagein, tagaus kündigen die königlichen Trommeln den Besuch hungriger Delegationen an, die durch die Wüste gekommen sind und die Meere überquert haben, nur um den König zu bitten den Thron nicht zu verlassen.«

Du wirst immer wütender: »Aber das Gesetz des Landes sagt, dass der König nach vier Jahren Regierungszeit abtreten muss!« Dein Mann antwortet: »Es gibt kein Gesetz in diesem Land. Ein königliches Dekret wurde erlassen, welches besagt, dass der König für alle Ewigkeit regieren kann, wenn das Volk es wünscht. Und Delegationen von Häuptlingen aus dem ganzen Land fallen dem König zu Füßen und flehen ihn an – im Namen des Volkes – er möge doch bitte bleiben …« Du fragst: »Und der König, was sagt er?« »Er gibt ihnen ein paar Säcke Reise und ein paar Stück Seife und sagt nichts.« »Nichts?« »Ja«, erwidert der Mann. »Er sagt nichts …«

Ein Gefängniswärter kommt herein und tippt deinem Mann auf die Schulter. »Zeit ist um«, blafft er. Dein Mann gibt ihm eine Plastiktüte, in der vier Stücke medizinischer Seife sind, drei Päckchen Fruchtsaft, ein paar Kekse, eine Flasche Körperlotion, ein kleines Päckchen Butter, zwei Päckchen Zucker, zwei Dosen Ovomaltine und etwas Geld. Du weißt, dass du nur die Hälfte davon bekommen wirst, der Gefängniswärter wird die andere Hälfte stehlen und die Beute seiner Familie mitbringen.

Dein Mann erhebt sich von dem Stuhl, auf dem er gesessen hat und geht rückwärts hinaus, behält dich in seinem noch-immer-liebenden Blick und wirft dir Handküsse zu, während er allmählich aus deinen Augen verschwindet. Die Frage deiner Tochter steht bedrohlich vor dir: »Mami, wann kommst du nach Hause?« »Ich weiß nicht, mein Schatz, ich weiß nicht …« Deine Wut will die Kinder des Aufsehers verwünschen, du weißt, sie sind da draußen unter dem Baum und spielen mit ihrer eigenen Mutter, während deine Tochter es sich vor dem Fernseher gemütlich macht und sich mit Zeichentrickfilmen tröstet, bis ihr Papi zurückkommt. Du stößt Flüche aus. Energisch entweichen sie deinem Mund, bilden einen Kreis, nähern sich dem Gefängniswärter. Sollen seine Kinder doch zu Waisen werden, der Ostwind soll seine Ernte verderben, er soll hundertfach säen und nichts als Leere einbringen. Der Kreis beginnt sich um ihn zu schließen. Immer dichter. Aber du nimmst alles zurück, durchbrichst den Kreis der Flüche und verbrennst sie in einem Feuer. Warum seine

Kinder zu Waisen verwünschen, wenn die Wächter der Nation bereits das Leben der Menschen für Säcke mit Reis und Seifenstücke mit Hypotheken belegt haben? Warum das blutige Land mit noch mehr Blut tränken?

Als der Wärter die Tür des kleinen Raums öffnet um dich zurück in deine Zelle zu bringen, weißt du, dass die Plastiktüte bereits leichter ist. Er hat dein Eigentum im Bruchteil einer Sekunde gestohlen. Er gibt dir die Tüte. Seine Hand verharrt auf deiner Hand, sein Daumen streichelt deine Handfläche. Du fauchst ihn an und beeilst dich, in deine Zelle zu kommen. Die Tür schlägt zu. Du sitzt auf deinem Feldbett und reißt mit den Zähnen eine Packun Kekse und einen Karton Fruchtsaft auf. Du lachst leise in dich hinein, während du anfängst zu kauen. Wie überflüssig können doch Messer, Löffel, Teller und Tassen sein, wenn eine Frau noch zweiunddreißig scharfe Zähne in ihrem Mund hat.

Zwischen dem vierten und fünften Schokoladenkeks hat dein Mann eine Notiz eingeschmuggelt. Du öffnest sie und liest: »Ich liebe dich sehr. Ich wünschte, ich könnte dich jetzt in meine Arme nehmen. Nachts ist es wirklich hart für mich …« Angst ergreift vollständig Besitz von dir, dein Herz krampft sich zusammen. Was will er dir damit sagen? Du versuchst seine Worte zu deuten, denn du kennst die Macht der Worte. Mit Worten verdienst du dein Geld. Es waren deine Worte, die dich ins Gefängnis gebracht haben. Deine schreiende Titelgeschichte, die dazu führte, dass dein wöchentliches

Nachrichtenmagazin an einem Tag ausverkauft war – Der König bricht sein Versprechen. Er geht nicht am 12. Juni! Du hattest Gerüchte gehört von einer Kampagne, die der König inszeniert hatte um seine Macht bis in alle Ewigkeit zu sichern. Die Nachrichten verfolgten dich, du gingst den Berichten nach, bist durchs Land gereist, hast zuverlässige Quellen aufgespürt und Palastgehilfen befragt, die bereit waren, anonyme Aussagen zu machen. Und dann hattest du die Geschichte in eine Prosa verwandelt, die den Pulitzerpreis verdient gehabt hätte. Die Nachricht verstreute sich in alle Winde. Die Winde trugen sie davon, in die Zentren bis an die Grenzen des Landes – wie motorisierte Vorreiter. Die Leute waren verwirrt. Der König, den sie als Patrioten und aufrichtigen Gönner seines Volkes verehrten, hatte es ihnen in einem gefühlsseligen Moment versprochen: »Ich brauche keine Unruhen, die mich zum Aufhören zwingen. Ich werde am 12. Juni abtreten und die Macht an eine demokratisch gewählte Regierung übergeben.«

Deine sorgfältig recherchierte Story hatte das Staatsgeheimnis gelüftet und seine Schergen hatten dich geholt. Sie zerrten dich vor ein Gericht, das noch in der Nacht eilig einberufen wurde. Der schlaftrunkene Richter mit Perücke und Pantoffeln döste während der Verhandlung andauernd ein. Er wachte rechtzeitig auf um dich zu fünfundzwanzig Jahren Gefängnis zu verurteilen wegen Anstiftung zu einer Revolte gegen den König …

Und nach acht Monaten von fünfundzwanzig Jahren kaust du an den Worten deines Mannes: »Nachts ist es für mich wirklich hart.« Und an denen deiner Tochter: »Mami, wann kommst du nach Hause?« Die bitteren Worte knirschen in den Schokoladekeksen unter deinen Backenzähnen. Bittere Schokolade. Was sagt dein Mann dir da? Mit wem schläft er jetzt? Wird sein liebender Blick all die Jahre der Trennung anhalten? Wird deine Tochter eine andere Mami lieben? Du kaust deine Kekse. Du schluckst den Fruchtsaft aus dem Karton herunter. Du hältst fest an der Gegenwart. Wer weiß? Vielleicht führen sie dich heute hinaus in die allerletzte Nacht – um drei Uhr nachmittags.

(Aus dem Englischen von Anita Jörges-Djafari)

RENATE WELSH

Nicht ich

Ich mag mir nicht vorstellen,
was sie mit dir gemacht haben.
Ich weiß auch nichts davon,
wie du vorher gelebt hast,
in deinem Land, das ich im Atlas suchen musste.
Was würde sich ändern, wenn ich deine Träume träumen müsste?
Nichts. Nicht für dich.
Geht die Folter weiter in deinen Träumen, oder bist du dann
bei dir daheim und bei Freunden?
Ich mag mir nicht vorstellen,
was sie mit dir gemacht haben.
Weißt du überhaupt, wie weit es von hier bis zu deinem
     Gefängnis ist?
Würde ich mich heute aufmachen, um zu dir zu gehen,
wäre ich alt, bevor ich zu dir käme.
Einmal ganz abgesehen davon, dass sie mich nicht zu dir ließen,
und dass wir überhaupt nicht miteinander reden könnten,
wenn sie es täten.
Wüsstest du, was ich alles nicht kann,
du würdest mich nicht so anschauen.
Ich bin nicht der Mensch, den du brauchst,
kann mir meist selbst nicht helfen,
wenn mich die Ansprüche der anderen einmauern.
Manchmal glaube ich,
dass ich ihnen selbst den Mörtel reiche dazu.

Sag einmal, ist der Weg zu dir
genau so lang
wie der Weg zu denen,
die hier dasselbe erleben mussten
wie du dort?

Schaust du deshalb
gerade mich an?

EVA KOHLRUSCH

Aus der Welt gefallen

Einem Verfolgten folgt das Verfolgtsein unablässig. Es sitzt in der Seele, unter den Wimpern, auf jeder Pore. Aber nicht inwendig und nicht außen wie ein Geschwür, sondern wie Nebel. Wie allgemeine Dunkelheit. Konturlos wie ein Teich, der überschwemmt wurde. Manchmal sitzt das Verfolgtsein auch im Schrei einer Krähe oder in irgendeinem Wort, das fällt. Es weht herbei mit einem Geruch. Es stürzt unvermutet vom Himmel oder aus dem Fernsehkasten. Noch in den elegantesten Gesprächen drängt es plötzlich hervor und erwürgt die Zunge, den Sinn, die Grammatik.

Auch gewesenes Eingesperrtsein sperrt auf Dauer ein. Das Gefoltertwerden foltert lebenslang. Man muss es zudeckeln sagt der Mann. Totarbeiten muss man es. Wenn man Glück hat, kann man es in einem kostbaren Moment totlachen. Oder verschlafen. Manchmal sitzt der Mann zusammengesunken über seiner Zeitung. Man sieht ihn gleichmäßig atmen. Friedvolles Schlummern. Und plötzlich zuckt der Körper wie unter einem Schlag. Es war nicht das Rascheln der Zeitung, nicht der Windstoß in den Bäumen. Geräuschlos fiel etwas aus den zarten Angeln, in denen sein Gleichgewicht sich hält. Entsetzt und fremd starrt er auf die Möbel, die ihm sagen, es ist ein anderer Ort, eine andere Zeit, es ist eigentlich nichts. Meist räuspert er sich nur kurz und beginnt zu telefonieren, um im Schwall diverser Anekdoten das Gemurmel der Angst zu übertönen. Wer dann mit ihm spricht, wird sich von der heiteren Behändigkeit seiner Gedanken mitreißen lassen.

Überhaupt trägt, wer das Schlimmste erlitt, nur selten sichtbare Male. Der Mann – nennen wir ihn M. wie Mann – gleicht äußerlich den Herren der 50er-Jahre-Filme. Ein wenig Willy Birgel, ein wenig zweiter Sieger mit Hans-Söhnker-Blick. Er kleidet sich andächtig bieder, doch mit Zutaten wohltemperierter Eigenart. Seine Hosenträgersammlung ist legendär, seine besten Schuhe sind handgenäht, weil man derlei Dinge in Vorkriegszeiten pflegte. So kann man der Gegenwart entkommen und in die Vorzeit gewisser Ereignisse zurücktauchen. Nicht zufällig hält er unterm losen Krawattenknoten den obersten Hemdknopf stets offen; jene Spur Bohemien, wie sein Onkel Max sie liebte. Wenn man ausschaut wie Onkel Max vorm Krieg, verschiebt man die Ereignisse und alles bekommt eine andere Balance. Ewig sichernd zwischen Clownerie und Lebensart sucht M. seine Fährten.

Wählt den Wein mit kapriziöser Kennerschaft und bringt anschließend den Kindern am Tisch Unarten bei, indem er mit der Gabel übers Leinen kratzt oder zum Wettrülpsen anstiftet. Das Unernste wirft er aus wie Rettungsanker. »Heiterkeit«, zitiert er gern Nietzsche, »ist ein lichtes Wolken- und Himmelsbild, das sich auf einem schwarzen See der Traurigkeit spiegelt«.

Die eigentliche Rettung aber liegt in der Arbeit. Die Arbeit ist mein Freund, sagt er. In Wahrheit ist sie auch sein Schlagetot. Mit ihr erschlägt er die Erfahrung, die in ihm sitzt und täglich neue Nahrung bekommt. Und Schreie erschlägt er mit der Arbeit und die Gerüche von Angst. Er will sich nicht erinnern, und er will auch gewisse Fragen nicht heraauftauchen lassen, die sich immer dann, wenn er mit der Arbeit innehält, selbständig machen. Die Hauptfrage heißt: Warum überlebte ich? Warum ich? Und kaum ist sie gestellt, drängen andere Fragen nach: Warum haben die Menschen immer noch nicht gelernt? Warum nimmt die Verfolgung kein Ende? Und da es so ist – darf ich stumm bleiben, darf ich denn lachen?

Wenn er arbeitet, entkommt er den Fragen. Wenn die Arbeit getan ist, sucht er neue. Restauriert alte Dinge, tüftelt, glättet. Ich restauriere nicht, sagt er, ich repariere. Aber die Art, wie er das Werkzeug hält, gleicht der Zärtlichkeit des Uhrmachers, der mit winzigsten Schraubenziehern zu jonglieren vermag, wenn er ins Uhrwerk greift und einen Gedanken lang glauben kann, dass er der Schöpfer ist, der der Zeit einen Pulsschlag gibt. Man haucht den Dingen einen lebendigen Odem ein, wenn man sie mit der Welt verbindet, sagt M. dann.

Aber schau eine Runde später in sein Gesicht. In Momenten erster Müdigkeit. Sieh, wie der Kopf zwischen die Schultern sinken kann, als sei ein Luftkissen darunter verschwunden. Sieh den nach innen gekehrten Blick, das gequälte Aufrechtsitzen und wie manchmal die Lippen unbedacht auseinander fallen. Ignatz Bubis hatte diesen Schmerzensmund. Hanns-Martin Schleyer hatte ihn in seinem Terroristenkeller. Nelson Mandela hat ihn, selbst wenn er lacht. Und sieh genauer hin, wie einer wie M. fast zwanghaft sanftmütig ist. Sieh, welche Ergebenheit da ist. Und sieh, wie er von einer Sekunde auf die andere genauso zwanghaft Ordnung schaffen muss.

Er sitzt mit seinen 74 Jahren auf dem Teppich wie ein Lausbub und putzt pfeifend die Schuhe? Er muss es tun. Er muss putzen und polieren, bis das Leder spiegelt. Er muss das Bettlaken korrekt straffen, die Handtücher ausrichten. Er muss jedes Fädchen vom Polster zupfen, muss die Dinge im Kühlschrank rechtwinklig rücken, muss jeden abgerissenen Knopf reparieren, Rechnungen unverzüglich bezahlen, alles immer sofort, sofort, sofort und ordentlich, dass es standhalten kann vor den gefährlichen höheren Instanzen. Nie würde er das Haus verlassen, wenn nicht alle Dinge dort liegen, wo sie liegen sollten. Nie versäumt er, Freunde zurückzurufen, nie würde er unpünktlich sein, nie lässt er etwas liegen, das zerbrochen oder ungeklärt ist. Alles verboten. Denn es kann gefährlich werden, auffällig zu sein. Es stünde womöglich der Tod darauf.

Das denkt er nicht wirklich – das mit der Todesstrafe. Es denkt sich so was in ihm mit einer fremden Tonart. Ist eingewachsen in ihm als unhörbarer Trommelschlag. Ein Drohrhythmus, der ihn antreibt, ohne dass er um jeden Hieb weiß. Vielleicht ist es ihm auch als Gas eingeblasen. Ein Gewölk der Demütigungen, das sich unvermutet hebt und senkt über seinen Stimmungen. Für Nichtigeres als Staub an Schuhen haben sie ihm, als er 18 war, die Augen verbunden, haben ihn noch vor den Geräuschen des Tages zum Erschießungsplatz geführt, hinten vor die Mauer des Arbeitslagers. Haben zwei-, dreimal losgeballert mit den Gewehren und sich totlachen wollen, weil alles nur Scherz war. Sein Zellennachbar ist damals von einer Minute zur andern schlohweiß geworden wie ein Greis. Ach, erzähl nicht davon, sagt M., es ist lange her. Frag nicht, rühre nicht dran. Besser, man spricht nicht davon. Die Lippen fallen ihm wieder auseinander.

Es ist nicht so, dass M. wirkte, als entglitte ihm die Kontrolle über seine Gefühle. Er hat Gefühle bündelweise, die er ersatzweise aufpflastern kann, wenn von irgendwoher schmerzhafte Erinnerung weht. Er kann sie in allen Ausdrucksformen aufrufen, in Form von

Humor, Eifer, politischer Widerborstigkeit und Akkuratesse des Denkens zu jedem Thema. Frag ihn irgendwas – er wird dir mit Hingabe Schätze seines Wissens offerieren. Stößt er auf eine offene Frage, wird er in Büchern wälzen und herumtelefonieren, als gälte es, irgendein bedrohliches Nichts zu stopfen. Es ist gefährlich, keine zulänglichen Antworten zu wissen. Man muss sich von allem Kenntnis verschaffen. Es dreht sich einem sonst ein Strick am Halse zu. Und so wird er Geschichten erzählen, dass jeder an seinen Lippen hängt. Geschichten, Geschichten – nur nicht die von den Jahren der Demütigungen, nichts vom Fliehen, Verstecken und der sterbensbangen Zeit in Hitlers Arbeitslager.

Aber eines Tages siehst du es, wo seine verborgene Geschichte sich herausdrängt. Er wird im Fernsehen Bilder von zusammengeschlagenen Gefangenen sehen. Oder von blutigen Erdbebenopfern, die man unter Trümmern hervorholt. Und plötzlich wird er mit einem rauen Ton einen langen dunklen Satz sagen: Im Lager haben sie uns gezwungen dabei zu sein, wenn Leute aufgehängt wurden … da passiert es manchmal, dass dem Gehenkten eine Ader im Kopf platzt wegen des Druckes, dann ist der Kopf so blutübersprenkelt wie dort … oder wenn sie foltern, wenn sie jemandem ins Gesicht schießen oder mit dem Gewehrkolben zuschlagen, dann sprenkelt das Blut so wie dort im Fernsehen … wenn ich das sehe, kommt es wieder hoch, alles, mitsamt den Gerüchen, das Blut prasselt auf den Boden, musst du wissen, dann rinnt es wie Regen, leise sprühend, und die Erde beginnt sauer zu riechen, ich könnte jemanden umbringen, so schlägt die Wut hoch … alle Bilder sind wieder da, die klatschenden Töne, die Enge im Herzen, alles kommt wieder, man kann es nie löschen.

Es geht nicht um Erinnerungen, die plötzlich hochtauchen. Es ist Wiederholung. Etwas Reales, das er noch einmal erlebt. Das Immer-noch-da. Etwas, das niemand sieht außer ihm und das sich seiner bemächtigt, als schlösse sich eine unerklärliche, jenseitige Hülle um ihn. Mit ihr kippt er wieder heraus aus der Welt. Ein Mann, der herausfällt aus allen Bindungen, zurück in jenen Einsamkeitsbereich, in dem er war, als er verfolgt und gepeinigt wurde. Ein Mann auf einer Eisscholle, treidelnd und unrettbar neben der Welt.

Manchmal genügt ein Tonfall, der ihn zurückversetzt. Manchmal ist es irgendein Stress, der das Erlebte wieder herausruft aus der Verdrängung. Alles hat sich gegen ihn verschworen, denkt er dann, sie greifen wieder nach ihm, sie sind immer noch da. Und sie greifen auch nach andern; sie haben nichts gelernt. Nie kann M. einfach weiterzappen, wenn er Bilder Verfolgter sieht. Es ist nicht so, dass er die Bilder sehen wollte – die Bilder saugen ihn an. Er kann gar nicht anders als hinzuschauen. Schalt weiter, sagt seine Frau, es ist zu schlimm. Aber er kann den Blick nicht wenden. Die Bilder schauen ja ihn an.

Er sagt es nicht so, weil manches Entsetzen sprachlos macht. Aber unablässig scheinen auch fremde Schicksale in ihn einzusinken, als würden sie sich an ihn klammern. Nachts, wenn er schlaflos liegt, tauchen sie in seine Gedanken: Die albanische Kinderärztin, die von acht Männern aus ihrem Haus geschleppt und inhaftiert wurde, weil sie Kontakt zu Menschenrechtsgruppen gesucht hatte. Jene drei Brüder, die achtzehn Jahre lang in Marokko in Isolationshaft saßen, ohne dass jemand wusste, ob sie noch lebten. Wie Windwirbel tauchen die fremden Schicksale in ihm auf, wie andauerndes Stürzen. Und jeder Fall bleibt in seinem Kopf haften. Das dreizehnjährige Straßenkind Nahaman aus Guatemala-Stadt, das von Polizeibeamten zu Tode geprügelt wurde. Die Frauen in Bangladesch, die durch Säureangriffe entstellt wurden, weil sie Heiratsbewerber abgewiesen hatten. Das kleine Mädchen aus dem Kosovo, das miterlebte, wie Männer in ihr Haus eindrangen und die kleinste Schwester, ein Baby, in den glühenden Backofen schoben, wo es schrie und schrie, bis …

Nein, er erträgt die Welt nicht! Und er fühlt sich zu ohnmächtig um auf Barrikaden zu gehen. Alle gehen nachts durch seinen Traum. Alle, deren Schicksale sich an seines andockten und ihm zeigen, dass das Leiden endlos ist. Da war der Türke Süleyman Yeters, der nach einem Verhör plötzlich starb, nachdem er einem Mithäftling erzählt hatte, wie er nackt ausgezogen, geschlagen, mit kaltem Wasser abgespritzt und gezwungen worden war, sich auf Eis zu

legen. Hätte man ihm nicht helfen können? Ach, nicht »man«. Hätte nicht er,
M., Kräfte haben müssen, sich einzumi-
schen? Müsste er nicht unentwegt den
Aufrufen von amnesty international folgen und Briefe an die verantwortlichen
Regierungen schreiben? Da war auch
der Fall einer sechzehnjährigen Kurdin,
die unter Folter zu einem falschen Geständnis gezwungen worden war. Jedes
Wort des Berichts sitzt in M.s Kehle und
droht ihn zu ersticken. Jede Szene lagert
in seinem Kopf, als könnten eigene und
fremde Einsamkeiten einander mildern:
Wie man der Studentin während der
Inhaftierung die Augen zugebunden
und sie gezwungen hat, zwei Tage lang
ununterbrochen zu stehen. Wie man
ihr den Schlaf entzog und verbot, die
Toilette zu benutzen, wie man ihr nichts
zu essen und zu trinken gab, außer sau-
rer Milch. Und wie man sie während
des Verhörs schlug; Kopf, Genitalien,
Brüste. Wie man sie festband, mit kaltem Wasser übergoss und vergewaltigte.

Ein Wunder, das zu überleben? M. weiß,
dass auch die Ereignisse überleben. Lebenslang bleiben die Opfer an sie gefesselt. Als kalter fremder Kosmos segeln
sie mit, ewig lauernde Gegenwart, nie
Vergangenheit, immer bereit, auch ihn
wieder zu schlucken und mit ihm aus
der Welt zu stürzen. Berührung braucht
man, um nicht wieder verloren zu gehen, sagt er, Berührung und das Wissen,
dass jemand sich sorgt. Dankbar ist er,
dass es Menschen gibt, die sich mit der
Kraft ihrer Institutionen kümmern.
Ohne dies Wissen, sagt er, könnte er
nicht weiterleben. Mit diesem Wissen
fühlt er sich schuldig, weil er selbst sich
so kraftlos aus dem Helfen heraushält.
Dem Verfolgten folgt das Verfolgtsein
überallhin. Auch in sein Schweigen.

URS M. FIECHTNER

Die Ruinen unserer Häuser

Es ist das neue Leben nicht
das aus den Ruinen blüht.
Es ist das alte Leben doch
den Fehlern der Ahnen verfallen
wie einem Fluch, es ist
dasselbe Leben, noch einmal
die alten Untaten erstrebend
es sind dieselben Steine doch
aus denen die neuen Mauern entstehen.

Es ist die alte Schweigsamkeit
die in den neuen Häusern wohnt
dieselbe Teilnahmslosigkeit
gegen die Leiden der anderen
die alte Ahnungslosigkeit, die
namenlose Überraschung, wenn wieder
die Zerstörung nicht nur die anderen
trifft, die Fernen, die Fremden
sondern, wie es immer war, zuletzt
auch durch die eigenen Türen dringt.

Würden wir doch lernen
die Zerstörer zu ruinieren
dann hätten unsere Häuser
endlich Ruh'.

MONIKA HERZ

Zahra aus Bosnien

Ein Bericht

Zahra[*], dunkelhaarig und zierlich, stammt aus einem kleinen Dorf in Bosnien. Sie wuchs dort als eines von sieben Kindern einer muslimischen Familie auf. Die Hälfte der Einwohner des Dorfes waren Muslime. Zahra half ihren Eltern im Haus und bei der Landwirtschaft. Sie hatte die Schule vorzeitig abgebrochen, weil für sie als Mädchen die Schulausbildung nicht so wichtig war. An ihrer Schule hatte es einen Jungen gegeben, der besonders gut aussehend und beliebt gewesen war, er war der Schwarm ihrer Mitschülerinnen. Da er katholisch war, durfte Zahra keinen engeren Kontakt zu ihm haben, sie grüßte ihn nur.

Als der kroatisch-bosnische Krieg ausbrach, war Zahra einundzwanzig Jahre alt. Mit ihrer Mutter und ihren beiden jüngeren Schwestern wurde sie in ein kroatisches Gefangenenlager gebracht und dort über einen Monat mit anderen Mädchen, Frauen und alten Männern in Haft gehalten. Die jüngeren Männer, auch die aus ihrer Familie, wurden in ein anderes Lager verschleppt. In dem Gefangenenlager wurde Zahra vielfach und schwer misshandelt, gedemütigt und vergewaltigt. Leistete sie auch nur den geringsten Widerstand, dann misshandelte man ihre Familie. Wenn Zahra sich vor den Soldaten zu verbergen versuchte, dann verrieten andere Gefangene, sogar Cousinen von Zahra, ihr Versteck, um nicht selbst mitgenommen zu werden.

Fast täglich holten die Soldaten sie. Ihre Mutter bot den Peinigern an, anstelle von Zahra mit ihnen zu gehen. Das lehnten die Soldaten ab und drohten damit, Zahras elfjährige Schwester an den Ort im Lager mitzunehmen, an dem die Mädchen gefoltert wurden. Da ging Zahra wieder mit, um ihre Schwester vor den Gräueltaten zu schützen.

Wochen später wurde die Familie mit anderen Bosniern von Kroaten mit einem Lkw auf muslimisches Gebiet gebracht. Sie müssten noch etwas zu Fuß gehen, so sagte man ihnen, etwas weiter weg würden ihre Leute auf sie warten und sie aufnehmen. Als die Familie von Zahra und die anderen Muslime in die gezeigte Richtung gingen, schossen die kroatischen Soldaten von hinten auf sie.

[*] Der Name der Hauptperson und einige persönliche Details wurden verändert.

Zwei Familienmitglieder von Zahra wurden dabei verletzt, ein Cousin von ihr starb.

In einem ehemals von Kroaten bewohnten Haus fand die Familie schließlich Unterschlupf. Doch Zahra war ein anderer Mensch geworden. Nur mit ihrer Mutter konnte sie ansatzweise über das sprechen, was ihr widerfahren war. Aber die Menschen, die mit im Lager gewesen waren, wussten auch, dass man sie vergewaltigt hatte. Als Frau, die bereits »berührt« worden war, auch wenn dies gewaltsam geschehen war, galt sie in ihrer Gesellschaft nur noch wenig. Männer aus ihrem Umfeld machten ihr unverschämte Anträge. Man brachte ihr nicht mehr den Respekt entgegen, der unverheirateten Frauen gegenüber geschuldet wurde. Zahra war bekannt als »Zahra aus dem Lager«. Sie konnte sich in dieser Umgebung unmöglich von den Schrecken erholen. Sie fühlte Scham, mied die Menschen, verweigerte Nahrung und wurde körperlich krank.

Eine ihrer älteren Schwestern lebte bereits seit Jahren in Deutschland. Zahra wollte zu ihr. Sie bekam jedoch kein Visum und floh daher nach Österreich. Wegen ihrer illegalen Einreise wurde sie dort einige Tage inhaftiert. Schließlich kam sie nach Ungarn, von wo aus sie ein Visum für die Einreise nach Deutschland erhielt. In Deutschland war sie an einem Ort, an dem sie zunächst nichts an die Geschehnisse während des Krieges erinnerte.

Dann wurde sie vom Bundeskriminalamt als Zeugin für den Internationalen Gerichtshof in Den Haag vernommen. Einem Kriegsverbrecher wurde dort der Prozess gemacht, eben jenem jungen Mann aus ihrer Schule, für den so viele ihrer Mitschülerinnen geschwärmt hatten und den sie nur hatte grüßen dürfen. Einen ganzen Tag dauerte die Vernehmung, innerhalb deren sie sich die Kriegsereignisse wieder vor Augen führen musste. Da sie zu diesem Zeitpunkt nur sehr wenig Deutsch sprach, wurde eine Dolmetscherin benötigt. Dieser fiel auf, wie schlecht es Zahra ging. Die Dolmetscherin stellte deshalb sofort den Kontakt mit dem Behandlungszentrum für Folteropfer in Ulm her. Zahra brauchte dringend ärztliche Behandlung und Betreuung.

Als sie sich beim Behandlungszentrum für Folteropfer vorstellte, stellten die Ärzte fest, dass sich Zahra in einem erschreckend schlechten Zustand befand. Zahra wirkte viel älter, als sie eigentlich war. Sie war sozial isoliert, sprach kaum Deutsch, hatte massive Einschlaf- und Durchschlafstörungen, Angstzustände und erlebte geistig immer wieder Szenen aus dem Lager. Während dieser Rückfälle in die Vergangenheit, diesen Flashbacks, nahm sie ihre Umgebung nicht mehr wahr, war völlig abwesend. Sie sah sich als einen Menschen ohne jegliche Zukunft an, und sie hatte Selbstmordgedanken.

In der Folgezeit wurde Zahra ärztlich und therapeutisch behandelt. Sie bekam Medikamente. Regelmäßig wurden lange, intensive Therapiegespräche mit ihr geführt, in deren Verlauf sie allmählich Vertrauen fasste und man sich nach und nach behutsam den furchtbaren Geschehnissen annähern konnte. Erst jetzt, im Behandlungszentrum für Folteropfer, sprach sie mit Therapeuten. Fast zwei Jahre lag zu diesem Zeitpunkt ihre qualvolle Gefangenschaft zurück. So lange hatte sie versucht, die schrecklichen Ereignisse zu verdrängen, mit ihnen irgendwie selbst fertig zu werden. Deshalb hatte sie auch vorher nie einen Arzt oder Therapeuten aufgesucht. Dieses Verhalten ist, so sagen spezialisierte Ärzte, für einen schwer traumatisierten Menschen geradezu typisch.

Dies erkannte der für ihre Aufenthaltsfragen zuständige Beamte im Regierungspräsidium aber nicht an. Ein Mensch, der sich zwei Jahre nicht in ärztliche Behandlung begeben hat, so hieß es von ihm lapidar, sei auch nicht so krank, dass er nicht zurück nach Bosnien könnte. Zahra sollte ausreisen.

Zahra legte gegen die behördliche Entscheidung alle ihr zur Verfügung stehenden Rechtsmittel ein, aber ihr Aufenthaltsstatus war und blieb unsicher. Sie war immer wieder und in kurzen Abständen von Abschiebung bedroht. Und das, was Zahra dringend für ihre Therapie brauchte, war eine von Vertrauen getragene stabile Umgebung. Diese Stabilität bestand nun durch die ablehnende Haltung der Ausländerbehörden

nicht mehr. Aber durch das Behandlungszentrum für Folteropfer und den Kreis von Menschen, zu denen sie inzwischen eine Beziehung aufgebaut hatte, existierte für sie eine Oase des Vertrauens. So war es den Ärzten und Therapeuten von Zahra immerhin möglich, ihren Zustand in dieser schwierigen Zeit der rechtlichen Auseinandersetzungen stabil zu halten.

Zahra hatte mittlerweile enge soziale Kontakte, sie sprach nun auch sehr gut Deutsch. Aber einen gesicherten Aufenthaltstitel bekam Zahra in Deutschland nicht, obwohl viele Gutachten auf die Gefahr einer schweren Retraumatisierung bei einer Rückkehr Zahras nach Bosnien hinwiesen. Für Zahra war es unmöglich, an den Ort zurückzukehren, an dem ihr das Schreckliche widerfahren war. Nach langem Hin und Her konnte, weil Zahra in Kanada entfernte Verwandte hatte, ein Kompromiss mit den Ausländerbehörden gefunden werden: Zahra durfte in Deutschland bleiben, bis ihre Weiterwanderung nach Kanada von den Behörden bewilligt war.

Heute lebt Zahra mit einem sicheren Aufenthaltstitel in Kanada und hat damit begonnen, sich ein neues Leben aufzubauen. Vergessen kann sie das Erlebte nicht, aber sie hat wieder ein wenig Vertrauen in die Menschheit gewonnen.

YILDIZ ÖLMEZ

Eine zarte Hoffnung im Eis

In der dynamischsten Phase meiner Jugend, im Moment der größten Lebensfreude, beging man dieses Menschheitsverbrechen an mir. Jetzt lebe ich unendlich fern von meinem Land, in der Fremde, deren Sprache und Straßen ich nicht kenne. Und mein Land kann ich nur auf Postkarten betrachten. Jedes Mal, wenn ich diese Karten betrachte, verwandelt sich mein Herz in ein Feuer aus Eis. Bei jedem flüchtigen Anblick durchlebe ich erneut, wie mir das Herz herausgerissen wird, durchlebe ich die schlimmste Form des Schmerzes, tiefste Traurigkeit und einen Aufschrei, wie er klagender nicht sein kann.

Jedes Mal, wenn meine Ängste, die mich in ihren Fängen haben, sich vor mir auftürmen, zerbeiße ich meine Fingernägel bis aufs Blut um nicht besiegt zu werden. Wie ein hilfloses Boot, das plötzlich in ein Unwetter geraten ist, schleudert es mich hin und her. Während ich versuche, dieses Leben, dessen Preis ich mehr als genug gezahlt habe, zu leben, spüre ich jeden seiner Momente wie einen Schatten in meinem Nacken. Jede Sekunde dieses Lebens wandert in meiner Seele mit der Hinterhältigkeit eines feindlichen Dolches umher.
Was war meine Schuld, die mir nicht

vergeben wird und die zur Ursache für all diese Qualen wurde? Was habe ich getan, dass mir all dies angetan wurde? Ich bin Kurdin.

Trotz allem versuche ich zu leben. Mein Herz wird mehr und mehr geschliffen. Manchmal bin ich bis zum Hals angefüllt, wie ein Ballon, der langsam immer weiter aufgeblasen wird. Jeden Augenblick könnte ich zerplatzen. Und ich möchte all dies aufschreiben, es anderen mitteilen und diesen Schleier der Finsternis von mir abwerfen. Je mehr ich mich aus der pechschwarzen Finsternis auf das Licht zubewege, desto endloser und grenzenloser erscheint mir der Weg. Je mehr ich versuche, mich an anderen Menschen festzuhalten, desto einsamer fühle ich mich.
Der Verrat und die Mühsal des Stiftes! Alle Texte, die ich schreibe, sind voller Blutgerinnsel, mein Stift ist eitrig, das Papier gallenbitter und keinen meiner Texte kann ich beenden. Ich setze mich an die Schreibmaschine, die Tasten sind wie spitze Nägel und jedes Mal, wenn meine Finger die Tasten berühren, zittere ich, als hätte ich einen elektrischen Schlag erhalten.

Wenn ich zu Hause alleine bin, überfällt mich jedes Mal ein Gefühl, als würden sich die Gegenstände im Haus bewegen. Es kommt mir so vor, als würden alle Dinge voller Zorn und feindselig direkt auf mich zukommen, sich über mir zusammenballen und als würde ich keine Luft mehr bekommen. Nachts schlafe ich bei brennendem Licht – oder ich versuche es zumindest. Manchmal klammere ich mich beim leichtesten Lufthauch oder dem kleinsten Geräusch an meine Decke und verkrieche mich in die hinterste Ecke meines Bettes, werde in den Bann gezogen von weit aufgerissenen Augen, die jeden Augenblick von ihrem Platz emporzuschnellen scheinen. Voller Schaudern weine ich stundenlang.

Ich weine Stunde um Stunde und es kommt mir vor, als würde jede Träne, die ich vergieße, einen kleinen Teil dieses Drecks aus meinem Leben fortspülen. Selbst in den weichsten Betten kommt es mir vor, als würde ich mich auf Nägeln ausstrecken. Meine Arme, die während der Folter den schlimmsten Schlägen ausgesetzt wurden und an denen ich tagelang am Palästinensischen Haken aufgehängt blieb, schmerzen in den Nächten dermaßen, als seien sie nicht Teile meines Körpers, sondern zwei rostige Nägel, die mir in die Schultern gerammt wurden.

Während ich als Kurdin und allein lebende Frau außer Haus dem gesellschaftlichen und sozialen Druck widerstehe, der sich wegen der Bestimmungsgewalt der Männer in eine Hölle verwandelt, plage ich mich in den Nächten mit den Qualen meiner gekreuzigten

Seele ab. Das Gefühl, bei jedem Klopfen an der Tür wieder abgeholt und weggebracht werden zu können, hat mein Herz mit Entsetzen gefüllt und mich gegenüber jedem Menschen ängstlich und sehr misstrauisch gemacht.

Als ich darum gebeten wurde, für das vorliegende Buch einen Beitrag zu schreiben, wollte ich als ein Mensch, der die Zerstörung in all ihren Dimensionen erlebt hat, meinem Herzen widerstehen und ein Gedicht schreiben, das mit einem feinen, stechenden Schmerz aus meinem innersten Kern kommt.
Ist denn nicht die Feinheit die Gegnerin von Grobheit und die Sensibilität das Gegenteil von Gleichgültigkeit? »Gedicht« ist ein anderer Name für Begeisterung, Sensibilität und Feinheit. Die beste Antwort auf Härte, Schlechtigkeit und Gleichgültigkeit ist die Begeisterung des Herzens, ist das Gedicht.
Deswegen hat ein Dichter in einem seiner Gedichte geschrieben: »... / Wenn sie von dir Rechenschaft für die Zukunft verlangen / So vergiss nicht, die Lieder anzustimmen, die du kennst.«
Demzufolge ist das Gedicht ein Gegengift.

Das Ziel des Folterers ist es, dich vom Leben abzutrennen, dich zum Krüppel zu machen, dich psychisch zu zerstören. Und deswegen sind viele Menschen, die diese Tortur erlitten haben, verrückt geworden, krank geworden, sind zu Krüppeln geworden oder haben sich das Leben genommen. Die Aufgabe des Gedichts ist es, das Herz mit Begeisterung zu füllen, das Leben lebenswert zu machen und es zu verschönern.

Ich möchte Gedichte schreiben. Das ist mein Wunsch. Ich schreibe voller Trotz. Aber leider lassen mich die Albträume, die aus all den Grausamkeiten erwachsen, die ich erlebt habe, nicht zur Ruhe kommen. Bei den meisten Gedichten, die ich beginne, ertrage ich es nicht, sie zu Ende zu schreiben, und zerreiße sie.

Was ich sagen möchte: Ich möchte endlich von diesem verfluchten Albtraum befreit werden, möchte endlich in der Lage sein, die Gedichte, die ich mit so großer Begeisterung zu schreiben beginne, die ich dann aber nicht ertrage und zerreiße, zu Ende zu schreiben.

(Aus dem Türkischen von Nevfel A. Cumart)

Geschichte

Hey, Geschichte
Ich möchte deine schändlichen und dreckigen Seiten zerreißen
Ich habe nun die Kette der Sklaverei gesprengt
Fürchte mich nicht
Vor den Kolonialisten und den Patriarchen
Ich gehe meinem Volk voran
Gestern noch zwischen vier Wänden eingesperrt
Finde ich heute keinen Raum in den Grenzen meines Landes
Ich bin nicht nur Frau
Eine Mutter bin ich
Bin eine Kämpferin, Revolutionärin, ich bin mutig
Ich bin ein Mensch

Um der Menschheit auf den Gipfeln der Berge ein gutes
    Leben zu bescheren
Habe ich mit meinem Leben Freiheit geschaffen
Den kurdischen Frauen wurde ich zum Licht
Die Finsternis floh vor mir
Wie ein Todesvogel
Gehe ich auf das siebenköpfige Ungeheuer los
Hass, Wut und Rache der Jahre nehme ich mit meinem Blut
    hinfort
Ich bin wie der Kult des Freiheitsfeuers
Mit meiner jungen und schönen Statur habe ich ein
    unsterbliches Leben erschaffen
Ich bin der Hilferuf und die Sehnsucht der Mütter
Bin der unaufhörliche Schrei der Kinder in ihren Armen
Ich wurde zur Farbe meiner Flagge
Schmückte die Berge meines Landes

Der Feind fürchtet sich vor meiner Farbe und Stimme
Ich bin das Symbol des Widerstandes, das Quadrat des Lebens
– und bin schließlich die Stimme der Welt –
Ich wurde zur Braut des Landes von Feuer und Sonne
Zur Fackel des Newroz-Festes wurde ich

(Aus dem Türkischen von Nevfel A. Cumart)

KAZEM HASHEMI

Menschenrechtsverständnis in der Islamischen Republik Iran

I. Einleitung

Seit ihrer Entstehung hat die Islamische Republik Iran immer wieder durch spektakuläre Maßnahmen die Aufmerksamkeit der Weltöffentlichkeit, insbesondere der Menschenrechtsorganisationen auf sich gezogen.

Permanente Eingriffe des Staates in die Würde und Rechte der Menschen – auch außerhalb des eigenen Herrschaftsgebietes, wie etwa das Todesurteil Ayatollah Khomeinis gegen Salman Rushdie und die Vollstreckung der informellen Todesurteile gegen Exiliraner im Ausland – haben weltweit das Interesse am »Gottesstaat« und am Islam gesteigert.

Die Islamische Republik Iran gehört zu den wenigen Staaten der Welt, für die die Menschenrechtskommission der Vereinten Nation wegen permanenter Menschenrechtsverletzungen einen Sonderberichterstatter beauftragt hat, der in regelmäßigen Abständen über den Umgang der iranischen Behörden – Regierung, Justiz, Sicherheitskräfte, ... – mit den Menschenrechten berichten soll. Seit Jahren darf der UN-Sonderberichterstatter das Land nicht mehr bereisen, da er angeblich nicht objektiv und vorurteilsfrei über den Iran berichten kann. Auch in den letzten drei Jahren, nach dem Erdrutschsieg des Staatspräsidenten Khatami bei den Präsidentschaftswahlen im Mai 1997, hat sich am Einreiseverbot des Sonderberichterstatters nichts geändert.

Die Missachtung der Menschenrechte im Iran ist kein spezifisches Merkmal der Islamischen Republik. Die Machthaber im Iran haben es mit den Menschenrechten nie allzu ernst genommen. Insbesondere unter der Pahlavi-Dynastie nahmen die Unterdrückung und die Eingriffe in die Rechte der Menschen systematische Gestalt an. Mit einem perfekt organisierten Unterdrückungssystem, gestützt auf Polizei, Armee und den Geheimdienst SAVAK, versuchte Schah Mohammad Reza Pahlavi seine absolute Herrschaft zu sichern und das Land in eine »Insel der Stabilität und des Friedens« zu verwandeln. In den siebziger Jahren waren die permanenten Menschenrechtsverletzungen im Iran Gegenstand weltweiter Kritik u. a. von amnesty international.

Doch der Schah bezeichnete die Menschenrechtsverletzungen unter seiner

Herrschaft stets als eine sporadische Begleiterscheinung seiner Vision, das Land in die »moderne Zivilisation« zu führen. Dabei müsste die immer und überall lauernde »kommunistische Gefahr« ausgeschaltet werden. Kritik am Umgang seiner Regierung mit den Menschenrechten tat er kategorisch als »Verschwörung der kommunistischen Welt« ab.

Anders als unter dem Schah wird in der Islamischen Republik die krasse Missachtung der Menschenwürde und -rechte mit den islamischen Prinzipien als Grundlage der Staatsordnung begründet und gerechtfertigt.
Es war der Republiksgründer Ayatollah Khomeini persönlich, der unmittelbar nach der Machtübernahme den Menschenrechten, als ein Produkt des Westens, eine klare Absage erteilt hat. Ziel des Gottesstaates sei die Verwirklichung des Islams, weshalb er den Islam als Grundlage der Staatsordnung der Islamischen Republik in der Verfassung festschreiben ließ.

Es ist daher bei der Diskussion um die Menschenrechte in der Islamischen Republik Iran (IRI) von zentraler Bedeutung, ob die modernen Menschenrechte im Sinne der Allgemeinen Erklärung der Menschenrechte der Vereinten Nationen überhaupt mit den in der Verfassung verankerten Grundprinzipien der Staatsordnung vereinbar sind.

II. Die spezifischen Menschenrechtsprobleme in der Verfassung der IRI

Die Verfassung der IRI wurde wenige Monate nach der Machtergreifung des schiitischen Klerus durch eine undemokratisch zusammengesetzte Expertenversammlung verabschiedet und sie ist daher stark von den revolutionären Ereignissen geprägt. Sie ist ein Dokument, das in seiner Gesamtheit die Widersprüche jener historischen Umstände widerspiegelt, aus denen heraus sie geboren wurde.

Die Präambel der Verfassung legt den islamischen Charakter des neugegründeten Staates fest: „Die Verfassung der Islamischen Republik Iran ist Ausdruck der kulturellen, gesellschaftlichen, politischen und wirtschaftlichen Institutionen der iranischen Gesellschaft auf der Grundlage islamischer Prinzipien und Grundsätze." Artikel 1 der Verfassung definiert den Staat als eine islamische Republik, die an die Wahrheit und Gerechtigkeit des Korans gebunden ist. Artikel 2 enthält u. a. das Bekenntnis zur Einzigkeit Gottes, zur göttlichen Offenbarung, zur Wiederauferstehung der Toten, zur Gerechtigkeit Gottes, zum Imamat und zur Würde und Freiheit des Menschen, die allerdings mit der Verantwortung vor Gott verbunden ist.
Artikel 3 legt als Staatsziel u. a. die „Schaffung einer Umwelt, die der Entwicklung moralischer Qualitäten auf der Grundlage des Glaubens und der Frömmigkeit und dem Kampf gegen jegliche Erscheinung von Verderbtheit

und Verfall" fest. Artikel 12 bestimmt den Islam der Zwölfer-Schia zur Staatsreligion und der neueingeführte Artikel 177 schließt jede legale Änderung des islamischen Charakters des Staates aus.

Neben der umfangreichen Präambel legen die 177 Grundsatzartikel das Wesen der islamischen Staatlichkeit, den Führungsauftrag des obersten islamischen Rechtsgelehrten, die Grundrechte der BürgerInnen, das islamische Wirtschaftssystem, die Rolle der Frau sowie die Aufgaben der Verwaltung, der Armee und der Massenmedien fest.

Formal enthält die Verfassung die Prinzipien und Institutionen moderner Verfassungsstaaten, etwa das Demokratieprinzip, Grundrechte und Gewaltenteilung, welche allerdings durch den Generalvorbehalt der „Übereinstimmung mit den islamischen Prinzipien" massiv eingeschränkt werden. Diese starke Bindung der Verfassung und der in ihr verankerten Rechte an islamische Prinzipien und die Unterordnung der Volkssouveränität unter die Institution des »religiösen Führers« sind die Quellen des willkürlichen Umgangs der Amts- und Würdenträger der IRI mit Recht und Gesetz.

1. Volkssouveränität und politisch-religiöse Führung

Die Verfassung der IRI erkennt zwar die Grundprinzipien einer demokratischen Staatsordnung wie die Gewaltenteilung und das Selbstbestimmungsrecht durch direkte Wahlen an. Die Volkssouverä-

nität wird allerdings durch zwei Einschränkungen stark relativiert:

Zum einen durch das Prinzip der absoluten Herrschaft des schiitischen Rechtsgelehrten (»religiöser Führer«), der in der Verfassung mit nahezu uneingeschränkten Machtbefugnissen ausgestattet ist, und zum anderen durch die Bindung des Selbstbestimmungsrechts an die »Prinzipien des Islam«, deren Grenzen durch den religiösen Führer bzw. durch die von ihm eingesetzten Gremien festgelegt werden.

In Artikel 5 und 107 der Verfassung sind „die Herrschaftsbefugnisse des gerechten Rechtsgelehrten, der als religiöser Führer das höchste Amt in der Islamischen Republik inne hat, unwiderruflich festgeschrieben." Ihm sind nach Artikel 57 „die souveränen Gewalten in der Islamischen Republik Iran", nämlich die Legislative, die Judikative und die Exekutive sowie der Oberbefehlshaber der Streitkräfte unterstellt. Er ernennt die islamischen Rechtsgelehrten des Wächterrates der Verfassung, kann den Staatspräsidenten absetzen bzw. das Parlament auflösen.

Im Rahmen seines verfassungsmäßigen Führungsauftrags ist der religiöse Führer für die bei der Selbstordnung des gesellschaftlichen Zusammenlebens und für die bei der islamischen Gesetzgebung durchaus entscheidende Aufgabe zuständig, die letzte Entscheidung darüber zu treffen, welche gesellschaftlichen Verhaltensweisen als islamisch und erlaubt bzw. als un-islamisch und verboten zu betrachten sind. Somit ist das Amt des religiösen Führers in der Verfassung eine politisch-moralische Instanz, die für die wirksame Überwachung, Einhaltung und Sanktionierung moralischer Regeln sorgt und damit über der Souveränität des Volkes und des Staates steht*. Nur vor Gott muss er sich verantworten.

2. Das Justizwesen und Strafrecht der IRI

Neben den Streitkräften ist das Justizwesen der Dreh- und Angelpunkt der Missachtung der Menschenrechte im Iran. Nach der Verfassung ist die Schari'a (das islamische Recht) die Quelle allen Rechtes. Ziel sei die Schaffung einer Rechtsordnung, die auf »islamischer Gerechtigkeit« basiert.

Unmittelbar nach der Machtergreifung wurde die islamische Rechtssprechung nach den Vorstellungen des Revolutionsführers und ohne jegliche gesetzliche Grundlage vor allem durch die Revolutionsgerichte praktiziert, an deren Spitzen schiitische Rechtsgelehrte, meist ohne praktische Erfahrung im Umgang mit Recht und Gesetz, standen.
Binnen weniger Tage wurden zahlreiche Funktionäre und Militärangehörige des Schah-Regimes durch diese Revolutionsgerichte zum Tode verurteilt und hingerichtet. Die Exekutionen wurden zum Teil im staatlichen Fernsehen übertragen. In der revolutionär-religiösen Hysterie zeigte die Gesellschaft, insbesondere die politische Elite des Landes,

wenig Sensibilität für das Unrecht, das geschah. Das breite Spektrum der Linken sowie die links-islamischen Gruppen, die später selbst Opfer der neuen Machthaber wurden, begrüßte die Hinrichtungen und forderte noch mehr Todesurteile gegen »Verbrecher des Schah-Regimes«. Dass es für diese Todesurteile weder rechtliche noch moralische Grundlagen gab, interessierte nur wenige.

Ihre willkürlichen Urteile mit zum Teil drakonischen Strafmaßnahmen, die seinerzeit für weltweite Empörung gesorgt haben, rechtfertigten die zuständigen Richter mit dem Hinweis auf ihre Unabhängigkeit in der Auslegung der Schari'a und ihre Verantwortung vor Gott und dem Revolutionsführer.
Obwohl den Revolutionsgerichten die verfassungsmäßige Grundlage fehlt und sie in der Gesellschaft sehr umstritten sind, sind sie bis heute noch nicht abgeschafft worden. Im Gegenteil: Die meisten Todesurteile seit der Gründung der IRI sind durch diese Gerichte verhängt worden.
Neben den Revolutionsgerichten existieren im Iran zwei weitere Sondergerichte, nämlich das »Sondergericht für die Geistlichkeit« und ein »Sondergericht für Pressedelikte«, die ebenfalls in der Verfassung nicht vorgesehen sind.
Obwohl nach Artikel 165 der Verfassung politische und Pressedelikte öffentlich und in Gegenwart einer Geschworenenjury vor ordentlichen Gerichten verhandelt werden müssen, sind

---

* Siehe Kazem Hashemi und Javad Adineh: Verfolgung durch den Gottesstaat, Pro Asyl, Mai 1998, S. 10ff

nach wie vor die Revolutionsgerichte für politische Straftaten zuständig. Die Verhandlungen finden in der Regel unter Ausschluss der Öffentlichkeit und ohne Jury statt.

Nach Artikel 168 sollte der Gesetzgeber die Definition der politischen Straftaten aufgrund islamischer Kriterien bestimmen. Erst Anfang diesen Jahres wurde dem Parlament ein Gesetzesentwurf vorgelegt, der die Rahmenbedingungen für politische Straftaten gesetzlich festlegen sollte, obwohl in den letzten 21 Jahren tausende von Menschen aus politischen Gründen zum Teil zum Tode verurteilt worden sind.

Nach einer Reform aus dem Jahr 1994 wurde die Staatsanwaltschaft de facto abgeschafft. Der Richter übernimmt seither zugleich die Funktion der Anklage. Damit ist er nicht einmal mehr in der Theorie der unparteiische Dritte zwischen Anklage und Verteidigung.

Bei der Verhängung des Strafmaßes geht der Ermessensspielraum des Richters so weit, dass er nicht mehr nur an die kodifizierten Strafgesetze gebunden ist, sondern er kann auch andere Rechtsquellen z. B. gutachterliche Urteile von religiösen Autoritäten zur Begründung seiner Gerichtsurteile heranziehen.

Das verfassungsmäßige Recht auf anwaltlichen Beistand in Gerichtsverfahren ist in der IRI nicht nur faktisch, sondern auch de jure unterlaufen. Seit Jahren beklagen Anwälte den Umstand, dass sie keine Möglichkeit haben, sich vor der Gerichtsverhandlung mit ihren Mandanten zu beraten. In den meisten Fällen haben sie nicht einmal Zugang zu den Akten.

Das iranische Strafgesetzbuch ist vom traditionellen islamischen Strafrecht (Schari'a) geprägt. In ihm ist ein Katalog von grausamen Strafmaßnahmen zusammengestellt, die von Auspeitschungen (etwa für Alkoholgenuss) und Amputation von Gliedmaßen und Steinigung (wegen Ehebruchs) bis zum Tod durch Erhängen und Kreuzigen reichen. Nach einer Novellierung aus dem Jahr 1996 wurde das Strafgesetzbuch um eine Reihe neuer Straftatbestände ergänzt (§§ 498 – 516), nach denen u. a. jede kritische Äußerung als Beleidigung der religiösen bzw. staatlichen Würdenträger oder jede Versammlung von mehr als zwei Personen »im In- oder Ausland« als Verschwörung gegen die innere Sicherheit umgedeutet werden und unter harte Strafen bis hin zur Todesstrafe gestellt werden kann.

Unter Berufung auf diese Paragraphen sind in den letzten drei Jahren zahlreiche unabhängige Journalisten und Intellektuelle zu langjährigen Gefängnisstrafen verurteilt und mehrere Zeitungen verboten worden*.

---

* Im August 1999 veröffentlichte die Tageszeitung NESHAT in Teheran einen Artikel mit dem Titel »Ist staatliche Gewalt zulässig?«, in dem der Autor mit einigen vorsichtig formulierten kritischen Bemerkungen das Thema Todesstrafe angetastet hat. Der Artikel wurde als ein Angriff auf islamische Grundwerte scharf verurteilt, NESHAT wurde verboten, ihr verantwortlicher Redakteur zu einer Gefängnisstrafe verurteilt und der Autor, der glücklicherweise in England lebt, in einem religiösen Gutachten (Fatwa) informell zum Tode verurteilt.

Die Konsequenzen aus dem Strafgesetzbuch können auch deshalb gravierend sein, weil die genannten Strafmaßnahmen zum Teil für nur vage umschriebene Tatbestände wie »Verdorbenheit auf Erden«, »Feindschaft gegen Gott« und dergleichen, auf die unter Umständen die Todesstrafe steht, vorgesehen sind.

3. Der Grundrechtskatalog der Verfassung

Die Verfassung der IRI enthält zwar einen Katalog von Grundrechten, die jedoch insofern praktisch unverbindlich bleiben, als sie nur nach Maßgabe islamischer Prinzipien gelten, deren Auslegung und Eingrenzung dem religiösen Führer bzw. den von ihm eingesetzten Gremien obliegt. Die in der Verfassung formal anerkannten Grundrechte kommen deshalb als kritische Instanz gegen staatliche Willkür von vornherein gar nicht zum Tragen.

Artikel 19 der Verfassung besagt, »alle Iraner, welchen Volkes oder Stammes sie auch sein mögen, genießen gleiche Rechte. Hautfarbe, Rasse, Sprache und dergleichen dürfen kein Grund für Privilegien sein« – wohl aber das Geschlecht und die Religion, die in diesem Zusammenhang nicht erwähnt werden.

a) Religionsfreiheit

In der Verfassung wird ein zentrales Grundrecht nicht einmal theoretisch anerkannt, nämlich das Grundrecht auf Religionsfreiheit. Statt eines allgemeinen Grundrechts, das für alle Menschen gleichermaßen gilt, kennt die Verfassung einen abgestuften Rechtsstatus für einzelne Religionsgemeinschaften. Artikel 12 bestimmt den schiitischen Islam zur Staatsreligion und erkennt auch die sunnitische Glaubensrichtung des Islams mitsamt ihren unterschiedlichen Rechtsschulen an.

In Artikel 13 heißt es: »Zoroastrische, jüdische und christliche Iraner werden als einzige religiöse Minderheit anerkannt, die im Rahmen des Gesetzes in der Ausübung ihrer religiösen Zeremonien frei sind.« Das Gesetz verbietet jedoch den Christen und Juden im Iran ihre Gottesdienste öffentlich und in persischer Sprache abzuhalten. Missionararbeit ist verboten und die Bibel darf nicht in persischer Sprache erscheinen. Zudem laufen Angehörige religiöser Minderheiten Gefahr, wegen angeblicher Spionagetätigkeit für ausländische Mächte vor Gericht gestellt zu werden. Für Spionagetätigkeit sieht das Gesetz Strafmaßnahmen bis hin zur Todesstrafe vor.

Angehörige anerkannter religiöser Minderheiten sind von bestimmten Berufen ausgeschlossen. Sie dürfen kein Amt innehaben, das mit direkten Regierungsaufgaben (Minister, Staatssekretär etc.), mit Erziehungspolitik (Lehrer an regulären Schulen) oder mit der Justiz (Richter, Untersuchungsrichter, Rechtsanwalt) zu tun hat.

Die mit etwa 300 000 Angehörigen größte religiöse Minderheit des Landes, die Baha'i, wird in der Verfassung nicht einmal erwähnt. Die Baha'i-Gemeinde wird im Iran nicht als Religionsgemeinschaft anerkannt, sondern gilt offiziell als eine politische bzw. »missgeleitete« Sekte. Baha'is sind von der universitären Ausbildung ausgeschlossen, sie können keine öffentlichen Ämter innehaben und dürfen bestimmte Berufe nicht ausüben. Sie können ihr Erbrecht vor Gericht nicht einklagen. In den vergangenen Jahren gab es zahlreiche Beschlagnahmungen und Deportationen. Friedhöfe und andere heilige Stätten der Baha'i sind mit staatlicher Unterstützung wiederholt verwüstet worden, und das in einem Land, in dem jede kritische Äußerung und Handlung als Beleidigung religiöser Gefühle umgedeutet und mit Sanktionen belegt werden kann.

Wenig wahrgenommen wird in der Öffentlichkeit, dass im »islamischen Gottesstaat« auch Schiiten und Sunniten, darunter auch zahlreiche Geistliche verfolgt werden. Von Anfang an stieß die islamische Revolution in den Kreisen der schiitischen Geistlichkeit nicht nur auf Zustimmung, sondern vielfach auch auf Skepsis und teils auf offenen Widerstand.
Nach Auffassung vieler prominenter schiitischer Geistlicher, die über eine breite Anhängerschaft inner- und außerhalb des Iran verfügen, gilt die Errichtung der »Herrschaft des islamischen Rechtsgelehrten« noch vor der Wiederkehr des verborgenen zwölften Imams als ein krasser Verstoß gegen die schiitische Tradition. Solche grundle-

genden theologischen Vorbehalte gegen die Idee der »absoluten Herrschaft der Rechtsgelehrten« verbinden sich in den letzten Jahren mit Zweifeln an der persönlichen und fachlichen Eignung des derzeitigen Inhabers des höchsten Amtes des religiösen Führers, Ali Khamanei. Weil die öffentliche Debatte über Prinzip und Person des religiösen Führers für die Legitimität des Gottesstaates gefährlich ist, sind in den letzten Jahren mehrere ranghohe geistliche Kritiker und ihre Anhänger massiv unter Druck gesetzt worden.

b) Rechte der Frauen

Genau wie die Religionszugehörigkeit ist in der IRI auch das Geschlecht Grundlage für ungleiche Behandlung und Privilegien. Laut Verfassung gilt die Frau als ein schutzbedürftiges und von Verführung bedrohtes Wesen, das nicht in der Lage ist, sein Leben eigenverantwortlich zu gestalten und besonderen Schutz und Aufsicht benötigt (Präambel sowie Artikel 21).
Die besondere Diskriminierung der Frau im Iran besteht nicht nur darin, wie dies in der westlichen Öffentlichkeit vordergründig wahrgenommen wird, dass ihr von Staats wegen eine bestimmte Kleiderordnung aufgezwungen wird, bei deren Verletzung harte Strafmaßnahmen bis hin zu Körperstrafen drohen. In zentralen Bereichen des Ehe-, Familien- und Erbrechtes ist die Frau gegenüber dem Mann rechtlich deutlich benachteiligt. Der Anteil an einer Erbschaft beträgt für eine Tochter nur die Hälfte von dem ihres Bruders.

Die Scheidung ist ein Monopol der Männer, und Frauen können, wenn überhaupt, dann nur unter erschwerten Auflagen das Sorgerecht für ihre Kinder erhalten.

In Gerichtsverfahren gilt die Zeugenaussage einer Frau nur bedingt. In Mordfällen dürfen Zeugenaussagen von Frauen gar nicht berücksichtigt werden, in anderen Fällen gilt die Aussage zweier Frauen vor Gericht soviel wie die Aussage eines männlichen Zeugen.

Das »Blutgeld« für eine Frau, das die hinterbliebenen Verwandten im Tötungsfall vom Täter bzw. seiner Familie verlangen können, beträgt nur halb so viel wie das Blutgeld für ein männliches Opfer.

Auch im politischen und beruflichen Leben kommen Frauen nur mit massiven Einschränkungen in den Genuss elementarster Rechte. So dürfen Frauen weder das Amt des religiösen Führers noch das des Staatspräsidenten und des Obersten Richters des Landes innehaben. Seit wenigen Jahren dürfen Frauen zwar formal als Richterinnen arbeiten, es ist bisher jedoch kein einziger Fall bekannt, bei dem eine Frau eine Gerichtsverhandlung geleitet hätte.

Die Ernennung einer Vizepräsidentin durch Präsident Khatami wurde im Westen vielfach als Durchbruch zu einer Besserstellung der Frau im öffentlichen Leben gewertet. Dass die Bedeutung solcher symbolischer Gesten nicht überschätzt werden sollte, zeigt die Tatsache, dass die Vizepräsidentin Ebtekar

keine ersichtliche Rolle in der Politik des Landes spielt. In den wenigen öffentlichen Äußerungen, die sie seit ihrer Ernennung gemacht hat, bekennt sie sich zur offiziellen Linie der Islamischen Republik bezüglich des Geschlechterverhältnisses, nach der Frauen und Männer aufgrund ihrer Berufung zu unterschiedlichen Aufgaben zwar gleichwertig, nicht aber auch gleichberechtigt seien.

Neben der fehlenden Religionsfreiheit und der Diskriminierung der Frau gehört die Missachtung der Meinungsfreiheit zu den schwerwiegendsten Menschenrechtsverletzungen im Iran.

c) Meinungsfreiheit

Das problematische Verhältnis der Machthaber zu den Intellektuellen und der schikanöse Umgang mit der Presse ist kein spezifisches Merkmal der Islamischen Republik. Bereits unter der Herrschaft des Schahs hatten die Regierungen stets ein gestörtes Verhältnis zur Presse. Mit Hilfe des Geheimdienstes und durch einen Zensurapparat, der nahezu lückenlos arbeitete, gelang es dem Schah-Regime eine gewisse Friedhofsruhe in der Presselandschaft zu schaffen, die bis kurz vor seinem Sturz andauerte.

Nach der Revolution machten weder Khomeini, noch sein Nachfolger Khamanei, noch andere Macht- und Würdenträger der Republik einen Hehl daraus, dass sie kein Vertrauen zu den Intellektuellen, auch nicht zu religiösen

Intellektuellen haben. Kritische Intellektuelle und die unabhängige Presse werden als Bollwerk der westlichen Kulturen betrachtet und dementsprechend behandelt.

Die ersten Angriffe gegen die unabhängige und kritische Presse wurden vom Revolutionsführer persönlich eingeleitet. Per Dekret und ohne jede gesetzliche Grundlage ließ er über 30 Zeitungen und Zeitschriften verbieten. Mehrere größere Zeitungsverlage wurden enteignet.

Die Verfassung der IRI akzeptiert Meinungsäußerungen in Publikationen und der Presse nur dann, wenn sie mit den Prinzipien des Islam konform sind. Nach Artikel 23 darf niemand aufgrund seiner Meinung angegriffen und bestraft werden. Nach Artikel 24 jedoch darf man seine Meinung nur unter Berücksichtigung der islamischen Prinzipien öffentlich äußern.

Zwar finden sowohl im Parlament als auch in der Presse lebhafte politische Debatten statt. Der Pluralismus der politischen Meinungen bleibt jedoch ein »Binnenpluralismus«, dessen Grenzen zu überschreiten, buchstäblich lebensgefährlich sein kann. Erschwerend kommt hinzu, dass die Grenzen dieses Binnenpluralismus nicht eindeutig definiert sind und sich je nach politischer Wetterlage verschieben. Wer immer sich in der Öffentlichkeit kritisch zur Politik äußert, kann Gefahr laufen, sich als »Staatsfeind«, ja womöglich sogar als »Feind Gottes« gebrandmarkt zu sehen[*].

Der Protest gegen die staatliche Zensur fand im Jahr 1994 Ausdruck in einem offenen Brief von 134 Schriftstellern – ausgelöst durch die Verhaftung ihres Kollegen Saidi Sirjani, der im November 1994 unter damals noch ungeklärten Umständen starb[**].

Als Reaktion auf die politische Formierung der Schriftsteller setzte eine systematische Einschüchterungskampagne ein, in deren Verlauf mehrere Schriftsteller und Regimekritiker ums Leben kamen.

1985 wurde ein Pressegesetz im Parla-

---

[*] Wie labil die politische Lage und wie gefährdet das literarische Leben des Landes sind, kann am Beispiel der iranischen TeilnehmerInnen an einer von der Heinrich-Böll-Stiftung organisierten Konferenz im April 2000 in Berlin verdeutlicht werden. Obwohl alle Teilnehmer, ein Teil der Spitze der Reformbewegung im Iran, mit Zustimmung der Regierung Khatami's an der Konferenz teilgenommen hatten, wurden sie bei der Rückkehr in den Iran verhaftet. Einige von Ihnen werden immer noch ohne Anklage und Gerichtsverhandlung festgehalten. Gegen drei der Teilnehmer, darunter einen angesehenen schiitischen Geistlichen, die sich seit der Berliner Konferenz im Ausland aufhalten, wurde Haftbefehl erlassen. Die Teilnehmer hätten durch ihre Äußerungen den Interessen der Islamischen Republik geschadet, hieß es aus den Kreisen der Justiz.

[**] Heute weiß man, daß Saidi Sirjani von Mitarbeitern des Geheimdienstes umgebracht und sein Tod als Herzversagen dargestellt wurde. Obwohl diese Version inzwischen auch offiziell bestätigt worden ist, weigert sich die Regierung, ihn zu rehabilitieren. Saidi Sirjani wurde unter den Anschuldigungen »Opiumkonsum« und »homosexeueller Handlung« verhaftet.

ment verabschiedet, das die Rahmenbedingungen für die Arbeit der Presse festlegt und somit die Pressefreiheit drastisch einschränkt. Das Gesetz verbietet jeden Druck von Seiten der Regierung auf die Presse, wenn diese die islamischen Maßstäbe berücksichtigt, ohne jedoch diese Maßstäbe näher zu klassifizieren.

Doch selbst dieses im Kern undemokratische Gesetz geht für die Fundamentalisten um den religiösen Führer und die Justiz nicht weit genug.

Die zuständige Justizbehörde umging insbesondere in den letzten drei Jahren wiederholt das eigene Pressegesetz und verhängte harte Strafen gegen unliebsame Journalisten, die weit über die Bestimmungen des Grundgesetzes hinausgehen.

Aufgrund dieser harten Strafmaßnahmen gegen Journalisten und Intellektuelle finden (so ironisch es auch klingt) unabhängige Journalisten und Intellektuelle in dem Pressegesetz einen gewissen Schutz und rufen die Justiz auf, es einzuhalten.

Gegen Ende der fünften Legislaturperiode verabschiedete das noch von konservativen Hardlinern dominierte Parlament ein neues Pressegesetz, das die unabhängige Presse als schutzloses Objekt ausliefert*. Zusammen mit einem weiteren ebenfalls vom 5. Parlament verabschiedeten Gesetz zur Kodifizierung des Begriffes »politischer Delikt«** ermöglicht das neue Pressegesetz Handlungen der Presse willkürlich als »Verschwörung gegen den Staat«, »Spionage« und dergleichen umzudeuten und zu verurteilen.

Bereits vor dem Inkrafttreten des neuen Pressegesetzes machte die Justiz davon Gebrauch, verbot zahlreiche reformorientierte Zeitungen und verurteilte ihre Herausgeber bzw. Chefredakteure zu langjährigen Haftstrafen und Berufsverbot.

III. Zur aktuellen Situation der Menschechte in der IRI

Es ist bekannt, dass jede große Revolution irgendwann auf dem Weg zur Etablierung des neu geschaffenen Systems ihre eigenen Kinder opfert. Auch die Islamische Revolution hat diesen Weg eingeschlagen. Nach einer raschen und blutigen Abrechnung mit den Resten des alten Regimes wandten sich die neuen Machthaber all denen zu, die ihnen zur Macht verholfen hatten.

---

* Nach dem neuen Pressegesetz ist für den Inhalt der Presse nicht mehr wie bisher allein der Herausgeber verantwortlich, sondern auch der Chefredakteur und die Autoren. Damit wurde das Recht der Redaktion auf die Geheimhaltung der Informationsquellen aufgehoben.

** Nach dem neuen Gesetz können u. a. Handlungen wie »Kontakt zu Ausländern«, »Interview mit ausländischen Sendern«, »Verbreiten von Unwahrheiten«, »Verbreiten von Nachrichten, die dem Ansehen der Islamischen Republik schaden« und dergleichen als politischer Delikt bewertet und verurteilt werden. Welche Konsequenzen dieses Gesetz für die Arbeit der Presse haben kann, bedarf keines Kommentars.

Doch die Revolution hat ihre eigene Enkelkinder geboren und erzogen. Kinder, die sich zum größten Teil selbstlos den Idealen und Zielen der Revolution unter ihrem unumstrittenen Führer gewidmet haben und dabei – insbesondere bei der Niederschlagung der Opposition und während des achtjährigen iranisch-irakischen Krieges – nicht davor zurückschreckten, ihre Hände mit dem Blut ihrer Mitmenschen zu beschmutzen.

Diese Enkelkinder der Revolution und die nachfolgenden Generationen sahen sich nach der Niederlage im Krieg von ihren revolutionären Idolen betrogen und im Stich gelassen. Ein Teil von ihnen, der inzwischen zur intellektuellen Elite der Islamischen Republik zählte, wandte sich anfangs resigniert der Presse zu. Es entstand Anfang der 90er Jahre eine neue intellektuelle Presse, die sich – als Vorreiter der heutigen Reformbewegung – mit den grundlegenden Fragen der Politik und Gesellschaft beschäftigt.

In Abwesenheit von politischen Parteien entwickelte sich diese Presse zum politischen Sprachrohr der BürgerInnen, insbesondere der jüngeren Generationen, die sich verstärkt gegen die Wirtschaftspolitik und die Korruption unter der Regierung Rafsandjanis und gegen die Allmacht der Sicherheitskräfte und des Geheimdienstes wandten.

Mit dem Hinzukommen von Resten der Opposition, die die Verfolgungs- und Hinrichtungswellen der achtziger Jahre überlebt hatten und sich nun mit neuen Zeitungen und Zeitschriften der Reformbewegung anschlossen, kam ein neuer Reformblock zustande, der die Unterstützung breiter Schichten der Bevölkerung für sich gewinnen konnte. Dieser Block war es auch, dem es bei den Präsidentschaftswahlen gelang, den Sieg des Kandidaten der Reformgegner zu stoppen und die Bevölkerung für seinen verhältnismäßig moderaten Gegner – Khatami – zu mobilisieren und eine friedliche Wende in der Islamischen Republik zu erreichen.

Mit dem Machtantritt von Präsident Mohammad Khatami im August 1997 haben die Verfechter von Parlamentarismus und Meinungsfreiheit im Iran sicherlich Rückenwind erfahren. Die unverkennbaren atmosphärischen Verbesserungen können indessen nicht darüber hinwegtäuschen, dass die in der Verfassung verankerten strukturellen Probleme – Zensur, staatlich gedeckte Übergriffe und Einschüchterungskampagnen, Willkürjustiz, Diskriminierung religiöser Minderheiten – unverändert fortbestehen.

Khatami ist es nicht gelungen, sein Wahlversprechen, die Einführung der Rechtsstaatlichkeit und Einhaltung der in der Verfassung garantierten Grundrechte, einzulösen.

Im Gegensatz zu seinem Vorgänger ist seine Regierung bei den Übergriffen auf die Menschenrechte weitgehend unbeteiligt, doch in den letzten drei Jahren hat er auch nichts unternommen um diese Übergriffe zu unterbinden.

Noch immer gehen Buchläden und Verlagshäuser in Flammen auf – unter dem Beifall von Staatsvertretern wie dem religiösen Führer und dem Vorsitzenden des Islamischen Wächterrates, der immer wieder von der Tribüne des Freitagsgebetes jugendliche Eiferer zu Übergriffen auf Regimegegner und Kritiker, aber auch auf Frauen, die die islamische Kleidungsordnung nicht ernst nehmen, aufruft. Neben dem »inszenierten Volkszorn« müssen sich Schriftsteller und Journalisten noch immer mit den Schikanen der offiziellen staatlichen Zensur abquälen. Der Katalog staatlicher Eingriffe reicht von Manipulationen bei der Papierzuteilung über aufreibende und langatmige Verfahren der Druckgenehmigung bis hin zu strafrechtlichen Sanktionen.

Allein im ersten Halbjahr 2000 sind mehr als 20 Zeitschriften verboten und deren Herausgeber und Chefredakteure zu Berufsverbot und Freiheitsentzug verurteilt worden. Ironischerweise handelt es sich dabei ausschließlich um Journalisten, die den Staatspräsidenten vor und nach seiner Wahl unterstützt haben und deren Einsatz für Parlamentarismus, Pressefreiheit und Rechtsstaatlichkeit nun mit Berufsverbot und Gefängnis belohnt wird.

Von fundamentaler Bedeutung für die Verwirklichung der Menschenrechte im Iran ist die strukturelle Reform des Justizwesens und der Streitkräfte sowie des Geheimdienstes.

Als im Herbst 1998 nach der Ermordung mehrerer Schriftsteller und Regimekritiker durch die Enthüllungen der unabhängigen Presse bekannt wurde, dass Teile des Geheimdienstes in Zusammenarbeit mit den Streitkräften und Teilen der Justiz die Morde geplant und durchgeführt hatten, kündigte Khatami eine grundlegende Reform des Geheimdienstes an. Doch bis heute ist nichts geschehen.

Der neue Leiter der Judikative bezeichnete das Justizwesen als ein verwüstetes Gebäude, das dringend erneuert werden müsste, und kündigte eine grundlegende Reform des Justizapparates an. Auch diese Ankündigung blieb bis heute ein leeres Versprechen.

Stattdessen sitzen die beiden Journalisten, die durch ihre Enthüllungen weitere Verbrechen des Geheimdienstes verhindern konnten, heute im Gefängnis.

Die Reformbewegung in der Islamischen Republik ist noch weit davon entfernt, die strukturellen Probleme hinsichtlich der Menschenrechtsverletzungen zu bewältigen. Noch immer gehören zentrale Grundrechte wie Religionsfreiheit und Gleichberechtigung der Geschlechter, sowie die Ächtung von grausamen und erniedrigenden Strafen in den Diskussionen der Reformkräfte zu den Tabu-Themen, denen zu nähern sich bisher niemand gewagt hat. Auch die Institution der »absoluten Herrschaft des Rechtsgelehrten«, die die Aufhebung der Volkssouveränität zur Folge hat, scheint bisher unantastbar geblieben zu sein.

Dennoch hat die Reformbewegung im Iran inzwischen einen Rang erreicht, den es in der iranischen Geschichte noch nie gegeben hat: Zum ersten Mal formiert sich aus dem herrschenden politischen System heraus eine Opposition, die als ihr primäres Ziel nicht die Machtübernahme um jeden Preis nennt, sondern die Durchsetzung von Menschenrechten und Grundfreiheiten bis hin zur Schaffung einer demokratischen Verfassung auf friedlichem Weg, in einem Land, das kaum Erfahrung mit Demokratie und Menschenrechten aufweisen kann.

Die politische Debatte und die Diskussion um die Menschenrechte wird nicht mehr nur als Privileg der Regierenden und der politischen Elite betrachtet, sondern in der Presse unter der Beteiligung der Bevölkerung ausgetragen.

Wegen der strukturellen Widersprüche in der Verfassung und komplizierter Machtverhältnisse innerhalb der Islamischen Republik wird sich die Situation der Menschenrechte in naher Zukunft kaum verbessern können.

Aufgrund des steigenden Interesses und der wachsenden Beteiligung der jüngeren Generation am politischen Leben des Landes und der zunehmenden Bedeutung der unabhängigen Presse als Beobachter und Aufklärer, besteht jedoch die Hoffnung, dass die Staatsorgane in Zukunft immer mehr gezwungen werden, sich zumindest im Rahmen der eigenen Gesetze zu bewegen.

Es ist deshalb für die Zukunft der Reformbewegung und folgerichtig für die Menschenrechte im Iran von großer Bedeutung, dass die unabhängige und freie Presse nicht als Anhängsel irgendeines Machtflügels, sondern als Brücke zwischen der Reformbewegung und der Bevölkerung unterstützt wird.

NEVFEL A. CUMART

hungerstreik

I

es regnet
gießt in strömen
am wannsee

wenn die tropfen
doch die schmerzen lindern könnten
die verzweiflung der hungernden in den zellen
die trauer der familien vor den gefängnistoren
die ohnmacht der leser am rande berlins

es regnet
gießt in strömen
am wannsee

in südafrika ist kinkel zu besuch
arafat wird in hessen erwartet
karadzič wird politisch isoliert
in atlanta wartet die welt auf medaillen
und
in der türkei
hungern sie
       nicht für gold
       nicht für silber
       nicht für bronze
       für weniger schläge nur
              und etwas brot – ohne schimmel

II

wie grau
müssen die häuser sein
dass die ameisen in die berge fliehen

wie braun
müssen die wälder sein
dass die vögel in den himmel fliehen

wie blau
muss die erde sein
dass die sterne in das universum fliehen

wie schwarz
muss das leben sein
dass die häftlinge in den tod fliehen

III

heute
ist mein freund
aygün uğur gestorben

seine haare schwarz   – wie meine auch
sein alter zweiunddreißig – wie meines auch
seine familie aus adana   – wie meine auch
seine abstammung arabisch – wie meine auch
seine mutter analphabetin – wie meine auch

sein vergehen:
    er hat demonstriert   – so wie ich auch

                          er in
                          ankara
                          ich in
                          bonn

NEVFEL A. CUMART

brief an tante schahdiye

die schule der nation
wurde die armee genannt bei euch
meine tante
nach dem qualvollen kampf für die unabhängigkeit
erzog sie die jungen männer des landes
sie kamen aus den bergen aus den steppen
und lernten lesen in der armee
sie kamen vom bosporus vom goldenen horn
und lernten die armut im östlichen niemandsland

eine andere schule der nation
war das gefängnis bei euch
meine tante
eine besondere schule mit tradition

war es für viele auch unwürdig
im gefängnis zu landen
ein würdiges leben hinter gittern
war aber vielen vergönnt
wer ist nicht durch diese schule gegangen
alles was rang und namen hatte
zur armee mussten alle
ins gefängnis aber nur die besten des landes

fast scheint es eine frage der ehre
als kritischer türke im gefängnis gewesen zu sein
ein dienst am vaterland sozusagen

so bitter diese worte auch klingen
meine liebe tante
so bitter ist die situation zurzeit

die hungerstreiks
in türkischen gefängnissen
werfen ihre schatten bis zu uns

die deutschen zeitungen bringen
die nachrichten täglich auf den titelseiten
jeden morgen erreichen uns neue hiobsbotschaften
junge häftlinge sterben
seit über 70 tagen hungern sie schon
nicht für freiheit oder entlassung
nicht für haftverkürzung oder amnestie
sondern für weniger schläge nur
und etwas mehr licht
für besseres brot
und ein wenig besuchsrecht

ich frage dich
meine tante
hat nicht jeder mensch das recht
seine mutter zu sehen
auch wenn gitter ihn von ihr trennen

dieses recht gibt es nicht
so wie vieles andere auch nicht
euer starrköpfiger justizminister
treibt es auf die spitze:
    die gefängnisse des landes
    seien vorbildlich
    überträfen die europäischen standards
    die hungerstreikenden seien terroristen
    allesamt rädelsführer
keift er in den nachrichten

wenn 6000 rädelsführer hungern
dann muss wohl das gesamte volk im gefängnis sitzen

hier bei uns mutmaßen sie in den zeitungen
es wären linksextreme oder rechtsextreme
sogar kommunisten mutmaßen manche
in ankara nennt man sie alle einfach gesindel

dabei ist es völlig egal
meine tante
der tod kennt keine farben
er unterscheidet nicht zwischen rechts und
links
die politische gesinnung ist vollkommen egal

es sterben schlicht und ergreifend menschen
doch menschenleben
meine tante
menschenleben
haben nie viel gezählt in der türkei

Die Hölle

Der erste Höllenkreis lag hinter uns. Während der nächsten elf Jahre würden wir die anderen durchlaufen. Bis jetzt war es uns noch gelungen, ein Familienleben aufrechtzuerhalten, einen Kokon, in dem wir uns gegenseitig schützten.

In Bir-Jdid gab es keine Familie mehr, vor allem keine Privatsphäre. Es gab dort nichts mehr.

Anfangs hatten wir noch das Recht zusammen in den Hof zu gehen. Ab acht Uhr morgens öffneten sich die Zellentüren und wir konnten uns gegenseitig besuchen. Wir versammelten uns meistens bei mir. Diese Bewegungsfreiheit hielt ein paar Monate lang an, aber Mama, Raouf und ich wussten, dass früher oder später die Isolation erfolgen würde und dass wir uns auf diese vorbereiten mussten.

Der befürchtete Moment kam Anfang 1978.

Am 30. Januar, Raoufs zwanzigstem Geburtstag, sperrte man meinen Bruder in seiner Zelle ein. Er durfte sie nicht mehr verlassen und uns nicht mehr sehen. Wenige Tage später waren wir an der Reihe, angeblich weil wir es gewagt hätten, zusätzliches Butangas zu fordern, weil wir vor Kälte starben. Halima und Achoura entgingen der völligen Einkerkerung. Sie durften einmal am Tag in den Hof hinaus um Reisig für ihre Feuerstelle zu sammeln.

In den ersten Tagen der endgültigen Trennung durften wir zu unterschiedlichen Zeiten im Hof Luft schnappen. Mama ging morgens bis um zehn Uhr hinaus, dann waren wir an der Reihe.

Ich stellte mich dann unter Raoufs Fenster, dieser hielt sich an den Gitterstäben seiner »Toilette« fest und wir unterhielten uns über alles und nichts. Er riss das Wort völlig an sich, so groß war sein Bedürfnis sich zu artikulieren, litt er doch entsetzlich unter seiner Isolierung.

Er kam häufig auf meinen Vater zu sprechen und auf seinen Wunsch diesen zu rächen. Diese Idee ließ ihm keine Ruhe. Dann wurden auch diese Freigänge untersagt.

Jetzt wurden wir Tag und Nacht eingesperrt, voneinander getrennt und misshandelt, und nichts verband uns mehr mit unserem früheren Leben. Wir waren nur noch Nummern. Wir mussten lernen mit der Zelle zurechtzukommen, mit diesem winzigen Raum, der unser Leben sein würde, unsere Welt, unser Zeittakt, einzig gegliedert durch die Jahreszeiten.

Ihrem Willen nach sollten in erster Linie Mama, Raouf und ich gebrochen werden. Mama, weil sie die Frau des verhassten Mannes war, ich, weil sie meinen Einfluss auf den Rest der Familie kannten, und Raouf, weil von ihm als Sohn meines Vaters logischerweise der Wunsch nach Rache zu erwarten war, woran sie ihn mit allen Mitteln hindern wollten. Von uns allen hatte Raouf körperlich am meisten zu leiden und steckte die meisten Schläge ein.

Es war den Wachen, die sich mittlerweile sämtlich aus Mouhazzins rekrutierten, verboten, in menschlichem Ton mit uns zu reden oder uns ein wie auch immer geartetes Interesse entgegenzubringen. Sie mussten uns im Gegenteil im höchstmöglichen Maße erniedrigen, und das bis in die kleinsten Details. Ich lebte mit täglicher Angst im Bauch. Mit der Angst, dass sie mich töten würden, der Angst vor Schlägen und permanenter Demütigung. Und ich schämte mich ihrer.

Wir wurden allerdings nie wirklich geschlagen, Raouf ausgenommen. Ich bekam einmal einen Faustschlag ins Gesicht, weil ich es gewagt hatte, einem Offizier die Stirn zu bieten. Ich fiel nach hinten, mit dem Kopf gegen die Flurmauer. Der Aufprall war heftig, und die Mädchen kamen aschfahl aus der Zelle gelaufen. Ich erhob mich, und um sie zu beruhigen, sagte ich ihnen, ich hätte das Gleichgewicht verloren. Später gestand ich ihnen, dass ich geschlagen worden war, bat sie aber, nichts davon Mama zu erzählen. Ich fühlte mich gedemütigt, machte mir aber auch Vorwürfe.

Der Mann, auf den sich meine Angst bezog, war, mehr noch als Borro, Oberst Benaïch, Offizier des Königs, der bereits in Tamattaght die Ursache für unsere veränderte Behandlung gewesen war. Er versuchte mit allen Mitteln uns das Leben zur Hölle zu machen. Er war es, der die Tötung der Tauben angeordnet hatte, der uns das Essen entzog. Wir sahen ihn nur selten. Seine Ankunft kündigte sich durch ein Hubschraubergeräusch am Himmel an oder auch durch die Haltung der Mouhazzins, die plötzlich besonders achtsam waren.

Aber mit der Zeit etablierte sich eine eigentümliche Beziehung zwischen Gefangenen und Folterern. Wir waren die Opfer, aber wir konnten auch, innerhalb unserer begrenzten Möglichkeiten, unsere Peiniger manipulieren. Alles war uns recht um diese gewaltsame Beziehung unmerklich auf den Kopf zu stellen.

Mit Benaïch war dies unmöglich, mit Borro schwierig. Dieser Rohling war diszipliniert bis ins Innerste seiner militärischen Seele. Hätte man ihm befohlen uns mit blanker Waffe zu töten, hätte er es ohne Zögern getan. Das Einzige, was er konnte, war Befehle ausführen. Aber die Mouhazzins waren bei all ihrer Härte und Unmenschlichkeit auch sehr dumm. Man musste nur überlegt vorgehen um sie zu verunsichern.

Wir lehnten uns auf.

Einmal im Monat hatten wir das Anrecht auf eine Schubkarre voll Holz für die Küche. Die Mouhazzins öffneten dann die Panzertür und riefen mich in einer Weise, dass ich mich bereits gedemütigt fühlte. Ich durfte die Schwelle der Tür nicht überschreiten. Das Licht machte mich ganz benommen. Sie warfen die Holzscheite zu Boden und befahlen mir, sie aufzusammeln.

Die ersten Male brachten sie etwa einen Meter fünfzig lange Äste mit. Ich ließ mir Zeit sie zu sortieren und gab die längsten davon den Mädchen. Raouf hatte uns nahegelegt sie in einem kleinen Hohlraum oben in der Mauer unserer Zelle zu verstecken, im Hinblick auf eine mögliche Flucht. Die Äste konnten uns als Stützbalken für einen Tunnel dienen.

Im dritten Monat brachten die Wachen uns nur noch kleine Scheite. Sie hatten unsere Hintergedanken erraten.

Unser wichtigstes Durchhaltemittel war die »Anlage«, wie wir sie nannten, unsere einzige Möglichkeit, miteinander zu kommunizieren. Sie hat uns zweifellos das Leben gerettet.

Raouf war es gelungen, unter seinem Bett mit Hilfe eines Löffels und eines Messers eine Platte zu lösen. Er hatte darunter unser wertvolles Radio versteckt, das er zuvor in alte Tücher gewickelt hatte um es gegen die Feuchtigkeit zu schützen. Nachts holte er es heraus, hörte es und fühlte sich weniger einsam. Dann kam ihm die Idee, die fünf oder sechs Mikrofone und die Elektrokabel zu nutzen, die wir aus den Lautsprechern der Stereoanlage gerettet hatten, und daraus ein Nachrichtennetz von Zelle zu Zelle zu konstruieren.

Als Leiter dienten die Eisenstäbe der Lattenroste. Allnächtlich nahmen die Mädchen und ich diese aus unseren Betten und verbanden sie miteinander. Sie mussten mit Hilfe dicht oberhalb des Bodens in die Wand gegrabener Löcher quer durch Achouras und Halimas Zelle hindurch bis zu der von Raouf reichen. Doch selbst aneinandergereiht waren sie nicht ausreichend lang und endeten auf halber Strecke.

Raouf hatte die Idee, das Elektrokabel der Lautsprecherboxen anzuhängen und dieses an dem Mikrofon, das er besaß, festzumachen. Ich machte dasselbe auf meiner Seite. Als Verbindung dienten dünne Stahldrähte, die wir dem doppelten Maschendraht entnommen hatten, der über der Panzertür, die unsere Zelle verschloss, gezogen war. Wir umwickelten damit die Pole unserer Mikrofone. Während der Übertragung mussten häufig die Drähte ersetzt werden, weil sie kaputtgegangen waren, aber der Ton war recht gut zu hören.

Wenn Raouf eine Radiosendung interessierte, übertrug er sie zu uns, indem er die Mikrofone anschloss. Ich ließ Mama und Abdellatif mitprofitieren. Um direkt mit ihnen zu kommunizieren, benutzte ich einen Gartenschlauch, den ich, als die Wachen einmal unaufmerksam waren, im Hof hatte entwenden können. Ich hatte daraus durch unsere Trennwand hindurch eine »Telefon«-Leitung gebastelt. Tagsüber versteckte ich sie in Mimis Bett. Die Wachen wagten es nicht, dieses zu durchwühlen, und zwar wegen der epileptischen Anfälle, vor denen diese ungehobelten Geister eine Heidenangst hatten. Sie waren der Ansicht, Mimi sei von *djinns* besessen.

Mit diesen bescheidenen, aber wirkungsvollen Mitteln konnten wir die ganze Nacht kommunizieren. Es hatte eine magische Wirkung, wenn die Stimmen von José Artur oder Gonzague Saint-Bris durch die Mauern drangen, um uns Gesellschaft zu leisten, als wären sie an unserer Seite. Später erzählte ich allen über denselben Weg jeden Abend eine Geschichte.

Ich perfektionierte die Erfindung noch. Ich ersetzte die allzu schweren Lattenroststangen, deren Handhabung zu schwierig war, durch Metallfedern, die ich aus unseren Koffern schnitt. Aber das Prinzip blieb dasselbe.

Abends, wenn die Wachen das Elektroaggregat anstellten, nutzten wir den Lärm aus, um unsere »Anlage« zusammenzustecken. Das Herausziehen der Eisenstäbe und das Durchschieben von Zelle zu Zelle machte einen Höllenradau. Aber zu unserer großen Befriedigung, und das war in dieser alptraumhaften Welt wahrlich unsere einzige, haben sie unser Kommunikationssystem nie entdeckt. Unsere Mikrofone versteckten wir stets zwischen unseren Oberschenkeln.

Zum Schluss hatte nur noch eines der Feuchtigkeit standgehalten, das ich dann bei mir behielt. Es war heilig. Raouf verdankt ihm sein Überleben, war es doch das letzte Mittel, das wir hatten, um in Kontakt zu bleiben.

Barfuß und zerlumpt, schlotterten wir im Winter vor Kälte und kamen im Sommer vor Hitze fast um. Wir hatten keine Krankenpflege und auch keine Medikamente mehr, ebensowenig wie Uhren, Bücher, Papier, Bleistifte oder Kinderspielzeug. Wir mussten bitten und betteln um ab und zu von den Kerkermeistern einmal eine Gefälligkeit zu erhalten: einen Kugelschreiber, den wir nur ganz sparsam benutzten, Batterien für das Radio, die wir über Monate konservierten. Wir hatten sie über einen kleinen Mann bekommen können, der einen meiner Onkel gekannt hatte, einen Caid in seiner Gegend.

Unser Tagesablauf wurde durch die Wachen reguliert. Sie kamen dreimal am Tag, morgens und abends, um uns die Mahlzeiten zu bringen, mittags mit dem Brot. Gegen acht Uhr dreißig gab es das Frühstück, das Achoura in ihrem kleinen Innenhof zubereitet hatte. Es war mit Kichererbsenmus gemischter Kaffee, der so dünn war, dass er heißem Wasser ähnelte. Zuerst hörten wir das hämmernde Geräusch ihrer Stiefel im Hof, dann das verhasste Klirren ihrer Schlüsselbunde. Ihre Ankunft machte uns stets Angst, wir hatten uns immer irgend etwas vorzuwerfen: das Radio, die Batterien, die Löcher, die wir in die Wand gebohrt hatten …

Wenn sie meine Tür zur gleichen Zeit öffneten wie die von Mama, richteten wir es so ein, dass wir uns in derselben Achse hinstellten, und da die Zellen im rechten Winkel zueinander standen, konnten wir auf diese Weise einen flüchtigen Blick aufeinander erhaschen. Wir hatten ständig solche Ideen. Mittags hörten wir ihr Pfeifen, das den Brotlastwagen ankündigte, und dann, gegen halb acht abends, kamen sie noch einmal, öffneten die Türen und stellten das Essen ab.

Nie gönnten sie uns eine Unterbrechung, nie konnten wir vergessen, dass wir in elenden Zellen eingesperrt waren. Wir wurden Stunde um Stunde, Tag und Nacht überwacht. Wenn wir uns an die Gitterstäbe klammerten, um ein kleines Stück Himmel zu sehen, sahen wir nur ihre Blicke aus dem Wachturm, die uns unablässig belauerten, selbst durch die Mauern hindurch.

Die ersten Monate machten wir uns so etwas wie einen Stundenplan. Morgens spielte ich mit meinen Schwestern im »Sportzimmer« Volleyball; wir hatten uns aus Stoffstückchen einen Ball zusammengebastelt. Je nach Laune machten wir eine Stunde Gymnastik, trainierten die Bauch- und Gesäßmuskulatur und gingen dann erschöpft und schweißgebadet unter die »Dusche«. Mit zunehmendem Alter entwickelte Soukaïna eine Neigung zur Korpulenz. Ich setzte sie auf Diät und zwang sie dazu, Sport zu machen, damit sie sich nicht gehen ließ.

Später gaben wir die Leibesübungen auf. Der Körper reagierte nicht mehr darauf. Wir entfremdeten uns von allem.

Die Tage waren endlos. Unser Hauptfeind war die Zeit. Man konnte sie sehen, fühlen, greifen, sie war furchtbar und bedrohlich. Das Schwierigste war sie in den Griff zu bekommen. Am Tage reichte eine sanftere Brise, die durch das Fenster drang, um uns daran zu erinnern, dass sie uns verhöhnte und dass wir eingemauert waren.

Das sommerliche Dämmerlicht erinnerte mich an die Süße früherer Zeiten, das Ende eines Strandtages, die Stunde vor dem Essen, wenn man noch einen Aperitif trank, das Lachen der Freunde, den Geruch des Meeres, den Geschmack von Salz auf der gebräunten Haut. Ich ließ das wenige, das ich erlebt hatte, immer wieder an mir vorüberziehen.

Wir machten nichts Großartiges mehr.

Verfolgten den Weg einer Schabe von einem Loch zum nächsten. Dösten wieder. Lüfteten unser Gehirn. Der Himmel wechselte die Farbe und der Tag ging zu Ende. Eine Woche verging wie ein Tag, die Monate dauerten Wochen, die Jahre bedeuteten nichts. Und ich verzehrte mich. Mir wurde klar, dass ich von innen her starb. Ich hatte häufig das Gefühl in einem schwarzen Loch zu leben, umschlossen von Dunkelheit. So als sei ich ein Ball, der unablässig in einen Brunnen fällt und dabei jedes Mal gegen eine Mauer prallt.

Nach und nach begrub uns die Stille unter sich. Nur die Schritte der Mouhazzins, ihr Pfeifen, das Klappern ihrer Schlüssel, das Gezwitscher der Vögel, das Schreien eines Esels namens Cornelius gegen vier Uhr morgens oder das Rauschen der Palmen störten sie noch. Den restlichen Tag über hörte man nichts.

Wir vergaßen nach und nach, wie sich der Lärm in der Stadt anhörte, das Unterhaltungsgemurmel in den Cafés, das Klingeln des Telefons, das Autogehupe, all die vertrauten Geräusche, die das alltägliche Leben so mit sich brachte und die uns so sehr fehlten.

Mimi war diejenige von uns, die ein untrügliches Zeitgefühl hatte. Sie verließ sich dabei auf die Sonnenstrahlen, die durch unsere winzigen Fenster hindurchdrangen. Man konnte sie zu jeder beliebigen Tageszeit fragen, wie viel Uhr es sei, sie hob den Kopf unter ihrer Bettdecke hervor und sagte:

»Zehn nach drei, Viertel nach vier.«

Sie täuschte sich nie.

Uns stand pro Monat ein kleines Paket

Waschmittel zu, mit dem wir uns selbst säuberten, die Wäsche waschen und das Geschirr reinigen mussten. Zum Zähneputzen benutzten wir Salz. Eine Zeitlang hatten wir die Idee sie mit Erde sauberzumachen, wie wir es manchmal mit den Tellern machten. Aber als Abdellatif eines Morgens mit geschwollenem, violettem Mund und lauter weißen Punkten auf der Zunge aufwachte, hörten wir damit auf.

Wenn die Wachen meine Zelle öffneten, stürzte ich zu dem Hahn mit dem kalten Wasser gegenüber an der Mauer um mir die Haare mit Waschmittel zu waschen. Überall war Schaum. Die Mouhazzins waren davon überzeugt, dass wir unsere glatten Haare dieser Behandlung verdankten.

»Sie hat schönes Haar. Ich habe es auch schon mit Seifenpulver probiert, aber es hat nichts geholfen.«

Die Waschpulvershampoonaden hatten bei uns aber vor allem kollektiven Haarausfall und Ekzeme zum Ergebnis …

Wir trugen immer dieselben Kleider, die wir unsere Kampfanzüge nannten. Mama nähte uns aus dem Stoff unserer alten Sachen und aus den Überzügen der Schaumstoffmatratzen Hosen mit Gummizug an der Taille.

Fast als hätten wir absichtlich daran gedreht, hatten wir alle sieben unsere Regel zur selben Zeit. Wir hatten keine Watte und keine Binden und benutzten wieder und wieder zusammengeschnittene Handtuchstücke, bis sie völlig zerschlissen waren. Wir mussten die Stoffe waschen, sie Halima geben, die sie rund ums Feuer zum Trocknen hängte, und mit gespreizten Beinen warten, bis sie getrocknet waren und neuerlich benutzt werden konnten.

Diese mangelnde Intimsphäre war eine Qual für uns. Wir lebten unter den Augen der anderen: Sich waschen, zur Toilette gehen, vor Fieber oder Schmerzen heulen waren Akte, die man mit den anderen teilte. Nur in der Nacht unter unseren Decken konnten wir uns die Seele aus dem Leib heulen, ohne dass man uns hörte.

Trotzdem herrschte ein gutes Einverständnis zwischen uns. Wir stritten uns nicht, außer vielleicht die Mädchen untereinander, aber ich passte auf sie auf. Da Mama nicht bei uns war, wurde ich zu ihrer Mutter. Ich war es, der sie erzog, ihnen gute Manieren beibrachte und Respekt vor den anderen.

Selbst im Gefängnis, selbst in Bir-Jdid, im Kerker, ließ ich keine Lockerung der Disziplin zu. Man hielt sich ordentlich bei Tisch, kaute leise, sagte »danke«, »bitte«, »Entschuldigung« und wusch sich die Hände vor dem Essen. Man wusch sich täglich gründlich, vor allem während der Monatsregel, trotz des eiskalten und salzigen Wassers, das man uns sogar mitten im Winter gab und das uns zum Schreien brachte, wenn wir mit ihm in Berührung kamen und hinterher eine knallrote Haut hatten.

Meine Erziehung im Palast haftete an mir. Wenn Raouf sich über mich lustig machen wollte, nahm er den teutonischen Akzent von Mademoiselle Rieffel an. Aber das war mir egal. Der Geist musste die Oberhand über den Körper behalten, das erlaubte es uns, alles oder doch annähernd alles zu ertragen, und ich zwang uns dazu, uns sorgfältig zu

pflegen um nicht unsere Menschenwürde zu verlieren.

Gelegentlich hatte ich Anwandlungen
von Koketterie. Ich wollte das Altern
meines Gesichts verzögern. Mama hatte
mir das Schönheitsgeheimnis der Ber-
berfrauen verraten: Sie stellen eine
Maske auf der Basis gedünsteter und
pürierter Datteln her, die sie auf ihr Gesicht auftragen. Während des Ramadan
bekamen wir ein paar Datteln. Ich raffte
alles, was wir bekamen, an mich und
machte daraus eine Paste, die ich die ganze Nacht aufgetragen ließ. Das Ergebnis
war, dass sich die Mäuse an meinem Gesicht gütlich taten. Und meine Haut
wurde auch nicht wesentlich besser.

Wir schnitten uns die Haare mit einer
kleinen Schere, die meine Mutter zum
Schneidern unserer Kleider behalten
durfte. Raouf hatte keinen Bartwuchs,
was ihn bekümmerte, um so mehr, als
wir uns immer über ihn und seine drei
Haare auf dem Kinn lustig machten.

Gegen Ende hin ließ er sich allerdings einen Bart wachsen; er behauptete, dass
der Tag, an dem er sich rasieren würde,
die Beendigung unserer Gefangenschaft
kennzeichnen würde.

Diese auf gut Glück geäußerte Prophe-
zeiung stellte sich später tatsächlich als
richtig heraus. Er bat eines Morgens unsere Kerkermeister, ihm seinen Bart zu
rasieren, wobei er mit seiner Männlich-
keit spielte, eine Seite, bei der sie leicht
zu packen waren.

»Ich bin ein Mann«, appellierte er an
sie, »ich kann so nicht bleiben.«

Sie setzten ihn in den Hof und schnitten
ihm den Ziegenbart ab.

Einen Monat später brachen wir aus
unserem Gefängnis aus. (...)

Das Ende des Tunnels

Allabouch, Bouabid und der *walli*
(Gouverneur) von Marrakesch suchen
uns Mitte Februar 1991 auf. Die Unter-
haltungen mit ihnen ähneln stets einer
Schachpartie. Ein jeder bewegt seine
Figur entsprechend der Äußerungen
des Gegners, und über jedes gesagte
Wort wird nachgedacht, bevor die Antwort fällt. Ohne dass wir es richtig
mitbekommen und in kleinen Dosen
servieren sie uns die Wahrheit, das
Urteil.

Als wir gerade frisch angekommen waren in Marrakesch, sagten sie uns mit einer gewissen Bitterkeit, ja auch einem
gewissen Zorn, wir könnten stolz auf
uns sein. Unsere Flucht hätte wesentlich
größere politische Auswirkungen, als
wir uns ausmalen würden.

»Dank des großen Aufsehens, das eure
Flucht auf der ganzen Welt erregt hat,
wird sich die internationale Presse mehr
und mehr für das Schicksal der politischen Gefangenen in Marokko interessieren«, hatte Bouabid damals festgestellt.*

---

* Am 29. Oktober 1987 fordert das Europäische Parlament Marokko auf, die 400 Verschwundenen
und die anderen politischen Gefangenen freizulassen. 1991 begrüßt amnesty international die
Freilassung von 270 zum Teil seit neunzehn Jahren Vermissten. Serfaty wird nach Frankreich aus-
gewiesen und erhält für Marokko ein Aufenthaltsverbot. Die Brüder Bourequat, die man der

An diesem Tag nun setzen sich unsere »Schutzengel« auf das Sofa und fangen an, über alles und nichts daherzuplaudern, wobei sie endlos an einzelnen Details kleben bleiben.

Der *walli* lästert über die Frauenbewegung um mich in Rage zu bringen. Er liebt es, mich zu provozieren. Das ist alles harmlos, aber wir verstehen nicht, worauf sie hinauswollen. Seit drei Stunden reden wir, ohne wirklich etwas zu sagen.

Bouabid sieht mich plötzlich an und sagt mir im munteren Konversationston ins Gesicht hinein:

»IHR SEID FREI.«

Die Bombe explodiert vor uns.

Aber wir reagieren nicht.

Wir verstehen nicht oder wollen nicht verstehen und fahren fort zu reden, als hätten wir nichts gehört.

Allabouch, Bouabid und der *walli* sehen sich verwirrt an. Wir können ihnen nicht folgen und sind meilenweit davon entfernt, den Sinn ihrer Worte zu erahnen. Ein wenig seltsam fühlen wir uns allerdings in unserer Haut, spüren wir doch, dass hier irgend etwas Eigenartiges vor sich geht.

»Himmel noch mal«, brüllt Allabouch, »seit neunzehneinhalb Jahren wartet ihr auf diesen Moment, und mehr beeindruckt euch das nicht? Ihr seid frei, sage ich euch! Frei …!«

Frei? Was bedeutet dieses Wort? Gerade eben noch waren wir Gefangene, und jetzt sagt man uns, dass unser Martyrium seinem Ende entgegengeht? Innerhalb von einer Sekunde gesteht man uns unsere Freiheit zu, wie man sie uns zwanzig Jahre zuvor genommen hat. Das gute Recht des Monarchen …

Sagen sie die Wahrheit? Oder bindet man uns erneut einen Bären auf? Bevor wir den Satz richtig verarbeiten, tauchen diese drei kleinen Worte »ihr seid frei« uns wieder in den alten Zustand verängstigter Gefangener. Wir zeigen keinerlei Reaktion, wagen nicht mehr zu sprechen oder uns anzublicken.

Es dauert eine ganze Weile, bis wir den Gedanken zulassen, dass der König uns begnadigt hat. Die öffentliche Meinung hat Druck ausgeübt, die Amerikaner und die Franzosen haben sich eingeschaltet.

Als ich wieder Worte finde, frage ich sie, warum sie so lange gebraucht hätten um uns die Neuigkeit mitzuteilen.

»Wir haben schon seit geraumer Zeit eine Beratung nach der anderen abgehalten auf der Suche nach dem besten Weg, es euch mitzuteilen. Wir konnten es euch doch nicht einfach so ohne Umschweife ins Gesicht schleudern, das war unmöglich, wir wollten euch doch nicht umbringen.«

Frei … Wir sind also frei … Aber wohin

Spionage anklagt, kommen 1992 nach Paris. Aber amesty international versichert, dass noch Hunderte von Gefangenen übrig sind, vor allem unter den Sahouris, von denen viele in Tazmamart, einem 1991 evakuierten und abgerissenen Straflager im Hohen Atlas, umgekommen sind. Marokko hat 1998 über das Komitee für Menschenrechte den Tod von 56 politischen Gefangenen in den Gefängnissen des Königreichs während der Jahre 1960-1980 zugegeben, konfrontiert mit einer Liste mit 112 Verschollenen.

sollen wir gehen? Wir haben kein Haus und fast keine Freunde mehr. Was wollen sie mit uns machen, wenn wir erst einmal in Rabat sind? Wollen sie uns wie eine lästig gewordene Fracht einfach abwerfen?

»Übt euch noch ein wenig in Geduld und gewöhnt euch an den Gedanken der Freiheit, die ihr der Gnade seiner Majestät verdankt. Wir holen euch in einer Woche ab.«

Erst nachdem sie gegangen sind, umarmen wir uns und verleihen unserer stürmischen und gleichzeitig seltsam wirklichkeitsfremden Freude Ausdruck. Nach außen hin sind wir wahnsinnig glücklich, im Inneren leer. Frei …

Eine Woche ist nicht viel um uns an den Gedanken zu gewöhnen. Der Tagesablauf ist schon nicht mehr derselbe. Die Sonne scheint anders, geht nicht mehr wie früher unter und erhebt sich am anderen Morgen nicht mehr über einem noch trostloseren Tag.

Der Himmel ist blauer, die Natur nimmt wieder Farben an, wir finden unseren Appetit wieder. Unsere Empfindungen sind intensiver. Ich sehe das Leben von nun an auf der großen Leinwand und nicht mehr auf einem winzigen Bildschirm.

Wir sind wie Blinde, die plötzlich das Augenlicht wiederfinden, mit dem entsprechenden Anteil an Angst und Furcht, der damit verbunden ist.

»Ich«, sagt Raouf, »ich werde die verlorene Zeit mit Frauen nachholen …«

»Musik lernen«, träumt Soukaïna, »Patricia Kaas treffen.«

»Profifußballer werden«, schreit Abdellatif.

»Heiraten und Kinder kriegen«, murmelt Mimi errötend.

Und ich, ich … Ich will lieben, reisen, spazierengehen, essen, reden, lachen, singen, Filmschauspielerin sein, studieren, mich auf die Terrasse eines Cafés setzen, in der Werbung tätig sein … All das nacheinander oder in beliebiger Reihenfolge.

Und weshalb nicht gleichzeitig?

Sofort bekommen wir Angst. Sind wir überhaupt zu alldem fähig? Ist es nicht schon zu spät? Je mehr Tage vergehen, desto mehr fürchten wir uns. Und desto mehr fürchten wir uns davor, uns zu fürchten.

Um uns zu beruhigen, konzentrieren wir uns auf die Koffer und Pakete.

Wie üblich kommt uns unsere Familie am Wochenende besuchen. Wir haben ihnen noch nichts von unserer baldigen Freilassung erzählt.

Meine Tante Mawakit, die ein Medium ist, liest uns regelmäßig aus den Karten. Sie hatte in ihnen schon immer gesehen, dass wir bald freikämen, konnte das Datum aber nicht präzisieren. An diesem Samstag nun nimmt sie die Karten und bittet mich, mit der linken Hand abzuheben. Ohne Umschweife verkündet sie, dass unsere Befreiung unmittelbar bevorstehe.

»Du bist vielleicht ein Medium!«, sage ich und zucke die Schultern. »Wir werden jetzt hier seit viereinhalb Jahren als Gefangene gehalten, ich sehe nicht, wie sich das ändern sollte.«

Je mehr sie darauf beharrt, desto mehr leugne ich es. Sie versichert, dass sich ihre Karten niemals irren, bittet mich inständig, ihr die Wahrheit zu sagen,

fleht Mama und die anderen an. Wir bleiben alle völlig ungerührt.
Dieses Spiel dauert fast zwei Stunden.

Danach gestehe ich ihr endlich, was ich bis dahin nicht herausbrachte:
»Wir sind frei, Mawakit. Frei.«

(Aus dem Französischen von Christiane Filius-Jehne)

Die Niederlagen

Es gibt viele
die klein werden
unter den Niederlagen

Es sind viele, die
den Rückschlägen gehorchend
den Rückzug angetreten haben

Sie übersehen, dass
in ihrem Rücken nichts mehr ist
Der Boden hinter ihnen
trägt kein Gesicht.

Es sind die
Niedergeschlagenen, die
das Geschäft der Niederlagen treiben

Ohne sie
wären die Niederlagen hilflos.
Nur kleine Anekdoten auf unserem Weg.

Schranken

AMMA DARKO

Die Farbe der Armut

Im Grunde hätte Kayli gar nicht so früh am Bahnhof zu sein brauchen. Doch weil der Bus von ihrem Heimatort in die Stadt nur einmal pro Stunde verkehrte und sie an diesem Tag unbedingt den Zug um 8 Uhr 17 erwischen wollte, blieb ihr gar keine andere Wahl. Normalerweise dauerte die Busfahrt in die Stadt eine halbe Stunde. Jedenfalls dann, wenn kein Unfall dazwischenkam oder eine Umleitung wegen irgendwelcher Bauarbeiten. Doch da Kayli kein Risiko eingehen wollte, nahm sie sicherheitshalber den Bus um halb sieben. Das bedeutete aber, dass sie am Bahnhof über eine Stunde Zeit bis zur Abfahrt des Zuges haben würde, falls der Bus pünktlich war. Eine Fahrkarte brauchte sie sich nicht mehr zu besorgen, die hatte sie sich schon am Tag zuvor gekauft. Kayli hoffte natürlich, dass der Bus keine Verspätung haben würde. Falls aber doch, dann würde sie jedenfalls nicht vor lauter Angst, den Zug zu verpassen, panisch an ihren Fingernägeln kauen müssen.

An dem fraglichen Tag jedoch schien der Himmel ein Einsehen zu haben, denn der Bus wurde nicht aufgehalten. Genau um 7 Uhr 15 erreichte Kayli den Bahnhof.

Sie hatte noch nicht gefrühstückt, denn um rechtzeitig an der Bushaltestelle zu sein, hatte sie acht Minuten zu Fuß gehen müssen. Immer wenn sie so früh am Tag etwas aß, dann rebellierte ihr Magen. Deswegen hatte sie sich vorgenommen, am Bahnhof etwas zu kaufen.

Bevor Kayli als Austauschlehrerin von Afrika nach Deutschland aufgebrochen war, hatte sie sich geschworen, in der Fremde so viele Hamburger zu essen, wie sie nur konnte. Ganz egal, wie sie aussahen, wie groß sie waren oder was für verrückte Namen sie hatten. Kayli wollte sich in den drei Monaten ihres Aufenthalts so mit Hamburgern voll stopfen, dass sie anschließend weder den Anblick noch den Geruch ertragen konnte. Auf diese Weise hoffte sie, nach ihrer Rückkehr für eine sehr lange Zeit kein Verlangen mehr danach zu haben. Bei ihr zu Hause in Ghana waren Hamburger ein Luxus und ein dementsprechend teurer Spaß. Als Kayli in Europa erfuhr, dass Hamburger hier als ungesund galten, war sie völlig entgeistert.

Weil Kayli eine ganze Stunde Zeit zur Verfügung hatte und wieder an ihr »Hamburger-Vorhaben« denken musste, machte sie sich auf die Suche nach einer Möglichkeit, ihr Verlangen zu befriedigen. Und sie war hocherfreut, als sie einen Hamburger-Laden aus dem Land von Onkel Sam entdeckte. Mit seinem weithin bekannten Geschäftssinn hatte er exakt darauf gesetzt, dass Reisende wie sie vorbeikämen, die entgegen jeglichem gesunden Menschenverstand stets für eine Portion Hamburger und Pommes zu haben waren. Für solche Gäste gab es direkt im Bahnhof ein McDonald's-Restaurant. Kayli trat ein, ging zum Tresen vor und stellte sich hinter zwei Leuten an, die ebenfalls darauf warteten, von einem etwa zwanzigjährigen Mädchen bedient zu werden. Die junge Frau hatte eine gestreifte Uniform an und trug auf dem Kopf ein dazu passendes Hütchen. Als Kayli an der Reihe war, sagte sie als Erstes, dass sie ihr Essen mitnehmen wollte, und dann entschied sie sich für einen Big Mac, einen Cheeseburger und eine große Cola.

Das Mädchen packte Kaylis Essen in eine der braunen Papiertüten mit dem großen »M« vorne drauf. Mit ihrem Proviant steuerte Kayli zuerst den Bahnsteig an, von dem ihr Zug abfahren sollte. Aber dann überlegte sie es sich auf halbem Wege anders und ging zum Wartesaal. Kayli war zwar schon hin und wieder hier am Bahnhof gewesen, aber den Wartesaal betrat sie heute zum ersten Mal. Zu ihrem Erstaunen war sie ganz alleine hier und sie überlegte, ob das wohl immer so war. Sie nahm genau gegenüber der Eingangstüre Platz. Ihre blaue Reisetasche stellte sie auf den Sitz links neben sich, obendrauf balancierte sie die Papiertüte mit dem Frühstück. Dann lehnte sie sich zurück und beobachtete mit Interesse die Passanten, die draußen vorbeiliefen. Vor dem Wartesaal führte eine Treppe hinunter zur S-Bahn. Viele Menschen waren selbst an diesem Sommertag in Grau und Schwarz gekleidet und strömten dort die Treppe hinauf und hinunter.

Bei mir zu Hause wäre dieser Bahnhof hier ein wahrer Farbenrausch, sinnierte Kayli. In Ghana verband man nämlich mit der Farbe Schwarz vor allem den Tod. Dass in Europa Schwarz etwas anderes bedeutete, hatte ihr anfangs einen heftigen Kulturschock versetzt. Schwarz bedeutete hier Eleganz, und manche Menschen heirateten sogar in Schwarz. Wenn in Ghana eine Frau in Schwarz heiraten würde, überlegte Kayli, dann würde mit Sicherheit eine der älteren Frauen auf sie zukommen, ihr die Spitze ihres Spazierstockes mitten ins Gesicht stoßen und sie auffordern, sofort die Hochzeitsgesellschaft zu verlassen mitsamt dem Unglück, das sie mitgebracht hatte.

Schon erstaunlich, welch unterschiedliche Bedeutung eine Farbe in zwei verschiedenen Kulturen haben konnte.

Kayli saß da und beobachtete unbekümmert die Menschenschlange, die vorne in einem dunklen Loch zu verschwinden schien. In dem Moment entdeckte sie ihn, einen deutschen Mann in mittlerem Alter. Er fiel ihr hauptsächlich deswegen auf, weil er weder schwarz noch grau gekleidet war.

Er trug eine kleine, braune, abgeschabte Aktentasche, im Farbton eine Spur heller als seine Hose. Sein beigefarbenes Jackett hielt er über dem Arm. Ein paar Sekunden später hatte ihn die grauschwarze Menge verschluckt, die sich von den S-Bahn-Stationen herauf- und wieder hinunterwälzte. Kayli dachte an das Festmahl, das sie sich gleich im Zug gönnen würde. Und als sie ihren Kopf nach links drehte, entdeckte sie den Mann in Braun erneut. Er stand da mit seiner Aktentasche und dem beigen Jackett über dem Arm. Kayli wandte sich ab, denn so interessant fand sie ihn nun auch nicht. Sie wartete hier auf ihren Zug, und er eilte mit seinem Aktenkoffer wer weiß wohin. Warum hätte sie sich kümmern sollen? Doch kurz darauf löste er sich aus der Menschenmenge und betrat den Wartesaal. Nicht so, als hätte ihn die Menge hineingedrängt, eher fest entschlossen wie ein Geschäftsmann. Kayli merkte, dass er sie fragend betrachtete und sie unsicher anlächelte. Sie runzelte misstrauisch die Stirn. Doch der Mann zog eine Banknote aus der Tasche, die wie ein 100-Mark-Schein aussah, und spähte durch Daumen und Zeigefinger in ihre Richtung. Kayli schaute zuerst den Geldschein an und dann blickte sie ihm völlig verblüfft ins Gesicht. Der Mann warf Kayli einen kurzen Blick zu, anschließend drehte er zwar seinen Kopf weg, aber die 100-Mark-Note hielt er für Kayli immer noch gut sichtbar in die Höhe. Sie hatte keine Ahnung, was er damit andeuten wollte. Dann steckte er den Geldschein wieder in seine Tasche, ebenso elegant, wie er ihn herausgeholt hatte, und stand einfach so da. Er beobachtete alles und alle, nur nicht Kayli. Und als die Menge draußen ein bisschen abebbte, ging er schnellen Schritts und wohl überlegt in Richtung Ausgang.

Als er aber feststellte, dass Kayli keine Anstalten machte aufzustehen und ihm zu folgen, hielt er inne und murmelte etwas vor sich hin. Ganz offensichtlich war er der Meinung, er habe sein Anliegen deutlich formuliert und eine Verbindung zu ihr geknüpft. Dass Kayli darauf nicht reagierte, verwunderte und verwirrte ihn. Er stand da und murmelte vor sich hin. In dem Moment hatte Kayli das Gefühl, dass einer der Passanten sie von draußen merkwürdig anschaute. Mit einem Mal fühlte sie sich unwohl. Und weil es außerdem kurz vor acht war, ging sie kurz entschlossen hinaus auf den Bahnsteig. Sie brauchte keine Signale mehr von dem Mann um zu wissen, wofür er sie hielt. Kayli griff nach ihrer blauen Reisetasche, schulterte sie schwungvoll und hoffte, der Mann würde kapieren, dass sie unterwegs war und nur auf ihren Zug wartete. Nicht mehr und nicht weniger. Kayli griff die Tüte mit dem Essen und verließ raschen Schrittes hinter seinem Rücken den Wartesaal. Dabei murmelte sie: »Ich bin keine Hure, du Idiot!«

Draußen auf dem Bahnsteig steuerte sie eine freie Bank an, setzte sich und stellte ihre Tasche neben sich. Die Hamburger waren inzwischen ganz offensichtlich nicht mehr besonders warm, aber sie wollte sie erst im Zug essen. Mit einem Mal hatte sie das Gefühl, sich umschauen zu müssen. Und tatsächlich, am anderen Ende der angrenzenden Bank entdeckte sie den braunen Aktenkoffer. Offensichtlich hatte der Mann sie nicht verstanden. Kayli fühlte sich erniedrigt und verletzt und ärgerte sich über die Hartnäckigkeit, mit der er an seiner Einschätzung über sie festhielt. Sie spürte, wie ihr Puls sich beschleunigte und ihr Herz schmerzhaft schnell schlug. Ohne ihn aus den Augen zu lassen, stand Kayli langsam auf. Das Gesicht des Mannes verdüsterte sich, er wurde unsicher und bekam es mit der Angst zu tun. Etwas an Kaylis Gesichtsausdruck signalisierte ihm, dass er sich verrechnet hatte. Doch jetzt war es zu spät, denn bevor er sich eines Besseren besinnen konnte, hatte sich Kayli vor ihm aufgebaut. Der Mann wurde knallrot.

»Nimm deine Aktentasche«, zischte Kayli, »und mach dich davon. Aber auf der Stelle!« Natürlich hätte der Mann sich jetzt herausreden können. Es wäre ihm ein Leichtes gewesen, zu behaupten, Kaylis Verhalten habe ihn verwirrt. Damit hätte er Kayli den schwarzen Peter zugeschoben und ihr die Schuld an allem gegeben. Doch nichts dergleichen. Ihre unerwartete Aktion verblüffte ihn ganz und gar, und vielleicht sorgte er sich auch, was sie wohl als Nächstes vorhaben könnte. Er griff nach seiner Aktentasche und eilte davon wie eine verängstigte Ratte. Schnell war er in der Menschenmenge verschwunden.

Kayli dachte, dass ihr womöglich jemand zugeschaut hatte und sich jetzt fragte, was hier passiert war. Also ging sie erhobenen Hauptes zu ihrer Bank zurück. Aber sie wagte nicht, sich umzusehen um zu kontrollieren, ob einer der Reisenden auf dem Bahnsteig reagierte. Als kurz darauf der fast völlig leere Zug einrollte, war Kayli immer noch reichlich aufgewühlt. Um sich zu beruhigen, suchte sie sich ein Abteil, das nicht besetzt war und in dem sie ihre Ruhe hatte.

Als Erstes verschlang sie ihre Hamburger und trank die Cola. Dann dachte sie nochmals an den Mann im braunen Anzug. Wie war er bloß auf die Idee gekommen, sie sei eine Prostituierte? Schließlich trug sie kein Schild um den Hals, war nicht entsprechend gekleidet und hatte auch nichts getan, um diesen Eindruck zu erwecken. Wie also war der Mann darauf gekommen?

Aber im Grunde ihres Herzens kannte Kayli die Antwort längst. Die Ursache war schlicht und einfach ihre Hautfarbe. Punktum.

Über derlei bigotte Bedrohung ihrer Menschenwürde hatte Kayli noch nie eine Träne vergossen. Schließlich passierte so etwas nicht zum ersten und bestimmt auch nicht zum letzten Mal. Aber sie fühlte sich zugleich verärgert und verwirrt. Wenn eine Frau als Prostituierte arbeiten wollte, dann traf sie die Entscheidung in der Regel selbst. Und Kayli hatte keine solche Entscheidung getroffen. Wenn jemand sie dennoch für eine Hure hielt, dann empfand sie das als Angriff auf ihre Selbstachtung und führte es auf ihre Hautfarbe zurück.

Während der Zug durch eine üppige grüne Landschaft fuhr, dachte Kayli über ihre Hautfarbe nach. Ihr fiel eine Begebenheit in einem Ferienort in Ghana kurz vor ihrer Abreise nach Deutschland ein, und sie musste schmunzeln.

Kayli hatte dort ein Restaurant besucht, dessen Besitzerin sie seit vielen Jahren gut kannte. Als sie sich gerade auf einen Schluck eiskaltes Bier freute, betraten zwei junge einheimische Männer das Lokal, um den Gästen Musikkassetten mit eigenen Aufnahmen zu verkaufen. Einer der beiden war lang und schlaksig, der andere ungewöhnlich klein.

Beide waren so mager, dass man unwillkürlich überlegte, was sie auf den Beinen hielt. Und weil der Kleine mit einem lautstarken Bariton gesegnet war, musste Kayli über Lebewesen nachdenken, die äußerlich ganz und gar nicht so geraten waren wie vorgesehen, sich dann aber doch wacker durchschlugen. Der Schlaksige hatte nämlich im Vergleich zum Kleinen eine ziemlich quengelige Stimme, die zu seiner langen Gestalt passte. Während Kayli ihr kühles Bier genoss, wippte sie mit dem rechten Fuß zum Rhythmus der lautstarken »Burger Highlife«-Musik − einer westafrikanischen, funkigen Highlife-Variante, die hauptsächlich von ghanaischen Musikern in Hamburg komponiert wird. Ohne dass Kayli es mitbekommen hätte, stand plötzlich der Junge mit der Baritonstimme vor ihr. Mit einem Mal hörte sie ihn sagen: »Madam, wenn Sie mir zwei Kassetten abkaufen, gebe ich sie Ihnen für den Preis von einer; auf beiden ist ganz aktuelle Burger-Highlife-Musik drauf.«

Kayli erwiderte nur, »daraus wird nichts. Ich habe nicht einmal vor, eine einzige zu kaufen.«

»Es ist aber genau die Musik, die Sie gerade hören, Madam«, beharrte der Junge mit der Baritonstimme.

Und dabei schien er sagen zu wollen: So, wie Sie mitwippen, machen Sie den Eindruck, dass die Musik Ihnen gut gefällt. Kayli hielt inne. Der Kerl mit der Baritonstimme sah das, lächelte einfältig und murmelte: »Tja, vielleicht fanden Sie die Musik doch nicht ganz so gut.« Und damit kehrte er wieder zu seinem Freund mit der Quengelstimme zurück.

Mit einem Mal fingen die beiden eine lautstarke Unterhaltung an.

»He, Koo!«, brüllte der mit der Baritonstimme, »ich sage dir, Koo, das Leben ist hart, sogar verdammt hart. Bruder, kannst du mir sagen, warum das Leben bloß so hart ist?«

Sein Freund Koo musste zuerst heftig glucksen. Dann wollte er genauso lautstark wissen: »Sag mal, Kleiner, kennst du das grundlegende Merkmal der Armut?«

»Was meinst du damit?«, fragte der Kleine. »Armut ist Armut. Und Armut heißt, das Geld macht einen weiten Bogen um dich, vielleicht weil es einfach deinen Schweiß unter den Achseln nicht ausstehen kann. Mehr nicht.«

»So ist es«, nickte Koo. »Aber jetzt hör mir mal genau zu. Es gibt einen großen Unterschied zwischen solchen wie uns, die versuchen, hier ein oder zwei Kassetten zu verkaufen, damit sie wenigstens einmal am Tag etwas zwischen die Zähne bekommen, und denen wie diese Dame dort, die keine Kassette kaufen will und die zum Essen und Trinken hierher gekommen ist.«

Kayli zuckte zusammen.

»Die Leute der zweiten Gruppe«, fuhr Koo fort, »die wissen etwas Entscheidendes, von dem du und ich keine Ahnung haben.«

»Ja«, pflichtete ihm der Kleine bei. »Sie wissen, wo sich das Geld versteckt. Wir nicht.«

»Falsch«, entgegnete Koo. »Sie machen keinen Finger krumm bei der Suche nach dem Ort, an dem sich das Geld versteckt hält. Nein, nein, Bruder. Das ist Energieverschwendung. Sie entspannen sich und gehen der Armut einfach aus dem Weg. Sie wissen, welche Farbe die Armut hat. Deswegen sind sie die Ruhe selbst und spielen nur ein simples Versteckspiel um sicherzugehen, dass sie nie in Berührung mit dieser Farbe kommen. Das ist alles.«

»Du meinst, Armut hat eine Farbe?«, wollte der Kleine nach einer Weile mit weit aufgerissenen Augen wissen.

»Ja, sicher«, behauptete Koo mit Nachdruck.

Schweigen.

Mit einem Mal brach der Kleine in lautes Gelächter aus und brüllte: »Koo, entweder bist du zu lange in der Sonne gewesen oder deine Geldsorgen rauben dir nach und nach den Verstand. Du redest schon so, als wärest du nicht mehr ganz richtig im Kopf.« Dabei tippte er sich mit dem rechten Zeigefinger an die Schläfe.

»Ich meine es ernst«, beharrte Koo.

»Was?«, fragte der Kleine.

»Das mit der Farbe der Armut.«

»Was soll das heißen?«

»Das fragst du mich? Denk doch mal nach. Was wäre, wenn wir beide die Farbe der Armut kennen würden? Denk nach!«

Der Kleine runzelte die Stirn. »Was wäre dann?«

»Wenn wir wüssten, welche Farbe die Armut hat«, fing Koo ganz ernst an, »dann wären du und ich nicht arm. Um nicht arm zu sein, bräuchten wir nur der Farbe der Armut aus dem Weg zu gehen. Denk doch mal nach!«

»Guten Morgen. Ihren Fahrschein bitte!« Kayli schrak hoch. Sie zog den Fahrschein aus ihrer Reisetasche und reichte ihn dem Schaffner. Der schaute ihn prüfend an, knipste ihn ab, gab ihn ihr wieder zurück und wünschte ihr noch eine angenehme Reise.

Sobald der Schaffner das Abteil wieder verlassen hatte, kehrten Kaylis Gedanken erneut zur Farbe der Armut zurück. Vielleicht weiß man im Westen nicht, was es mit der Farbe der Armut auf sich hat, überlegte sie. Vielleicht haben sie hier deswegen wirtschaftlich gesehen so viel erreicht, weil sie dieser Farbe stets aus dem Weg gehen. Wenn man die Farben aller Pflanzen und Früchte mischte, die in Afrika nur für den Export in die Industrieländer angebaut wurden, dann kam vielleicht so etwas wie die Farbe der Armut heraus. Wer wusste da schon Bescheid?

Kaylis Gedanken wanderten zu einem Buch, das sie kurz nach ihrer Ankunft in Deutschland von einer Freundin geschenkt bekommen hatte. Es handelte von einer jungen Afrikanerin im fernen Tansania, die sich vom Ertrag ihrer Baumwollernte gerade mal ein einziges traditionelles Gewand kaufen konnte. Ging man aber von der Baumwollmenge aus, die sie erntete, dann hätten davon gut und gern jedes Jahr 720 solcher traditionellen Gewänder hergestellt werden können. Zweifellos hatten also die Farben vieler afrikanischer Exportpflanzen etwas mit der Farbe der Armut zu tun. Und weil die Ausgangsfarbe von Baumwolle, Kaffee, Kakao, von Kokosnüssen, Zuckerrohr und Ähnlichem identisch war mit der Farbe der Armut, konnten die Mächtigen der Welt auch mit jeder nur denkbaren Taktik die Abhängigkeit der Entwicklungsländer bis zum heutigen Tage aufrechterhalten.

Warum sonst wurde ein für viele Entwicklungsländer bedeutsames Exportgut wie der Zucker mit einem zwanzigmal höheren Zoll belegt, wenn er vor der Ausfuhr schon raffiniert wurde? Auf unverarbeiteten Rohzucker dagegen entfiel gerade mal ein Prozent Zoll.

Der Teufelskreis der Armut Afrikas konnte wirklich nur durch Gottes Zorn allein durchbrochen werden.

Hoffentlich würde Gott eines Morgens vor lauter Wut dieser Abhängigkeit ein Ende machen. Genauso wie Koo zu dem Kleinen gesagt hatte: »Denk doch mal nach. Denk einfach mal nach.«

Afrika ist abhängig von Exportprodukten, deren Wert auf dem internationalen Markt von Tag zu Tag unbarmherzig sinkt. Gleichzeitig setzt Afrika alles daran, die Einnahmen zu steigern, um Entwicklungsprojekte zu finanzieren, internationale Schulden zurückzuzahlen und die Verluste durch geheime ausländische Konten derjenigen Afrikaner auszugleichen, die an den Hebeln der Macht sitzen (in umgekehrter Reihenfolge). Ein ganzer Kontinent sucht sein Heil in einer unsinnigen Überproduktion. Infolgedessen sinkt das Preisniveau der Exportprodukte, und die Staatseinnahmen gehen noch mehr zurück. Voller Verzweiflung schenkt Afrika in dieser Situation den Göttern Trinkopfer, damit es regnet und der Boden genügend hergibt. Und die Götter geben das Wehklagen Afrikas weiter, bis es der Große Gott über den Wolken in seiner grenzenlosen Großherzigkeit schnell regnen lässt.

Doch anstatt jetzt mehr Mais und Getreide, Reis und Yams anzupflanzen, damit die vielen hungrigen Menschen genügend zu essen haben, hat man sich in Afrika zum Anbau von Exportpflanzen entschlossen. Na ja, das soll einer verstehen. Aber wer kann heutzutage noch die Arztrechnung oder das Schulgeld der Kinder in Naturalien begleichen? Es ist unsinnig, wenn junge Bäuerinnen in Tansania nur Pflanzen für den Export anbauen. Aber genauso unsinnig ist es, wenn anderswo jemand, der nicht die geringste Ahnung vom Baumwollanbau hat, irgendwelche zweifelhaften politischen Entscheidungen fällt. Bekanntlich erwirtschaften die tansanischen Frauen gerade mal genügend Geld für ein einziges Kleidungsstück im Jahr, obwohl man aus ihrer Baumwollernte gut und gern 720 nähen könnte.

Dann muss Afrika wieder Kredite aufnehmen um die Verluste durch geheime Auslandskonten seiner Machthaber auszugleichen, oder es muss bei den Kreditgebern alte Schulden begleichen um neue Darlehen aufnehmen zu können; und wenn dann noch irgendetwas übrig bleibt, dann muss das zur Finanzierung eines Entwicklungsprogrammes herhalten. Um sich dafür zu qualifizieren, anschließend wieder einen Kredit aufnehmen zu können, um ...

In dem Moment verlangsamte sich der Zug und kam kurz darauf zum Stehen. Kayli war so sehr in Gedanken versunken, dass sie es nicht einmal bemerkte. Plötzlich schrak sie hoch, doch der Zug war nur in einen kleinen Bahnhof einge-laufen. Ein paar Reisende verließen den Zug, andere stiegen ein. Dann wurde die Tür zu Kaylis Abteil geöffnet. Eine ältere, weißhaarige Frau mit ihrer viel-leicht vierjährigen Enkelin kam herein und setzte sich Kayli gegenüber. Die alte Dame begrüßte Kayli höflich; das Kind musterte sie erstaunt. Kayli konnte sich ein Lachen nicht verkneifen. Das arme Kind wurde rot und flüchtete sich in die Arme der Oma. Die alte Dame ver-suchte verzweifelt, Kayli zu erklären, dass ihre Enkelin noch nie in ihrem Leben eine afrikanische Frau von nahem gesehen hatte. Und Kayli versicherte der Dame, dass sie sich von den Blicken des Kindes überhaupt nicht verletzt fühle. Schließlich starrten afrikanische Kinder, die noch nie davor in ihrem Leben einen Weißen gesehen hatten, bei der ersten Begegnung genauso ungläu-big.

Es gab wichtigere Dinge, um die man sich Sorgen machen musste. Zum Bei-spiel um die Farbe der Armut. Alles hing zusammen.

Palaver über die Farbe.

(Aus dem Englischen von Beate Beheim-Schwarzbach)

CORNELIA GRÄBNER

Stadtgespräch

Freitag, 8.00 Uhr
Wir treffen uns in der Kartenausgabe-
stelle in der Stadtverwaltung. Aha,
denke ich, alle versammelt. Alle kleinen
und großen Größen der Stadt. Alle wollen ins Fernsehen – »Stadtgespräch«.
Eine Reihe des regionalen Fernsehens,
in der eine Podiumsdiskussion in einer
jeweils anderen Stadt veranstaltet wird.
Diskutiert wird ein jeweils aktuelles
regionales Thema. In unserem Falle
handelt es sich um »Wie viele Flüchtlinge verträgt eine Stadt?«. Seit die
Amerikaner abgezogen sind, stehen die
Kasernen leer – und das Land hat
nun 800 Flüchtlinge dort einquartiert.
Darüber gibt es seit geraumer Zeit
Krach.
Martin, Kai und ich sind hier dank der
Güte unseres Ethik-Lehrers, der unser
Anliegen versteht und uns für die Schü-
lerzeitung und die amnesty-Gruppe
freistellt.
Ich rede ein bisschen mit den Leuten von
der Asylhilfe und der lokalen amnesty-
Gruppe. Jeder schickt seine Abordnung.
Die meisten sind schon seit 7.30 Uhr
hier, denn die Karten sind limitiert. Pro
Person eine Karte. Merkwürdige Atmosphäre, denke ich. An die Spannung hat
man sich inzwischen gewöhnt, aber hier
stehen plötzlich alle Parteien dicht
nebeneinander. Ich sehe Leute von der

CDU-Fraktion im Stadtparlament, von
der SPD, den Gewerkschaften, der JU.
Auch der lokale NPD-Chef steht in der
Schlange.

15.00 Uhr
Ich klopfe, aber niemand öffnet. Ich mache die Tür einfach auf und trete ein.
Ich bin in der Alten Schule der Amerikaner. Jetzt sind hier fünf Flüchtlings-
paare untergebracht. Sie waren die
ersten Flüchtlinge, die nach H. kamen.
Unsere amnesty-Schülergruppe und die
Schüler in der Asylhilfe besuchen sie regelmäßig. Wir helfen ihnen, wenn sie etwas brauchen. Ansonsten unterhalten
wir uns.
Im Wohnzimmer sitzt der Vietnamese
vor dem Fernseher und starrt in die Zeitung. Der Fernseher läuft auf Deutsch,
die Zeitung ist auch auf Deutsch. Das
Deutsch des Vietnamesen reicht gerade
aus, um einen Gruß zu erwidern. Die
alte Armenierin geistert im Morgen-
rock über den Flur. Sie hat mein Klopfen
gehört und lächelt mich an.
»So how are you feeling today?«, frage
ich sie. Die Verständigung klappt mit
ihr und ihrem Mann sehr gut auf Englisch.
Sie wiegt den Kopf hin und her. »Would
you like some tea?«, antwortet sie.
»Yes please«, sage ich, und dass ich noch

eben schnell bei Ali und Sonja Hallo sagen möchte. Ali und Sonja sind ein Palästinenser und eine Russin, die seit einiger Zeit zusammenleben und eine furchtbar komplizierte Geschichte hinter sich haben. Ali lebt in dem Bewusstsein, dass es fast immer Leute gibt, die sich mit ihm anlegen wollen. Vor allem heute, denn heute ist Stadtgespräch. Ali hat eine Karte bekommen, er will auch etwas sagen, und zu diesem Zweck hat er sich seinen Text aufgeschrieben. Er bittet mich, die schlimmsten grammatischen Fehler zu korrigieren.

Ich mache das in der Küche beim Tee, während Sonjas mit Timotei gewaschene Katze um mich herumstreicht. Ganz wohl ist mir bei dieser Korrektur nicht, ich will schließlich nicht mit Alis Rede pfuschen und korrigiere wirklich nur die Grammatik.

16.00 Uhr

Ich fange so langsam an, mich überflüssig zu fühlen, als Mohamed vorbeikommt. Er wohnt nicht in der Alten Schule, sondern weiter oben in der Kaserne mit den anderen 800 Flüchtlingen, die die Gemüter meiner Mitbürger gerade so erregen. Mohamed habe ich in einer Disco kennen gelernt, und nach einer Zeit des Misstrauens bin ich zu dem Schluss gekommen, dass er vertrauenswürdig ist, und habe ihn in der Alten Schule eingeführt. Hier freuen sie sich, wenn er kommt, denn Mohamed ist jung und tatkräftig und hat immer was vor. Er hat leider keine Karte für heute Abend bekommen, aber er sagt, dass er draußen warten will. Ist vielleicht auch besser so, versuche ich zu witzeln, er

kann dann zusehen, wie wir uns drinnen schlagen.

Mohamed schaut mich aus den Augenwinkeln an, und ich merke, dass er das nicht für so unwahrscheinlich hält.

Vor zwei Wochen haben ein paar Skinheads Molotowcocktails auf die Asylbewerberunterkunft geworfen. Ungefähr zur gleichen Zeit gingen bei der Caritas Drohungen gegen die Alte Schule ein. Daraufhin hatten wir einen Wachdienst, aber als nichts passierte, löste der sich wieder auf. Man kann die Leute nicht so lange bei der Stange halten. Mohamed guckt mich ganz neugierig an. Ich wische meine Gedanken mit einer Handbewegung weg. Vielleicht wäre es mir lieber, wenn er heute Abend nicht vor der Stadthalle stünde.

18.00 Uhr

Letztlich bin ich allein mit meinen Gedanken. Heute Abend werde ich in die Stadthalle gehen und danach mit Kai zusammen einen Artikel über das Ereignis schreiben. Dabei bin ich nicht mehr so sicher, ob das die beste Lösung ist. Bei meinen Besuchen in der Alten Schule hatte ich manchmal das Gefühl, dass Schreiben allein mich nicht sehr weit bringt.

Ich muss mit jemandem reden und rufe Anne von meiner amnesty-Gruppe an. Beide haben wir ein beklemmendes Gefühl von Hilflosigkeit und Ruhe vor dem Sturm.

19.00 Uhr

Mein Vater und ich kommen zusammen in der Stadthalle an. Er setzt sich zur FDP, ich sitze mit Kai und Martin am

Tisch neben der Asylhilfe, aber leider nur neben der Asylhilfe. An unserem Tisch sitzt uns schräg gegenüber eine der lokalen CDU-Größen, ein Herr M. Kai freut sich, da kann er gut fotografieren. »Reg dich nicht auf«, sagt Martin zu mir, denn er sieht genau, wie mich das selbstgefällige Lächeln des Herrn M. in Rage versetzt.

19.30 Uhr
Die Podiumsdiskussion beginnt. Die Gäste dürfen etwas sagen: der Bürgermeister, der hinter dem CDU-Landesvorstand verschwindet; der SPD-Landesvater, der nur im Flüsterton spricht; der Flüchtlingsreferent des amnesty-Bezirks, der in der Runde viel zu ruhig wirkt; und der CDU-Landesvorstand, der mit breitem Grinsen auf der Bühne agitiert. »So viele Flüchtlinge sind für so eine kleine Stadt nicht zu akzeptieren!«, ruft er, und dass wir unbedingt das Grundrecht auf Asyl ändern müssen. Applaus. Der Mensch mir gegenüber grinst noch gönnerhafter. Als der Mann von amnesty redet, buht er dagegen pausenlos und klatscht in die Hände, damit auch niemand etwas hört.

19.45 Uhr
Endlich darf das Publikum reden. Der Herr mir gegenüber meldet sich und hält eine schneidende Rede darüber, dass man so einer kleinen Stadt nicht so viele Flüchtlinge zumuten könne, v. a. da diese ja nicht arbeiten würden und sich deshalb auf der Straße herumtrieben. Beifall.
Ali kommt dran. Ich bin ein bisschen nervös. Alle drehen ein wenig unwillig

den Kopf, aber sie hören zu. Er sei schon seit längerem in Deutschland, sagt Ali, er hätte Asyl beantragen müssen, da er nicht nach Hause zurückkehren könne. Er sei nicht freiwillig in dieser Situation, niemand sei freiwillig in dieser Situation. Sie würden auch lieber arbeiten, aber das dürften sie nicht.
Wir applaudieren, die lokale amnesty-Gruppe applaudiert, der Tisch neben uns applaudiert. Eine Dame steht auf und berichtet davon, dass sie die Asylanten allabendlich an ihrem Haus vorübergehen sähe. Das macht ihren Hund ganz verrückt, sagt sie, und sie kann auch genau sehen, dass sie in ihren Plastiktüten Schuhe und Kleidung transportieren. Da die Asylanten ja kein Geld hätten, wären die Kleider wohl gestohlen. Der Diskussionsleiter fragt ein bisschen weiter, und es stellt sich heraus, dass die Asylbewerber – offenbar wegen dem Hund – auf der anderen Straßenseite vorbeigehen. Wie sie denn da wissen wolle, was in den Plastiktüten sei, fragt der Diskussionsleiter. Die Antwort wird von allen Beteiligten niedergebrüllt. Die Linke brüllt aus Empörung. Ich frage mich, warum die anderen brüllen.
Ich sehe mir das so an und sehe, wie der Prozess sich fortsetzt, der mit der Entstehung von Bürgerwehren anfing, als die Asylbewerber kamen. Oder vielleicht schon davor? Ich beobachte den Herrn von der lokalen CDU, der strahlt und pausenlos rhythmisch in die Hände klatscht und entweder jubelt oder buht. Der weiß doch, was er tut, denke ich.
Die Frau von der türkischen Änderungsschneiderei steht auf und geht ans

Mikrofon. Gut gekleidet, hennagefärbte braune Haare, kunstvoll aufgetürmt. »Wir sind schon seit so vielen Jahren hier«, ruft sie ins Mikro, von tosendem Beifall begleitet: »Uns gegenüber war nie jemand ausländerfeindlich. Wir haben ja auch gearbeitet!«

Die Masse tobt. Der Diskussionsleiter versucht die Gäste zu befragen, aber man kann die Antworten kaum verstehen. Der Bürgermeister versteckt sich immer noch hinter dem Landesvorsitzenden. Der strahlt. Manchmal sagt er ein paar Sachen und putscht die Leute ein wenig auf. Dann strahlt er wieder. Der SPD-Ministerpräsident sagt gar nichts. Der Herr von amnesty versucht Fakten beizusteuern. Leider wird er regelmäßig niedergeschrien.

Und ich? Ich sitze neben Martin, der staunt, und Kai, der Fotos schießt. Ich fühle mich ein bisschen wie aus Stein. Mein Gott, denke ich, wir sind im Fernsehen. Die Leute müssen ja denken, hier ist der Dschungel.

Der Gewerkschaftsvorsitzende geht ans Mikrofon. Die Linke klatscht, die Konservativen brüllen. Schlimmer als der Dschungel, denke ich, *das hier* ist schlimmer als der Dschungel. »Der soll ruhig sein!«, ruft einer. »Der kommt ja gar nicht aus H.!«

Der Mensch versucht mit dem Diskussionsleiter zu argumentieren. Der Gewerkschaftsvorsitzende käme aus dem Nachbarort, der wisse ja gar nicht, was passiert sei. Dass er bei der örtlichen Gewerkschaft ist, sei kein Grund.

Als der Gewerkschaftsvorsitzende schließlich reden darf, kommt die Stunde des Stadtverordnetenvorstehers. Er sitzt am Nebentisch und ich habe einen perfekten Blick auf ihn. Er trägt einen roten Pullover. Er springt auf und fängt an zu brüllen, dass der Gewerkschaftsführer keine Ahnung habe. Sein Gesicht läuft ungefähr so rot an wie sein Pullover. Alles starrt. »Mein Gott«, sagt Martin, »der kriegt ja gleich 'nen Herzinfarkt!«

Der Parteikamerad des Stadtverordnetenvorstehers mir gegenüber strahlt und klatscht wie wild. Der CDU-Landesvorsitzende (der übrigens später auf Bundesebene Karriere gemacht hat) strahlt auch. Die beiden gehen heute Abend bestimmt Bier trinken.

Inzwischen hat sich auch die Linke arrangiert. Sie veranstalten ein Trillerpfeifenkonzert, wenn jemand von der Gegenseite spricht.

20.30 Uhr

»Okay«, sagt der Diskussionsleiter. »Das ist jetzt die letzte Wortmeldung.« Alles lärmt. Ich weiß nicht, ob meine Mitbürger das Sprechen verlernt haben. Jemand von der Asylhilfe kommt dran. Der Herr mir schräg gegenüber und verschiedene andere Leute im Saal veranstalten einen solchen Krach, dass man den Sprecher selbst mit Mikrofon nicht mehr verstehen kann. »Bitte, meine Damen und Herren!«, sagt der Diskussionsleiter. »Sie müssen sich schon gegenseitig zuhören.«

Ist es verwunderlich, dass der Mensch von der Asylhilfe seinen Beitrag nicht beenden kann? Die Sendezeit ist vorbei und die Leute stehen noch eine Weile herum und unterhalten sich. Kai wirft sich in die Menge, um zum Diskussionsleiter vorzudringen. Martin macht Fotos. Mich zieht es zu dem amnesty-Referenten, den ich vorher schon einmal interviewt habe. »Hallo«, sage ich. Er erkennt mich und streckt mir die Hand hin. »Ich kann das gar nicht glauben«, höre ich mich sagen. »Ich kann gar nicht glauben, dass die sich alle heute Abend so aufgeführt haben.«

Er lächelt mich an. »Ach weißt du«, sagt er, »ich beschäftige mich jetzt schon seit so vielen Jahren damit und ich habe das schon so oft gesehen, wie Menschen sich ganz schnell verwandeln können. Man muss tapfer sein und immer weiterkämpfen.«

Im Hinausgehen sehe ich den NPD-Vorsitzenden. Er sieht ganz zufrieden aus. Heute Abend hatte er ja nicht allzu viel zu tun.

Ich fahre mit meinem Vater nach Hause.

»Das war ja ganz furchtbar«, sage ich.

»Wieso?«, sagt mein Vater. »In meiner Ecke war es nicht so schlimm.«

»Hast du nicht den M. von der CDU gesehen?«, frage ich, »und den Stadtverordnetenvorsteher?«

»Den M. sollte man nicht so ernst nehmen«, sagt mein Vater. »Übrigens haben die da an eurem Nebentisch auch ganz schön gepfiffen.«

»Das war auch Scheiße«, sage ich, »aber immerhin haben sie die andere Seite reden lassen. Den, der am Schluss gesprochen hat, haben die anderen richtig niedergebrüllt.«

»Das stimmt doch nicht«, sagt mein Vater, »die Sendezeit war um.«

»Klar, weil er immer wieder neu ansetzen musste.«

»Lass mal sehen, was die Mama dazu sagt. Die hat es ja im Fernsehen gesehen.«

»Nein, fand ich nicht so schlimm«, sagt meine Mutter, als wir sie später fragen. Der Stadtverordnetenvorsteher habe sich zu sehr aufgeregt, aber das mit dem Niederbrüllen habe sie nicht so gesehen. Sei im Fernsehen vielleicht nicht so herübergekommen.

Ich gehe in mein Zimmer. Ich wähle Annes Nummer.

»Hallo?«, sagt Anne, und bevor ich anfange zu reden, denke ich noch: Ich weiß doch, was ich gesehen habe. Und das möchte ich nicht so stehen lassen.

ANJA TUCKERMANN / GUNTRAM WEBER

Angst im Kopf[*]

Ein Theaterstück für Menschen ab 13 (Auszüge)

Lied

RAUS MIT EUCH ICH WAR ALS ERSTER HIER sagt einer und trinkt sein Bier ICH WAR ALS ERSTER HIER sagt über ihm die Kiefer ICH WAR ALS ERSTER HIER sagt unter der Kiefernwurzel die Ameise ICH WAR ALS ERSTER HIER sagt unter der Ameise die Endmoräne ICH WAR ALS ERSTER HIER sagt unter der End-moräne der märkische Sand ICH WAR ALS ERSTER HIER ZERMAHLEN BIST DU AUS MIR sagt der Granit ICH WAR ALS ERSTER HIER DU KAMST IN MIR sagt die Eiszeit ICH WAR ALS ERSTER HIER MIT DEM LECKEREN URGETIER sagt der Tyrannosaurus Rex ICH WAR ALS ERSTER HIER IN MIR RUHT DEIN GEBEIN sagt das Muschelkalkgestein ICH WAR ALS ERSTER HIER sagt das Urge-stein JETZT ENDLICH MAL RAUS MIT EUCH WAS HABT IHR DENN HIER ZU SUCHEN IHR HERUMTREIBER MACHT EUCH ENDLICH MAL VON MEINEM ACKER ZURÜCK ÜBER DIE ODER ÜBER DIE ELBE ÜBER DEN RHEIN ÜBERS MEER JA GENAU UND ZURÜCK ÜBER DIE MAUER UND GLEICH NOCH ÜBERN JORDAN sagt das Urgestein und sucht einen zum Ansto-ßen NA DANN STOSS ICH EBEN MIT MIR SELBER AN NA DANN TRINK ICH MEIN BIER EBEN ALLEIN JETZT IST HIER ALLES GANZ ALLEIN MEIN BIER ICH WAR ALS ERSTER HIER IHR PENNT ALLE AUF MIR UND WEG MIT EUCH WEG

Im Park.

Sven liegt auf der Parkbank und guckt in die Sterne.

Sven: Ne Sternschnuppe. Was soll ich mir wünschen?
Dass ich auf dem Mars wohnen kann.
Oder besser noch in einem anderen Sonnensystem.

---

[*] »›Angst im Kopf‹ erzählt von Druck. Druck, den Menschen auf andere ausüben. Die Starken auf die Schwachen, die Großen auf die Kleinen, Gruppen auf Einzelne, Mehrheiten auf Minderhei-ten. Druck, der ausgeübt wird um Macht und Stärke zu spüren, um den Druck, unter dem man selbst steht, auszuweichen.« (A. Tuckermann, G. Weber)

Da brauche ich keine Arbeit, keinen Meister und vor allem keine Eltern.
Da geht mir keiner auf die Nerven.
Da gibt's nicht so 'ne Leute, die hier nichts zu suchen haben,
die hier Geschäfte machen mit uns,
die uns die Arbeit wegnehmen,
die keiner hergebeten hat.
Ach, könnte ich Astronaut sein,
da oben rumschweben,
und was dann unten auf der Erde los ist,
geht mich nichts an.

Er sieht noch eine Weile in den Himmel, seufzt und setzt sich auf.

      Jetzt.

Ab.

Bei Svens Familie.
Vater und Sohn Sven im Wohnzimmer.

Vater:	Noch so ein Skinhead-T-Shirt und ich zerschneide es mit der Schere. Hast du das verstanden.
Sven:	Vater?
Vater:	Ob du das verstanden hast?
Sven:	Ja, Mann.
Vater:	Was heißt hier Mann?
Sven:	Vater?
Vater:	Hast du mal wieder Mist gebaut?
Sven:	Nee.
Vater:	Was dann?
Sven:	Ich musste den Auflösungsvertrag für die Lehrstelle unterschreiben, weil …
Vater:	Hast du den Verstand verloren?
Sven:	Hör mir doch erst mal zu.
Vater:	Unterschreibt der seine eigene Kündigung. Ich glaub, ich spinne! Hast du was geklaut?
Sven:	(zieht ein Papier aus der Tasche). Nein, aber …
Vater:	Dann hast du was kaputtgemacht.
Sven:	Nein! Aber …
Vater:	Dann bist du frech gewesen. Oder faul, so wie ich dich kenne.
Sven:	Hör doch erst mal zu: (liest) Hiermit müssen wir den Ausbildungsvertrag für Sven Sowieso zum Soundsovielten kündigen. Da der anleitende Meister den Betrieb verlassen hat, sehen wir leider keine Möglichkeit mehr …

Vater:	Das hast du unterschrieben?
Sven:	Musste ich doch. Kapierst du nicht, der Meister hat gekündigt. Jetzt dürfen die nicht mehr ausbilden!
Vater:	Unmöglich.
Sven:	Ist doch nicht meine Schuld!
Vater:	Womit habe ich so einen Sohn verdient?
Sven:	Hier steht ›wir müssen‹, weil der Meister den Betrieb verlassen hat.
Vater:	Wir haben immer ordentlich gearbeitet. Uns ist auch nichts geschenkt worden.
Sven:	Aber ich kann doch nichts dafür!
Vater:	Unsereiner hat sich nichts zuschulden kommen lassen.
Sven:	Soll ich es dir noch einmal vorlesen?
Vater:	Du hast deine Kündigung unterschrieben! (*Pause*) Wer nicht arbeiten will, der gehört nicht zu uns. Wir brauchen niemanden, der auf unsere Kosten lebt. (*Sven ab*) Wo kommen wir denn da hin, wenn der feine Herr für sich arbeiten lässt?

Auf der Straße.
Sven wirft seinen Rucksack auf die Erde.

Sven:	Verdammte Scheiße. Mist.
	So ein Penner!
	Fünfmal habe ich es ihm vorgelesen.
	Der will es nicht verstehen.
	Der will es einfach nicht wahrhaben.
	Lieber wohne ich draußen, als mir jeden Tag diese Scheißsprüche anzuhören.
	Nichts kriegt er in seinen Schädel rein.
	Und der will mein Vater sein.
	Und Mutter? Wie immer, sagt nichts.
	Lässt mich einfach gehen. Hat Schiss.
	Wie immer.
	(*steht angespannt da, guckt sich um*)
	Der Erste, der kommt, kriegt eins in die Fresse.

Sven wartet. Einer kommt vorbei, fragt nach der Uhrzeit, Sven gibt höflich Auskunft. Der Frager geht weiter.

Sven:	Mist.

Sven tritt gegen alles, was um ihn herum ist.

Auf der Straße.

Sven und seine zehn Freunde bauen sich vor dem Haus auf. Sven hat einen Knüppel bei sich. Aus dem Haus kommt Bahar mit seinem Freund.

Sven: (*zu Bahars Freund*) Los, du Türke, zeig mal, was du kannst.
        Scheißausländer. Du Wichser. Du … (*schubst ihn*)
        Mann, ich will mich mit dir kloppen.
Bahar: Er kann kein Deutsch.
Sven: Dann übersetz es ihm.
        (*Bahar übersetzt*)
Bahar: Er will nicht.
Sven: (*enttäuscht*) Dann du.
Bahar: Keine Lust.
Sven: Schwächling.
        (*Pause*)
        Was habt ihr hier zu suchen?
        Deutschland den Deutschen!
Bahar: Ich hab jetzt keine Lust, Alter.
Sven: Verfickt euch.
        Haut ab in euer Land.
Bahar: Mann, heute nicht. Es ist zu heiß draußen.
Sven: Scheiße.
        Los, Kumpels, gehen wir.

Alle ab.

In der U-Bahn.

Zwanzig Skinheads steigen in die U-Bahn ein, darunter Mandy und Sven. Er bietet ihr Bier an. Sie nimmt die Dose und trinkt ohne eine Miene zu verziehen, aber angewidert vom Biergeschmack. Sven findet Bier ebenso eklig, trinkt es aber lässig weg.

Sven: Ej! Habt ihr noch eine?

Die anderen werfen ihm eine Dose zu. Sven greift sich Mandy und küsst ihren Hals. Die anderen lachen und machen über ihn Witze.

Sven: Ihr seid bloß neidisch.

Mandy macht über Svens Schulter eine Entdeckung und stößt Sven an.

Mandy: Guck mal.

Sven: Was denn?

Mandy: Ne Zecke. Hat drei Bräute.

Sven: Ach, lass die.

Mandy: (*laut zu den anderen*) Habt ihr die Zecke gesehen?

Alle kommen näher. Sven muss sich beweisen.

Sven: (*zu dem von Mandy bemerkten Jungen*) Gib mir mal ne Zigarette!
          Was? Du hast keine?
          Habt ihr das gehört?
          Der raucht nicht. Findest du das gut?
          (*Mandy gibt Sven eine Zigarette*)
          Hier ist aber kein Aschenbecher.
          (*Mandy sieht den Jungen an*)
          Hier ist doch einer.
          (*Sven vergewissert sich, ob ihn alle sehen und stippt die Asche über dem Jungen ab*)
          He, hier ist ein Aschenbecher, der keinen Pieps sagt.
          (*Lacht, weil alle lachen. Drückt die Zigarette auf dem Arm des Jungen aus. Zu Mandy*)
          Mach mal Platz für die anderen.
          (*Mandy trinkt angewidert vom Bier und reicht Sven die Dose*)
          Prost, Jungs.
          (*Sven trinkt nicht. Zum Jungen*) Hier trink mal 'n Schluck.
          Was, du willst nicht? Wer fragt dich denn, ob du willst.
          (*Sven gießt dem Jungen das Bier über den Kopf, holt einen Baseballschläger hervor und tritt ihn vor das Schienbein*).
          Der sitzt neben seinen Damen und muckst nicht. Was sollen die denn von dir denken? (*schubst ihn*) Du linke Sau! Solche wie dich können wir hier nicht brauchen.
          He, willst du was?
          (*Mandy geht aus dem Weg. Lacht.*)
          Nächste will er aussteigen. Hast du das gehört?
          Aussteigen will er.

Mandy: Schade. Wirklich schade, dass er hier nicht mehr rauskommt.

Sven: He, was soll denn das?

Der Junge schubst Sven zur Seite, Sven taumelt zur Seite und haut dem Jungen, der aussteigen will, noch eins mit dem Baseballschläger drauf.

Sven: Weg ist er. Mit den Bräuten. Die hätten wir hier behalten sollen.

Mandy: Schade.
Sven: Was?
Mandy: Jetzt ist er weg. Ihr habt ihn laufen lassen.
        Was machen wir jetzt?

Sven reicht Mandy das Bier. Sie trinken weiter.

Polacke
Mein Name ist Katja. Ich bin Polin, darum ärgern mich manche. Sie sagen, dass ich nicht hierher gehöre, sie sagen Polacke oder Pole, was machst du hier. Ich muss mich doch wehren. Am meisten helfen mir meine ausländischen Freunde. Einmal war bei uns ein Junge, der war wahrscheinlich ausländerfeindlich. Ich setzte mich zu ihm, ich wusste nicht, dass er ausländerfeindlich ist, alle waren Ausländer außer zweien. Einer davon war ein Freund, darum setzte ich mich zu ihnen. Der Freund machte uns miteinander bekannt. Ich sagte, ich bin Pole. Der nahm gleich seine Hand weg und sagte ganz laut: »Verpiss dich, du Nuttenpolacke!« Alle meine Freunde haben das gehört und kamen zu mir. Ein türkischer Freund von mir sagte: »Was beleidigst du sie?« Der deutsche Junge sagte: »Was willst du dagegen machen, du Opfer?« Der türkische Junge hat ihn nicht geschlagen, aber er sagte: »Wenn du dich schlagen willst, dann musst du wissen, dass du und Alex hier die einzigen Deutschen seid.« Alex ging zu den Türken und sagte: »Ich will nicht mehr sein Freund sein, ich lasse es mir nicht gefallen, dass er meine Freunde beleidigt.« Und so war der deutsche Junge der Einzige, es waren auf dem Hof ungefähr 20 Ausländer. Der Ausländerfeindliche gab auf, weil er Angst bekommen hat, und ging weg, und an der Tür sagte er: »Fickt euch alle, ihr Ausländer.«

Auf der Straße.
Die Gruppe Sven und Maik vor einem Flüchtlingswohnheim.

Sven u. Kommt raus, ihr Scheißausländer, und verpisst euch in euer Land.
Maik: (*Pause*) Seid ihr zu feige? (*Pause*) Kommt raus, dann zeigen wir euch, wer
         hier das Sagen hat. (*Pause*) Kommt raus und holt euch eure Dresche ab.

Ein Passant kommt auf der Straße vorbei und will offensichtlich nach Hause.

Sven: Da läuft einer.
Maik: Der will nach Hause.
Sven: Den schnappen wir uns.
Maik: Los, hinterher.

Sie erreichen den Passanten und treten ihn zu Boden. Geräusche, sie schauen sich um.

Sven: Da kommen ganz viele!

Aus dem Haus kommen Leute dem Geschlagenen zu Hilfe und verprügeln Sven und
Maik, Sirenen heulen, Maik spielt den Polizisten.

Sven: Wir sind da einfach so lang gegangen und plötzlich kamen die aus dem
            Haus gestürmt und haben sich auf uns gestürzt.
Polizist: Die Leute sagen, Sie hätten hier draußen ausländerfeindliche Parolen geru-
            fen.
Sven: Die lügen. Wir haben ein bisschen gesungen, wir waren gut drauf, weil Wo-
            chenende ist.
Polizist: Die Leute behaupten, Sie hätten einen jungen Mann, der zufällig vorbei-
            kam, so geschlagen und getreten, dass er jetzt lebensgefährlich verletzt ist.
Sven: Die lügen.
Polizist: Er schwebt in Lebensgefahr. Das bedeutet mindestens schwere Körperver-
            letzung.
Sven: Es war Notwehr.
Polizist: Genauer bitte.
Sven: Er ist mit einem Besenstiel auf uns losgegangen, den haben wir ihm wegge-
            rissen und dabei hat er sich verletzt.
Polizist: Deswegen wurde er gegen den Kopf getreten?
Sven: Ja.
Polizist: Zeigen Sie mir, wer dabei war.
Sven: Von den Ausländern?
Polizist: Ja.
Sven: Der, der und der da.
Polizist: Die drei nehmen wir zur Überprüfung ihrer Personalien erst einmal mit. (zu
            Sven) Sie können gehen. Sie hören von uns.

Lied

ANGST

Reyhan und Sven

Reyhan: alleine hab ich Angst
          im Kopf
          im Hals
          in den Augen
          in den Händen
          den Armen
          den Beinen

in der Brust
im Bauch
in den Schultern auch

Sven: Nichts hält mich, ich steh unter Dampf
Niemand ist so stark, ich will den Kampf
Wer mich treten will, kriegt zuerst 'nen Tritt
Was mich stört, das schlag ich kurz und klein
damit ich mich selbst hör, will ich schrein
damit ich nicht nichts bin, will ich wer sein
damit ich nicht nichts bin, will ich wer sein

Reyhan: alleine hab ich Angst
im Kopf
im Hals
in den Augen
in den Händen
den Armen
den Beinen
in der Brust
im Bauch
in den Schultern auch

Sven: Aber bei den Kumpels bin ich stark,
jeder wie ich, bis ins Mark
denken und fühlen alle wie ich,
wer anders denkt, der hüte sich.
Damit ich jemand bin, hau ich ihn klein,
damit ich stehn kann, stell ich ein Bein.
Ich und meine Kumpels haben keinen Schiss,
wir zeigen allen andern, was die Angst ist.

Reyhan u.
Sven: alleine hab ich Angst
im Kopf
im Hals
in den Augen
in den Händen
den Armen
den Beinen
in der Brust

im Bauch
in den Schultern auch
doch wenn uns einer blöd kommt, gibt's 'nen Knall.
Damit ich nicht nichts bin, will ich wer sein,
damit ich wer bin, hau ich and're klein.

Lied

RAUS

(Fremdländische Musik?/Fetzen aus Nationalhymnen?)
(Zwei sitzen am Tisch, der für mehrere gedeckt ist, warten)

Er: Und das ist schon immer so gewesen,
und das ist das ganze Problem.
Da kommen welche rein
und passen sich nicht an
und schon ist die ganze Mühe umsonst
und die Ordnung futsch.

Sie: Ganz von Anfang an?

Er: Schon immer.

Sie: Eiszeit
Steinzeit
Bronzezeit
Eisenzeit
Völkerwanderung

Er: Raus hier
wir sind hier

Sie: Bandkeramiker
Indoeuropäer
Kelten
Belgen
Gallier
Römer
Kimbern
Teutonen

Er: Halt mal. Alle Mann stopp. Volle Kraft rückwärts. Germanen werden hier nicht so einfach rausgeschmissen. Das war eine einzige Völkergemeinschaft.

Sie: *(unsicher, er winkt jeweils ab)*:
Kimbern?
Teutonen?
Westgoten?

	Ostgoten?
	Langobarden?
	Burgunder?
	Nibelungen?
	Schwaben?
	Chatten?
	Alemannen?
	Vandalen?
	Hunnen?
Er:	Hunnen raus!
Sie:	Mongolen?
Er:	Mongolen raus!

(*Er übernimmt, singt sehr getragen. Bei jedem ‚Raus!‘ wirft er etwas von der Bühne: Teller, Löffel, Gabeln, Tisch, Stühle, die eigenen Kleider, bis er nackt dasteht*)

ES KÖNNTE SO EINFACH SEIN BENÄHMEN SIE SICH NUR WIE WIR SLAWEN RAUS ARABER RAUS WIKINGER RAUS ANGELN RAUS SACHSEN RAUS DÄNEN RAUS SCHWEDEN RAUS NORWEGER RAUS POMMERN RAUS PRUZZEN RAUS HOLLÄNDER RAUS FRANZOSEN RAUS ITALIENER RAUS SPANIER RAUS PORTUGIE-SEN RAUS TÜRKEN RAUS MAROKKANER RAUS TUNESIER RAUS ALGERIER RAUS POLEN RAUS TSCHECHEN RAUS SLOWAKEN RAUS KROATEN RAUS JUGOSLAWEN RAUS RUSSEN RAUS UKRAI-NER RAUS BULGAREN RAUS RUMÄNEN RAUS ENGLÄNDER RAUS AMERIKANER RAUS ASIATEN RAUS AFRIKANER RAUS ALLE RAUS ALLES VERLAUFEN HERGELAUFEN DURCHGELAUFEN WEGGELAUFEN UND NICHT IMMER NUR SO FRÜHSTÜCK MIT-TAGESSEN ABENDBROT AUCH DIE FRAUEN HABEN SIE UNS WEG-GENOMMEN UND DAZU NOCH UNSER LIEBSTES HAB UND GUT (*Sie hat von ihm Abstand genommen, spätestens jetzt geht sie*) NIX MEHR FÜR DIE NIX ES KÖNNTE SO EINFACH SEIN BENÄHMEN SIE SICH NUR WIE WIR

(*Er steht frierend und allein auf der leeren Bühne, sieht unwissend der Eiszeit entgegen*)

Der Esel und der Grashüpfer

Vor nicht allzu langer Zeit lebte in einem fernen Land ein Esel. Er war beileibe nicht der einzige Esel dort. Doch schrie er als Einziger »Ia!« Alle anderen riefen »Ai!«, wie bei den Eseln jenes Landes üblich. Fragt man die Ortsansässigen nach dem Grund dafür, so erfährt man, dieser Esel sei einmal im Ausland gewesen und habe die Sprache seiner Gastgeber gelernt. Ohne weitere Aufforderung erzählen sie folgende Geschichte dazu:

An einem Tag wie jeder andere stand der Esel auf der Wiese und genoss seine Mahlzeit: grünes Gras und purpurne Disteln. Geschickt griff er mit seiner wendigen, langen Zunge nach den schmackhaften Pflanzen, riss sie aus und schluckte sie entlang der Nadeln so herunter, dass sie an seinen Gaumen nicht stachen. Es war heiß, die Sonne brannte. Das arme Tier stöhnte unter der gelben Hitze. Da kam ein Grashüpfer angesprungen und landete auf seinem rechten Ohr. Der Esel war erfreut über diesen unerwarteten Besuch.

»Wie geht es dir, kleiner Grashüpfer?«, fragte er mit möglichst lieblicher Stimme. »Was gibt's Neues?«

»Hast du denn von nichts gehört?«, fragte der Grashüpfer zurück, obwohl er wusste, dass man eine Frage schlecht mit einer anderen beantworten kann. »Du sitzt wohl auf deinen Eselsohren. Der Bauer will diese Wiese, auf der nicht nur ich, sondern auch meine Eltern und Großeltern groß geworden sind, verkaufen. Der neue Besitzer möchte hier ein Hotel bauen – so groß, dass es bis zum Meer reicht.«

Der Esel wusste nicht, was ein Hotel ist. »Wozu braucht ein Esel wie ich ein Hotel?«, fragte er.

»Das Hotel ist nicht für dich, es ist für Touristen«, sagte der kluge Grashüpfer. »Wir müssen hier weg.«

Der Esel wusste auch nicht, was ein Tourist ist. Aber er wollte nicht wieder dumm fragen und einen schlechten Eindruck auf seinen neuen Freund machen. »Sollen sie doch kommen, die Touristen«, meinte er gutmütig. »Ich rücke ein wenig zur Seite, und sie können neben mir grasen.«

Der Grashüpfer seufzte. Er gab aber nicht auf und erklärte dem Esel alles genauestens. Er erklärte so gut, dass zum Schluss sogar der Esel begriff. Er war entsetzt.

»Was!?«, rief er. »Die braune Erde, das grüne Gras und die purpurnen Disteln sollen unter einer grauen Betondecke verschwinden? Was sollen wir fressen?«

»Steine!«, sagte der Grashüpfer schnippisch. »Und Beton. Denn etwas anderes wird es hier nicht mehr geben.«

»Kann man nichts dagegen tun?«, fragte der Esel.

»Doch«, meinte der Grashüpfer nach einigem Überlegen. »Nach Artikel 3 der Eselrechts-Charta hat jeder Esel das Recht auf Leben, Freiheit und Sicherheit der Person. Da du von Steinen nicht leben kannst, wird durch die Umwandlung der Wiese in Bauland dein Recht auf Leben verletzt. Frag mich aber nicht, wie du dein gutes Recht in Anspruch nehmen kannst!«

Wieder war der Esel beeindruckt von so viel Klugheit in so einem kleinen Kopf. Er fasste sich ein Herz.

»Ich weiß schon wie«, sagte er. »Komm, wir gehen zum Bauern!«

Der Bauer fuhr gerade seine kümmerliche Ernte ein.

»He, Bauer!«, rief der Esel noch aus der Ferne. »Warum verkaufst du unsere Wiese? Antworte, sonst trete ich dich, dass du am hellichten Tag Sterne am Himmel siehst und die Milchstraße dazu.«

Der Bauer hatte Angst vor dem Esel.

»Was soll ich machen? Die Ernte reicht nie durch den Winter. Für das Land bekomme ich so viel Geld, dass ich bis zum Ende meines Lebens nicht mehr zu arbeiten brauche. Gebt ihr mir das Geld, so gehört die Wiese euch.«

»Wir haben kein Geld«, stöhnte der Esel und hob den Schwanz.

»Wenn du in Grimms Märchen vorgekommen wärest, hättest du gleich einen Sack voll Gold fallen gelassen, anstelle von diesem Mist hier«, meinte der Grashüpfer geringschätzig.

Dabei blieb es erst mal. Aber bald schon hatte der Grashüpfer eine Idee.

»Weißt du was?«, eröffnete er seinem Freund. »Wir können ins Ausland arbeiten gehen. Dann haben wir in kürzester Zeit das Geld zusammen.«

Er hatte von einem Land gehört, in dem aus den Wasserhähnen Wasser, Milch und Honig floss.

Der Esel war so begeistert von dieser Idee, dass er gleich drei Luftsprünge hintereinander machte. Dann musizierten sie gemeinsam. Der Esel sang eine Arie und der Grashüpfer begleitete ihn mit Zirplauten, die er durch Reiben seiner Vorderfüße an seinem Bauch erzeugte. Die beiden hüpften und tanzten, bis sie vor Erschöpfung umfielen.

Schon am nächsten Tag machte es sich der Grashüpfer auf dem rechten Ohr seines Freundes bequem, und ab ging es in die Hauptstadt, wo sie die nötigen Papiere besorgen wollten.

Die Reise war beschwerlich. Drei Tage und drei Nächte waren sie ohne Pause unterwegs. Weitere drei Tage und drei Nächte mussten sie vor der Anwerbestelle Schlange stehen, bis sie an die Reihe kamen.

»Was!? Ihr wollt ins Ausland?«, lachten die Beamten sie aus. »Das geht doch nicht.«

Der belesene Grashüpfer hüpfte auf das aufgeschlagene Gesetzbuch.

»Wo steht, dass das nicht geht? Zeigt mal!«

Tatsächlich konnten die Beamten nirgends einen Paragraphen finden, der Eseln und Grashüpfern die Ausreise zu Arbeitszwecken verbietet. Sie kratzten sich am Schädel und setzten die beiden auf die Liste. Der Esel bestand die Gesundheitsprüfung bestens, hatte aber Schwierigkeiten beim Ausfüllen der Fragebögen. Da half ihm sein treuer Freund.

So kamen sie in das Land, in dem, wie es geheißen hatte, Milch und Honig fließen sollte. Ihren Fähigkeiten entsprechend wurden sie eingeteilt. Der Esel erhielt einen Job als Transportarbeiter bei einer Maschinenbaufabrik, der Grashüpfer wurde von einer Elektronikfirma angestellt, wo er in der Montagehalle mit seinen feinen Fühlern winzige Chips zusammenlötete.

Gleich am ersten Tag stellten der Esel und der Grashüpfer fest, dass aus den Hähnen keine Milch und kein Honig, sondern gewöhnliches Wasser floss. Aber auch das bedeutete eine Verbesserung, denn auf ihrer Wiese war Wasser im Sommer Mangelware. Sie tranken, bis kein Tropfen mehr in ihre kugelrunden Bäuche hineinpasste und dankten ihrem Glück.

»Was soll's!«, meinte der Grashüpfer. »Ich mag sowieso keinen Honig. Meine Füße bleiben darin kleben.«

»Als ich klein war«, sagte der Esel, »trank ich gerne die Milch meiner Mutter. Kuhmilch schmeckt mir nicht. Wenn es keine Eselsmilch ist, dann trinke ich lieber Wasser.«

Müde und ausgehungert kamen die beiden Freunde abends nach Hause. Vor lauter Erschöpfung hatten sie kaum Lust zu kochen. Meist öffneten sie eine Konservendose, wärmten sie auf dem Herd und löffelten sie lustlos aus. Manchmal gingen sie mit leeren Bäuchen schlafen. Das machte dem gefräßi-

gen Grashüpfer mehr aus als dem an Entbehrung gewöhnten Esel.

»Ich sehne mich nach frischem Frühlingsgras und zarten Blättern«, pflegte der Grashüpfer zu sagen, während er dem Esel die Konservendose zuschob. »Ich sehne mich sogar nach sengender Sonne.« Nach diesen Worten kullerten dem Esel unweigerlich ein paar Tränen aus den traurigen Augen.

Noch schlimmer als die Entbehrungen und das Heimweh empfanden die beiden Freunde die Erniedrigungen, denen sie ausgesetzt waren. Nur mit Mühe konnten sie ein Zimmer in einem schäbigen Wohnheim finden. Gab es mal eine Auftragsflaute, waren sie die ersten, die mit der Arbeit aussetzen mussten. Manche Kollegen schauten auf sie herab, auf der Straße schimpfte man sie »Eselant« und »Grasfresser«.

Der Esel war gekränkt. Der Grashüpfer wehrte sich.

»Die Würde des Grashüpfers ist unantastbar«, zirpte er laut und deutlich, aber kein Tier, wie klein oder groß auch immer, verstand ihn. »Ihr wisst nicht einmal, wie gut Gras schmeckt.«

Einmal fanden sie auf ihrer Zimmertür Schmierereien: »Esel raus!« und »Klatscht die Grashüpfer platt!«, hieß es.

Auch in diesem Land war also ihr Recht auf Leben, Freiheit und Sicherheit der Person bedroht.

Einmal, gegen drei Uhr morgens, gab es eine Razzia im Wohnheim. Die Suchhunde schnüffelten in allen Ecken, sogar an den Matratzen. »Sie suchen nach Drogen«, flüsterte der Grashüpfer dem Esel ins Ohr.

»Drogen?« Der Esel war entsetzt. »Was habe ich mit Drogen zu tun? Ich bin doch kein Esel. Ich meine, nicht *so* einer.«

»Wir suchen nach Illegalen, Kleiner«, sagte der Oberhund.

Illegale! Der Esel schluckte. Keiner hatte ihn je verdächtigt, ein Illegaler zu sein. Noch nie in seinem Leben war er einem illegalen Esel begegnet. Auch der Grashüpfer konnte ihm nicht erklären, wie ein illegaler Esel aussieht.

Hatten der Esel und der Grashüpfer nur sechs Monate in jenem Land, in dem aus den Hähnen keine Milch und kein Honig, sondern gewöhnliches Wasser floss, bleiben wollen, so mussten sie schließlich zwei Jahre dort ausharren, bis sie das nötige Geld zusammen hatten und in ihre Heimat zurückkehren konnten. Wie froh waren sie, als sie endlich wieder auf der Wiese standen. Doch hatte sich einiges geändert, und vieles kam ihnen etwas fremd vor. Es musste einige Zeit verstreichen, bis sie sich wieder an die sengende Sonne gewöhnt hatten.

Wer heute in jene Gegend fährt, wird feststellen, dass sich an der Küste Hotels, Feriensiedlungen, Einkaufszentren und Discos nahtlos aneinander reihen. Erst nach einer ganzen Weile entdeckt man eine kleine Lücke. Dort, auf der handtuchgroßen, mit purpurnen Disteln bewachsenen grünen Wiese am türkisblauen Meer, grast, zwischen einem Vier-Sterne-Hotel und einer Disco, ein Esel, auf dessen rechtem Ohr man bei genauerem Hinsehen einen Grashüpfer ausmachen kann. Wenn man nebenan im Hotel übernachtet, wird man des Morgens von dem einnehmenden »Ia« des Esels geweckt, der die ausländischen Gäste in ihrer Sprache begrüßt.

ROSWITHA FRÖHLICH

Wenn einer
die richtigen Worte weiß

Wenn einer die richtigen Worte weiß
und die richtige Stimme hat
und den richtigen Hass
kann er
dich und mich
zu Feinden machen
zu Verrätern erziehen
zum Schweigen bringen
er braucht nur die richtigen Zuhörer

MARKUS MUNZER-DORN

Ein Kreidekreis

Einmal stritten sich Vertreter der Parteien darüber, welche sich am meisten verdient gemacht habe um die Bürgerrechte. »Lesen Sie unser Programm!«, rief die eine Partei, »unser Eintreten für die Bürgerrechte ist unübertroffen!« – »Verfolgen Sie unsere Rechtspolitik«, schrie eine andere Partei, »niemand tut mehr für die Bürgerrechte!« – »Recht und Freiheit«, brüllte die nächste Partei, »nur mit uns!«

Nachdem sie sich aber ca. 35 Jahre ohne Ergebnis gestritten hatten, gingen sie zu einem sehr weisen, sehr klugen Richter, der sollte entscheiden, bei welcher Partei die Bürgerrechte am besten aufgehoben sind. Der Richter hatte einen uralten Trick auf Lager, er malte auf den Boden einen Kreidekreis, dahinein platzierte er einen einfachen, durchschnittlichen, aber unbescholtenen kleinen Bürger. Die Vertreter der Parteien sollten nun versuchen, auf ein Zeichen hin den Bürger aus dem Kreis heraus auf ihre Seite zu ziehen. Das stärkste Eintreten für den Bürger würde sich an der größten Kraft zeigen.

Die beiden großen Parteien bekamen je einen Arm zu fassen, die liberale und die alternative Partei je ein Bein, und die kleinen Splitterparteien klammerten sich an Rockschöße, Kragen, Haare, Ohren, Hosenbeine oder was sie gerade in die Finger bekamen. Auf das Kommando des weisen Richters hin fingen alle an zu zerren, so fest sie konnten. Doch plötzlich – man kennt ja die Geschichte – ließ der Vertreter einer Partei erschrocken los, worauf der Richter donnerte: »Was ist los mit dir, Schlappschwanz, gibst du's schon auf, oder hast du etwa Angst, dieser Wicht könnte zu Schaden kommen?« – »Ja«, murmelte der Angesprochene kleinlaut.

»Diese Partei müsst ihr wählen!«, rief der Richter so laut, dass es durchs ganze Land tönte. Leider vergaß er, den Namen der Partei dazuzusagen.

Hinterher behauptete eine jede, sie wäre gemeint gewesen; und so fahren sie fort, zu ziehen und zu zerren, weil sie die Pointe immer noch nicht begriffen haben.

GÜNTER KUNERT

Abschlusskommuniqué zur Asylantenfrage

Blutig bunte Völkerscharen
Bildschirmgewimmel
entsendet lebensläufige Details
unter die europäischen Tiefausläufer
und andre Nachgeburten.
Braune Gestalten jetzt verloren
zwischen Traum und blechverpackter
Tollwut. Unter dem Turban
der verständnisBARE Blick
nutzloser Weisheit voll
gleitet an deinem Trenchcoat ab.
Hier werden keine fremden
Altäre aufgerichtet.
Und während aus aller Geschichte
der Orkan Menschenwogen
dir entgegentreibt drehst du
in deiner Gartenedenpforte
den Schlüssel der Hoffart
abschließend zweimal herum.

MICHAIL KRAUSNICK

Der Verweigerer

»Niemand darf gegen sein Gewissen zum Kriegsdienst mit der Waffe gezwungen werden.«
GG, Artikel 4, Absatz 3

Als sie vor der Kirche standen und er hineingehen und wenigstens einen kurzen Blick auf den weltberühmten Grünewald-Altar werfen wollte, sagte Vera: »Nein. In diese Kirche gehe ich nicht!« Und drehte sich zornig um. Am Abend erklärte sie, dass es etwas mit Hermann zu tun habe. Seine Geschichte werde ihr wohl niemals mehr aus dem Kopf gehen. Die Geschichte von einem, der auszog, ein Kriegsdienstverweigerer zu werden.

Eigentlich habe sie ihn ganz gern gemocht. An manchen Tagen sei es fast schon so etwas wie Liebe gewesen. Obwohl er ihr Klassenkamerad war. Er sei sehr zärtlich gewesen und habe immer eine Menge Gags auf Lager gehabt. Bis er buchstäblich seinen Witz verloren habe und immer ernster geworden sei. Beängstigend ernst.

Nach der Reifeprüfung sei es dann irgendwie zerbröselt. Aus verschiedenen Gründen. Auch, weil sie in eine andere Stadt wollte.

Bundeswehr, Bund – als Mädchen habe sie dieses Problem Gott sei Dank ja nicht gehabt. Sie sei damals einfach froh gewesen, dass die Schulkaserne hinter und alles andere noch vor ihr lag. Die Freiheit, auf die sie so lange gewartet hatte. Endlich nach 13 Jahren Schuldienstpflicht Schluss mit der Gängelei! Die Jungs, die zum Bund mussten, habe sie von ganzem Herzen bedauert. Und insoweit durchaus auch Verständnis für seine Argumente gehabt.

Weshalb ausgerechnet junge Menschen ihre besten Jahre dem Staat geben müssten? Immer in der Geschichte seien es doch die Väter gewesen, die ihre Söhne ungefragt an die jeweiligen Fronten jagten. Warum den Kriegsdienst nicht einfach den Politikern überlassen? Oder den Rentnern, die am Stammtisch so gern rummännern.

Vera räumte ein, dass Hermann natürlich auch andere, sehr viel subtilere Argumente geäußert habe. Aber an die könne sie sich nicht mehr so genau erinnern.

Wenn Hermann einfach untergetaucht wäre, in Berlin zum Beispiel, das hätte sie damals noch einigermaßen verstanden. Vielleicht wäre sie sogar mit ihm gegangen.

Kurz und gut: Weil Hermann es ablehnte, sich zum Töten ausbilden zu lassen, verweigerte er. Niemals werde er ein Gewehr in die Hand nehmen, hatte er sich geschworen. Er wurde vor einen

Prüfungsausschuss geladen und musste Gewissensgründe beweisen. Während seine Klassenkameraden, die zum Töten bereit waren, überhaupt nichts beweisen mussten. Weder Gewissen. Noch das Gegenteil.

Wochenlang bereitete sich Hermann auf die Prüfung seines Gewissens vor, gründlicher als auf das Abitur. Er las eine Unmenge Bücher, sogar die Bibel, war überhaupt nicht mehr ansprechbar. Er zweifelte, quälte sich, zerstritt sich sogar mit dem Pfarrer. Der war im letzten Krieg als Seelsorger in Stalingrad gewesen und der Meinung, dass – bei allem Verständnis – der Soldatendienst letzten Endes doch das moralisch Höherwertige wäre …

Weshalb Hermann ausgerechnet den Rat dieses Pfarrers suchte, sei ihr bis heute ein Rätsel.

Vera schüttelte den Kopf und sah stumm aus dem Fenster. Ihr junger Begleiter bemerkte einen feuchten Glanz in ihrem Blick und wiederholte: »Weshalb?«

Wahrscheinlich habe er damals in der Zeitung die Umfrage »Atomwaffen – Pro und contra« nicht gelesen. Da habe der Pfarrer doch klipp und klar seinen Standpunkt offenbart: Gerade als Christ sei es seine seelsorgerische Pflicht, junge Menschen vor einer blinden Friedensliebe sowie der Teilnahme am Ostermarsch zu warnen.

Vera kramte aus ihrer Handtasche einen kopierten Ausschnitt hervor. Er roch ein wenig nach Parfum und war gerade noch lesbar:

Wenn ich mich draußen in den Gemeinden herumschlage, dann finde ich dort häufig genug ein Verständnis des menschlichen Lebens, mit dem ich große Schwierigkeiten habe – eine Verabsolutierung des Überlebens in einer Art und Weise, bei der ich mich manchmal frage, ob sie wirklich noch mit dem Grundgehalt des christlichen Glaubens übereinstimmt.

Vera goss sich ein Glas Rotwein ein. Sie erinnerte sich jetzt wieder etwas genauer. Er spürte, dass es ihr nahe ging. Das Politische, meinte sie, sei sein Verhängnis gewesen. Zunächst habe sich Hermann wohl auf die Bergpredigt berufen, auf Nächstenliebe, christliche Gebote und so. Christlich wäre ja vielleicht noch durchgegangen bei den Gewissensprüfern. Doch immer wieder sei ihm was Politisches dazwischengeraten. Krieg wäre grundsätzlich eine Bankrotterklärung der Politiker. Es sei also geradezu absurd, solchen Versagern am Ende auch noch die Mordinstrumente in die Hand zu drücken …

Kein Wunder, dass Hermann aneckte. Weshalb er denn plötzlich so aggressiv sei?, fragten die Prüfer, als er sich zu wehren begann. Hier, vor dem Ausschuss, gehe es einzig und allein um Gewissensgründe!

Die Beziehung zwischen ihr und Hermann sei damals eigentlich fast schon eingeschlafen gewesen. Gut ein halbes Jahr sei sie schon aus der Stadt fort gewesen, habe ihren Studienplatz in Marburg gehabt, und – na ja – offen gesagt: Mit Sven sei es eben auch ein bisschen unbeschwerter gewesen.

Hermann habe das gewusst und wohl

auch eingesehen. Sie hätten sich auf »gute Freunde« geeinigt und hin und wieder Briefe geschrieben. Auch über seine Gewissensprüfung.

Der entscheidende Fehler sei wohl gewesen, dass er behauptet habe: Ein Messer ist ein Messer. Ein Verteidigungsmesser gäbe es genauso wenig wie eine Verteidigungsrakete. Und Friedensbomben schon gar nicht. Letztlich wäre das Aufrüsten doch nur eine mörderische Geschäftemacherei, zu Lasten armer Länder und verhungernder Kinder. So etwas könne er nicht verteidigen. Schon gar nicht als Christ.

Bei alledem sei er furchtbar aufgeregt gewesen und habe plötzlich auch noch zu stottern angefangen. Wie früher in der Grundschule. Die Prüfer hätten ihn ohnehin gar nicht ernst genommen, sondern kühl gelächelt und Bleistifte geordnet.

Dies alles habe er ihr allerdings erst ein paar Wochen danach erzählt, erinnerte sich Vera. Sie habe ihn in den Semesterferien noch einmal in Dörpfelden besucht, und zwar in der Psychiatrischen Landesklinik. Dorthin habe man ihn wegen seiner aggressiven Ausfälle eingewiesen. Mit blutroter Farbe hatte Hermann die Worte »Du sollst nicht töten!« an die Sichtbetonmauer des humanistischen Gymnasiums geschmiert. Ein Foto mit dieser Parole sei sogar auf der Lokalseite in ihrer Heimatzeitung abgebildet gewesen.

In der Anstalt habe Hermann eigentlich einen völlig normalen Eindruck gemacht. Nur ein bisschen müde und lasch sei er gewesen. Von den Tabletten, vermutlich.

Dann habe sie lange Zeit nichts mehr von ihm gehört. Einmal habe sie bei ihm zu Hause angerufen. Es sei aber nur seine Mutter am Telefon gewesen. Hermann habe sich wieder beruhigt und ginge jetzt doch zum Bund. Das habe noch niemandem geschadet, da lerne er endlich mal, wie man aufräumt und Betten macht.

Vera stellte das Glas beiseite und zündete sich eine Zigarette an. Zwei Monate später, sagte sie mit trockener Stimme, zwei Monate später habe ihr jemand anonym einen Ausriss aus dem Tageblatt zugeschickt, mit der Bemerkung: *Das hätte doch wohl nicht sein müssen!*

Die Anzeige hatte einen schwarzen Rand:

In der Nacht zum Sonntag verließ uns unser guter Sohn und lieber Bruder

Hermann Behrends

19 Jahre lang hat er unser Leben bereichert.
Mit großer Sensibilität ausgestattet sah er das Unrecht und nannte es beim Namen, spürte er die Hilfsbedürftigkeit, half und war immer seinem Gewissen verpflichtet.

Seine letzten Lebensdaten:
1. Oktober – Einberufung zur Bundeswehr trotz eines laufenden Berufungsverfahrens auf Anerkennung zum Kriegsdienstverweigerer.
28. Dezember – Depressionen durch den Zwang zum Dienst mit der Waffe.

6. Januar – nach eigenem Drängen psychiatrische Untersuchung im Bundeswehrlazarett. Man sah keinen Grund zur Entlassung.
12. Januar – Tod durch Starkstrom.

Wir fragen uns, warum Hermann diesen Weg gehen musste.

Kein Kreuz und kein Bibelspruch darüber, und darunter lediglich die Namen des Vaters, der Mutter und der Schwester.

Fast jeder in der Stadt sei wegen dieser Todesanzeige befremdet gewesen. Der Pfarrer habe sie in einem Leserbrief sogar beschämend, geschmack- und pietätlos genannt. Bei allem Verständnis – aber Politik habe in einer Todesanzeige nun mal nichts zu suchen. Schon gar nicht bei einem Selbstmörder. Deshalb wäre es ihm leider auch nicht möglich, für Hermann die Totenmesse zu lesen. Am Tag der Beerdigung habe sie sich allen Ernstes überlegt, ob sie dem Pfarrer die Kirchenfenster einschmeißen sollte. Sie habe sogar schon einen Stein in der Hand gehabt. Vielleicht wäre sie es Hermann schuldig gewesen. Noch heute ärgere sie sich, dass sie es damals nicht getan habe. Sie sei wohl zu gut erzogen.

Am nächsten Tag, der Hermanns Todestag war, fügte Vera hinzu, dass sie am nächsten Morgen in einer Pressenotiz der Bundeswehr gelesen habe, dass alles korrekt und rechtens gewesen sei …

Da Hermanns Gewissensgründe nicht anerkannt waren, musste er den Wehrdienst antreten und musste zum Dienst mit der Waffe gezwungen werden. Dafür gibt es ein bewährtes Ritual.

Bei Hermann sah das so aus: Sein Unteroffizier ließ ihn vorschriftsmäßig vor versammelter Mannschaft raustreten und reichte ihm ein Gewehr. Doch Hermann schüttelte den Kopf und ließ es vorschriftswidrig einfach auf den Boden fallen. Dafür kam er vorschriftsmäßig in die Arrestzelle. Die Gewehrübergabe wurde vorschriftsmäßig noch zweimal wiederholt. Beide Male griff Hermann vorschriftswidrig nicht zu. Damit war der Tatbestand der Befehlsverweigerung vor aller Augen erfüllt. Der Offizier ließ ihn in die Arrestzelle zurückbringen und stellte vorschriftsmäßig Strafanzeige bei Gericht. Darauf steht in der Regel ein halbes Jahr Gefängnis.

Wie jedes Jahr legte Vera eine langstielige Rose auf die Grabplatte. Zum ersten Mal begleitete sie ihr Sohn. Er war inzwischen fast genauso alt wie Hermann an seinem Todestag.

An jenem Tag, 19 Jahre zuvor, stieg Hermann nach der psychiatrischen Untersuchung im Bundeswehrlazarett in eine Trafostation ein und berührte eine Starkstromleitung. An die Wand hatte er geschrieben: »Töte deinen Nächsten wie dich selbst!«

IVAN IVANIJ

Gregors Hut

Man muss Zeitungen lesen. Gregor war in dieser Hinsicht süchtig. Wenn er sich über das Weltgeschehen nicht kundig gemacht, nicht ein wenig die Druckfarbe einer Gazette gerochen hatte, litt er an Entzugserscheinungen. In Wien war die Befriedigung seiner Begierde nicht teuer. Mit einem »kleiner Brauner« genannten Schälchen einer nur entfernt an den Kaffee seiner Heimat erinnernden Flüssigkeit durfte er stundenlang an einem Marmortisch sitzen, die Presse der halben Welt studieren und vom Kellner sogar als »Herr Professor« angesprochen werden. Leider konnte er sich manchmal höchstens einen kleinen Braunen leisten. Dann nahm er ein Kipferl dazu und ernannte das Ganze zum Mittagsmahl.

»Jeder Mensch hat das Recht auf Freizügigkeit und freie Wahl seines Wohnsitzes innerhalb eines Staates«, las Gregor. »Jeder Mensch hat das Recht jedes Land einschließlich sein eigenes zu verlassen sowie in sein Land zurückzukehren.«

Das fand er schön. Es stand in der »Allgemeinen Erklärung der Menschenrechte«, veröffentlicht anlässlich des fünfzigsten Jahrestages ihrer Verabschiedung. Gregor überlegte, ob er bei der Ausländerpolizei auf diesem Recht pochen sollte, fragen, ob das garantierte

Verlassen des eigenen Landes auch den Verbleib in einem anderen bedeutete? Er hätte seinen ständigen Wohnsitz nur zu gerne in einer rechtschaffenen Stadt genommen, hier in Wien, zum Beispiel, oder in Hamburg, Freiburg, Freising, Freilassing, irgendwo, wo es nach frei klang ... Aber alle diese Orte befanden sich nicht in jenem Land, das nach behördlichem Verständnis das »seine« war, obwohl er es sich nicht ausgesucht hatte, sondern unfreiwillig dort geboren war.

So gelangte er in Gedanken vertieft vor die Behördentür und stellte sich in der erfreulich kurzen Schlange hinter eine dicke, kopftuchbedeckte Frau. Im Unterschied zu Gregor schien sie bittstellen gewöhnt. Schon nach zwei Stunden kam er an die Reihe, klopfte leise, hörte ein zerstreutes »Herein!« und trat ein.

»Der Hut«, sagte die strenge Dame hinter ihrem Schreibtisch.

»Bitte?«, wunderte sich Gregor.

»In einem Amtsraum in Österreich zieht man den Hut«, belehrte sie ihn. Beschämt nahm er seine Kopfbedeckung ab und wusste nicht, wohin damit. Nun wagte er es nicht, unter Berufung auf die Menschenrechtserklärung frech zu werden, überlegte, was er tun sollte, und klemmte endlich seinen Filz verlegen unter den Arm, weil er es anmaßend fand, ihn auf den Kleiderstock des Büros zu hängen.

»Was ist?«, fragte die Beamtin ungnädig.

Auf dem Schreibtisch standen neben Stapeln von Akten und Ordnern ein Teller mit Keksen und drei Schachteln feine Pralinen. Hätte er ein Geschenk mitbringen sollen oder wäre er dann wegen versuchter Bestechung hinausgeworfen worden?

Gregor war oft verlegen und errötete leicht, gehörte jedoch zu den wenigen Ausländern, die, wenn sie in den neunten Wiener Bezirk gingen und die Berggasse bergab schritten, wussten, wer dort gewohnt hatte. Doktor Siegmund Freud. Hatte er, um weiterzuleben, Kranke zu heilen und Zigarren zu rauchen, von hier vertrieben, in London Emigrant wie Gregor in Wien, dort seinen Hut ebenfalls unter dem Arm zerknittert und verschiedene Papiere vorzeigen müssen? Etwa, dass seine Praxis sich bereits jahrelang in der Berggasse befand? Oder war er damals schon berühmt genug und wurde deshalb verschont? Wie berühmt muss man sein, um von Behörden menschlich behandelt zu werden?

Im neunten Bezirk befindet sich die Österreichische Bundespolizeidirektion, Abteilung für Ausländer. Falls die Beamtinnen und Beamten gut gelaunt sind und allen Vorschriften Genüge getan wurde, wird dort ein »Sichtvermerk« genannter viereckiger Stempel in Reisepässe der Bittsteller gedrückt. Einen längeren oder gar ständigen Aufenthalt gewährt er zwar nicht, aber immerhin ein angstloses Jahr. Es gibt auch andere Möglichkeiten, zum Beispiel vom Wiener Magistrat, so genannte Aufenthaltsgenehmigungen zu ergattern. Wie man das macht, was man dafür sein oder tun muss, was der Unterschied zwischen einer Bewilligung und einem Visum ist, wo man wann anstehen und wie man sich bei welcher Behörde verhalten soll, ist zur Geheimwissenschaft ausgeufert, deren Lehren sich die Betroffenen hinter vorgehaltener Hand zuflüstern. Gregor hatte zu wenig Umgang mit Menschen, die mit der dafür notwendigen Begabung ausgestattet waren.

Mit dem Versprechen vertröstet, er könne nächste Woche seinen Pass abholen, marschierte Gregor besser gelaunt die Berggasse diesmal bergauf und genehmigte sich in der Unterführung am Schottentor, in der Vorfreude noch ein Jahr hierbleiben zu dürfen, ein Kipferl und einen Kaffee im Papierbecher. Für ein Kaffeehaus mit Marmortisch und Zeitungen reichte es wieder einmal nicht.

Tauben flatterten nervös in der unterirdischen Halle herum und jemand bot im Namen einer Sekte Broschüren an.

Nachdem er das Gebäck in die heiße, schwarze Brühe getaucht und ihren Duft eingesogen hatte, erinnerte er sich daran, in der vergangenen Nacht von einem Hut geträumt zu haben, einem grauen Herrenhut Marke Habig, Wien. So einen hatte er sich einmal in der Kärntner Straße gekauft, damals noch als fröhlicher Tourist im Besitz des Passes eines anerkannten Staates, mit dem man ohne Visum ein- und ausreisen durfte.

Komisch, manchmal wacht man morgens auf und weiß, man hat geträumt, aber nicht mehr, was genau. Später im Laufe des Tages fällt es einem wieder ein, aber als sei es nichts Geträumtes, sondern die Erinnerung an etwas wirklich Erlebtes.

Er befand sich mitten in der Nacht auf einem nassen, schlammigen, engen Pfad in einer langen Schlange. Weit vorne leuchtete etwas. Eine Grenze? Oder Auschwitz? Oft hatte er darüber nachgedacht, wie sich die Menschen gefühlt haben mussten, als sie vor dem SS-Arzt Schlange standen um zur Arbeit ins Lager oder in den Tod in die Gaskammer geschickt zu werden.

Die Menschen vor ihm sprachen aufgeregt eine Sprache, die er nicht verstand. Deshalb fürchtete er, man würde ihn dort vorne, wo es so schön hell war, nicht verstehen. Was dann?

Endlich kam er an die Reihe. Anstatt eines uniformierten Beamten stand neben dem Schlagbaum der Weihnachtsmann. In der Außentasche seines pelzverbrämten roten Mantels steckte eine Zeitung, Gregor konnte jedoch nicht feststellen, in welcher Sprache sie gedruckt war. Trotzdem hoffte er auf Seelenverwandtschaft. Und tatsächlich sprach ihn der Weihnachtsmann fröhlich an:

»Der Gregor ist da!«

Gregor begann seine Taschen zu durchsuchen und fand seinen Pass nicht. Schlangestehend hätte er das Dokument vorbereiten sollen, jetzt hielt er den lieben Weihnachtsmann auf, der noch lächelte, aber schon eine gewisse Ungeduld zeigte.

»Ich habe ihn ja eben noch gehabt …«

Der grenzbewachende Vollbärtige zuckte die Achseln. Sein Gesicht verfinsterte sich. Mit dem Daumen seiner handschuhbewehrten Hand gab er ein Zeichen. Aus dem Wächterhäuschen trat ein Krampus, ein mit einer Heugabel bewaffneter Teufel, um Gregor abzuführen. War der Grenzbeamte nun der Weihnachtsmann oder Petrus an der Himmelspforte und musste er, Gregor, jetzt in die Hölle?

»Das war doch nur ein blöder Kindheitstraum«, dachte Gregor am Kipferl lutschend. »Warum habe ich im Traum so furchtbar Angst gehabt?« Aber Angst hatte er noch immer. War es ein böser Traum, immer wieder ein Visum beantragen zu müssen? Wie ging es im Traum weiter?

Als der Teufel schon seine bekrallte Hand ausstreckte, fand Gregor in der Seitentasche seines Rockes plötzlich nicht nur einen, sondern mehrere Reisepässe.

»Da, bitte!«, sagte er sehr laut. »Welchen wollen Sie haben?«

Er zog schnell den Hut, klemmte ihn wieder unter den Arm, weil er beide Hände brauchte, und reichte dem Weihnachtsmann einen nach dem anderen, einen deutschen, einen österreichischen, einen tschechischen, einen slowakischen, einen russischen, einen usbekischen und einen israelischen Reisepass, alle auf ihn, Gregor, ausgestellt, alle mit demselben lächelnden Foto, alle gültig.

»Na also! Warum haben Sie die Dokumente nicht gleich gezeigt?«, fragte der Weihnachtsmann, oder was immer er war, zufrieden, und gab dem Krampus ein Zeichen sich zurückzuziehen. »Welchen nehmen wir?«

»Den israelischen!«, schlug Gregor vor. Wenn es Petrus war, konnte das von Vorteil sein.

»Und wo wollen Sie hin?«

»Nach Hamburg!« Plötzlich konnte er Wien nicht einmal im Traum leiden und die Hansestadt schien ihm entfernt genug. »Ist doch eine schöne Stadt. Und hat die kleine Freiheit. Liegt an der Elbe. Das Meer ist auch nicht sehr weit.«

Mit dem Hut in der Hand passierte Gregor die Grenze, und da er auch schon die Wiener Berggasse hinauf- und hinuntermarschiert und ein europäisch gebildeter Mensch war, der Siegmund Freud gelesen hatte, gelang es ihm, den Traum zu deuten. Nur warum er sich im Traum ausgerechnet Hamburg als Ziel der Freizügigkeit gewünscht hatte, das konnte sich Gregor beim besten Willen nicht erklären.

SERGIO VESELY

Gegen den Sonntagsspaziergang

Früher pflegte ich an jedem Sonntag
einen Spaziergang durch die Altstadt zu machen.
Heute schließe ich mich regelmäßig
zu Hause ein. Heute bin ich beunruhigt
von der Entwicklung im Land
und mag nicht recht glauben
dass der Frieden echt ist
der sonntags über den Straßen liegt.
Wo, zum Teufel, steckt hier der Feind?
frage ich mich
wenn die Straßen voller unbekannter Leute sind
die mich freundlich grüßen.

(Aus dem Spanischen von Urs M. Fiechtner)

Schritte

BERND THOMSEN

amnesty international

Die Entwicklung einer Nichtstaatlichen Organisation

Peter Benenson veröffentlichte den Artikel »The forgotten prisoners« (Die vergessenen Gefangenen) am 28.5.1961 in der britischen Zeitung »The Observer« kurz bevor der Kalte Krieg zwischen Ost und West auf einen Höhepunkt zusteuerte. Es folgte am 13. August 1961 der Bau der »Berliner Mauer«, im August 1962 stand die Welt während der Kuba-Krise am Rand eines Atomkrieges. Ost und West blockierten die von den Vereinten Nationen 1945 verkündeten Ideale der politischen und wirtschaftlichen Zusammenarbeit, die Förderung von Frieden und Menschenrechten wechselseitig. Die geographische Trennlinie verlief inmitten von Europa.

Die Entwicklung in Afrika und Asien war nach der Gründung der Vereinten Nationen geprägt durch den Prozess der Entkolonisierung. Gerade in Afrika entstanden viele neue Staaten. Häufig entwickelte sich aber sofort nach deren Unabhängigkeitserklärung eine »Einzelherrschaft«, wie Benenson in seinem Artikel beklagte.

Zum jetzigen Zeitpunkt zählen die Vereinten Nationen 188 Mitgliedsstaaten (Stand Ende 1999). Die Unterdrückung von politischer Opposition, damals wie heute in allen Teilen der Welt zu beobachten, führt zur politischen Gefangenschaft. Benenson benannte dafür ein Beispiel aus der Diktatur Salazars in Portugal: die in einem Lokal von Studenten ausgesprochene kritische Meinung zum Regime, auf die die Diktatur mit politischer Verfolgung und Inhaftierung reagierte. Eine Veröffentlichung derartiger Ereignisse, ein Anstoßnehmen der internationalen Öffentlichkeit daran und eine Parteinahme für sonst vergessene Gefangene war das Ziel der durch Benenson und seine Freunde eingeleiteten Kampagne.

Wie kam es dazu, dass eine ursprünglich auf ein Jahr unter dem Namen »appeal for amnesty« gefangenenbezogene Initiative sich zu einer Menschenrechtsorganisation entwickeln konnte? Pressestimmen sprechen jetzt sogar schon von einem Menschenrechtsmulti, wenn über amnesty international (ai) berichtet wird. Fest steht, dass ai heute mit dem Beginn der Bewegung 1961 nicht mehr vergleichbar ist. Der Etat von ai im Gründungsjahr betrug lediglich ca. 18 000 DM, dagegen sind es heute 40 Millionen DM. Die wenigen hundert Menschen, die 1961 die Arbeit in England aufgenommen haben, sind auf mehr als eine Million Mitglieder und Förderer im Jahr 1999 angewachsen. Ungefähr 300 Mitarbeiter arbeiten zurzeit in der Zentrale von ai, dem internationalen Sekretariat in London, als hauptamtliche Mitarbeiter.

Sie beobachten die Situation der Menschenrechte in aller Welt und dokumentieren die Ergebnisse der ai-Arbeit im regelmäßig erscheinenden Jahresbericht.

Doch der Anfang der Arbeit von ai war schwer. Die Entwicklung der Organisation verlief langsam. Gemeinhin wird die Verleihung des Friedensnobelpreises im Jahr 1977 als der Beginn der verstärkten Anerkennung der Arbeit von ai gesehen. In den 70er Jahren gab es zudem politische Entwicklungen, die Menschenrechte in den Vordergrund stellten: In der Helsinki-Schlussakte der Konferenz für Sicherheit und Zusammenarbeit in Europa (KSZE; jetzt OSZE) von 1975 waren die Menschenrechte in Korb III verankert worden. US-Präsident Carter kündigte an, die Menschenrechte zu Leitlinien seiner Außenpolitik machen zu wollen.

Die Gründe für einen Zuwachs an Bedeutung liegen aber auch an dem bis zu diesem Zeitpunkt entwickelten Konzept für die Arbeit von ai. Bei der eingangs geschilderten Blockbildung der Supermächte war es geboten, Neutralität und Unparteilichkeit zu zeigen. So konnte ai auf das Schicksal von politischen Gefangenen in allen Teilen der Welt verweisen. Auch der Westen stützte Diktaturen, wie lange Zeit die Herrschaft Francos in Spanien (1939 bis 1975). Am 21. April 1967 putschte das Militär in Griechenland. ai musste sich mit einem System der Folter von Menschen in Polizeistationen und Militärlagern auseinander setzen. Die 70er Jahre brachten eine Eruption der Gewalt in fast allen Staaten Südamerikas, in besonders grausamer Form durch Militärs in Brasilien, Chile, Argentinien, Bolivien und Uruguay.

Die inzwischen gegründeten Gruppen von ai kümmerten sich gleichgewichtig um Gewissensgefangene, z. B. wenn Menschen in osteuropäischen Ländern schon dann inhaftiert wurden, sobald sie religiös tätig wurden oder sich friedlich für eine Veränderung der politischen Verhältnisse einsetzten. Internationale Aufmerksamkeit erregte die Verfolgung der Mitglieder der »Charta 77« in der ehemaligen ČSSR.

In den Ländern der sog. Dritten Welt duldeten Einparteienstaaten und Militärregierungen keine politische Opposition. Menschen waren an Leib und Leben gefährdet, wenn sie die politische Alternative forderten und so die Macht der Herrschenden in Frage stellten. Menschenrechtsverletzungen z.T. extremen Ausmaßes wie in Uganda unter der Herrschaft von Idi Amin wurden als Machtsicherungsinstrument eingesetzt. Ja, ai musste auch feststellen, dass aus Opfern Täter werden konnten. Der angolanische Dichter und Arzt Augustino Neto, von Benenson noch als typischer

Gewissensgefangener namentlich genannt, wandelte sich – selbst an die Macht gelangt – zum Befürworter und Anwender von Gewalt gegen Mitmenschen.

Die Vielzahl der von ai (und anderen) festgestellten Menschenrechtsverletzungen führten zu einer Ausweitung der Arbeitstechniken. In Foltersituationen und bei drohenden Hinrichtungen wurden Netzwerke für Brief- und Telegrammaktionen, jetzt mit Hilfe von Telefaxen und E-Mails aufgebaut. Länder- und themenbezogene Kampagnen folgten (gegen die Folter, gegen die Verhängung der Todesstrafe, gegen die Methode des »Verschwindenlassens« von Personen und gegen politischen Mord). Prozessbeobachtungen, Botschaftsbesuche, Eingaben bei internationalen Organisationen wie den Vereinten Nationen erwiesen sich als erfolgreich in dem Bemühen, zu helfen oder Druck auf Regierungen auszuüben, die Menschenrechtsverletzungen begingen. Immer wieder neu wird von ai eine umfassende Kampagne gegen die Folter geführt (genannt CAT = campaign for the abolition of torture), die im Jahr 2000 zum dritten Mal fortgesetzt werden wird (CAT III). Der Anlass ist, dass ai nach wie vor in den jährlichen Berichten rund 120 Staaten benennt, die das Mittel der Folter als Herrschaftsmittel einsetzen.

Wenn ai-Gruppen politische Gefangene in allen Teilen der Welt betreuten, half dies, Vereinnahmungen und Verdächtigungen abzuwehren. Hilfe für die Opfer von Menschenrechtsverletzungen und

Kampagnen zu führen, die nicht ausschließlich politisch motiviert sind, waren das Ziel.

Der politische Gefangene nach der Definition von ai ist der gewaltlos handelnde und die Gewalt nicht befürwortende Mensch. Er wird unter Missachtung der Rechte der »Allgemeinen Erklärung der Menschenrechte«, die die Vereinten Nationen am 10.12.1948 verabschiedet haben, zum Gefangenen gemacht. Seine Inhaftierung ist ein Verstoß gegen das Völkerrecht. Die Entwicklung von Menschenrechtsnormen in zwischenstaatlichen internationalen Organisationen (Vereinte Nationen, Europarat, Organisation Afrikanische Einheit und Organisation Amerikanischer Staaten) hat ai intensiv begleitet. Dies gilt auch für die nach Verabschiedung der Normen in internationalen Gremien durchzusetzende Anerkennung dieser Normen durch Nationalstaaten und ihre tatsächliche Umsetzung und Anerkennung in der täglichen Praxis der jeweiligen Staaten.

Zum Zeitpunkt der Gründung von ai war der Prozess der Weiterentwicklung der Menschenrechtsnormen in den Vereinten Nationen sichtlich ins Stocken geraten. Die Verhandlungen über völkerrechtlich verbindliche Verträge dauerten von 1950 bis 1966. Erst dann wurden die beiden Pakte über wirtschaftliche, soziale und kulturelle Rechte sowie über bürgerliche und politische Rechte verabschiedet. Weitere 10 Jahre mussten vergehen, bis mit der notwendigen Zahl der Vertragsstaaten

(35 Staaten mussten die Pakte ratifizieren) die Verträge in Kraft treten konnten. Nach dem Ende der bipolaren Welt des Kalten Krieges im Jahr 1989 trat kurzfristig eine gegenläufige Entwicklung ein: Menschenrechte sollten der neue Maßstab internationaler Politik und die Vereinten Nationen ihr Mittler sein.

Im Zusammenhang mit der Arbeit mit internationalen Organisationen konnte ai die Tatsache nutzen, dass bereits in der Charta der Vereinten Nationen (Art. 71) der Grundstein der Zusammenarbeit von den Vereinten Nationen und Nicht-Regierungs-Organisationen (Non-Governmental-Organisations = NGOs) gelegt worden ist. Die Vereinten Nationen definieren die NGOs als einen Zusammenschluss »besorgter Bürger«, der nicht auf einer Entscheidung staatlicher oder zwischenstaatlicher Gremien beruhen darf. NGOs konkurrieren nicht mit Wirtschaftsunternehmen, sie sind gemeinnützig und nicht auf Gewinn ausgerichtet.

Die Vereinten Nationen bieten beim Wirtschafts- und Sozialrat (ECOSOC) sog. Konsultativbeziehungen an und unterteilen die NGOs in drei Kategorien:
1. NGOs, die sich mit sämtlichen Zielen und Prinzipien der Vereinten Nationen beschäftigen, das sind 1998 103 Organisationen gewesen, z.B. die Dachverbände von Gewerkschaften und Unternehmern.
2. Die NGOs der zweiten Kategorie beschäftigen sich mit bestimmten Themen der Vereinten Nationen, so hat ai 1964 einen Beraterstatus bei den Vereinten Nationen erhalten (Arbeitsbereich Menschenrechte); 1998 waren so 747 NGOs registriert; eine andere Organisation ist beispielsweise die Gesellschaft für bedrohte Völker.
3. Dann gibt es noch die dritte Gruppe von NGOs, die von Fall zu Fall zu den Beratungen der Vereinten Nationen hinzugezogen werden. Ein Dokument der Vereinten Nationen listet hier 1998 677 Organisationen auf.

Damit sind heute bei den Vereinten Nationen rund 1400 NGOs registriert, 1948 waren es lediglich 41 NGOs.

Die geballte Kraft der NGOs auf dem Gebiet der Menschenrechte zeigte sich bei der Vorbereitung und Durchführung der Zweiten Weltmenschenrechtskonferenz 1993 in Wien. Mit Erfolg konnte ein Angriff einer Gruppe von Nationalstaaten abgewehrt werden, die die Universalität des seit 1945 entwickelten Menschenrechtsstandards in Frage stellten. Institutionell wurde der Menschenrechtsschutz im Anschluss an die Weltmenschenrechtskonferenz durch die Schaffung der Institution »Hoher Kommissar für Menschenrechte« gestärkt. Die Position wird zzt. von der ehemaligen irischen Präsidentin Mary Robinson in eindrucksvoller Weise ausgefüllt. Vor der Weltmenschenrechtskonferenz hatte ai ein Memorandum für die Schaffung eines Sonderkommissars der Vereinten Nationen für Menschenrechte veröffentlicht. Bei der Zweiten Weltmenschenrechtskonferenz waren ca. 1500 NGOs vertreten. 1968 – bei der Ersten Weltmenschenrechtskonferenz – waren es gerade 57 NGOs. Vor und nach der Weltmenschenrechtskonferenz haben sich zunehmend Bündnisse von NGOs auf dem Gebiet der Menschenrechte gebildet. In Deutschland z. B. arbeiten seitdem 40 NGOs unter dem Dach des »Forums Menschenrechte« zusammen.

Menschenrechtsnormen gibt es inzwischen in ausreichender Zahl. Wichtig bleibt, dass die Normen auch durch die jeweiligen Staaten anerkannt und umgesetzt werden. Darüber hinaus müssen internationale Organisationen Schutzinstrumente entwickeln, die bei Menschenrechtsverletzungen effektive Abhilfe schaffen können. Im Europäischen Bereich ist besonders das Komitee gegen Folter hervorzuheben, das Haftorte aufsuchen und untersuchen kann, ohne dass zuvor eine Anmeldung notwendig ist. Die Haftbedingungen in türkischen Gefängnissen und Polizeistationen sind so mehrfach Gegenstand der Untersuchung gewesen. Auch der Europäische Menschenrechtsgerichtshof hat die Türkei in letzter Zeit mehrfach zur Zahlung einer Entschädigung aufgrund von angewandter Folter verurteilt. Ein anzustrebendes Ziel der nächsten Kampagne gegen die Folter von ai wird es sein, das Besuchssystem von Haftorten auf einer internationalen Ebene zu etablieren. Dies ist in Form eines Ergänzungsvertrages (Fakultativprotokoll) zur Anti-Folter-Konvention von 1985 seit Jahren in Ausarbeitung, ohne dass

ein Abschluss der Verhandlungen der Staatenvertreter absehbar ist.

ai schenkt in letzter Zeit der vorbeugenden Menschenrechtsarbeit größte Beachtung. Die Straflosigkeit nach begangener Menschenrechtsverletzung ist als wesentliche Ursache für die Verletzung von Menschenrechten erkannt worden. Den ad-hoc-Gerichtshöfen zum Bereich ehemaliges Jugoslawien und Ruanda misst ai eine wesentliche Bedeutung zu. 800 NGOs – darunter ai – haben an der Schaffung eines Statutes für einen Internationalen Strafgerichtshof mitgewirkt (auf einer internationalen Staatenkonferenz im Juni 1998 in Rom).

Dem Arrest des Diktators Pinochet in London und seinem Auslieferungsverfahren nach Spanien, wo er sich vor einem Gericht für seine Taten verantworten soll, kommt größte symbolische Bedeutung zu. 16 Jahre Herrschaft, die Verletzung der Menschenrechte in dieser Zeit, systematische Anwendung der Folter, das Verschwindenlassen von mindestens 1500 Menschen, willkürliche Inhaftierung und politischer Mord waren zu untersuchen. Die faktische Straflosigkeit der Täter war bisher eine verhängnisvolle Botschaft für die Durchsetzung der Menschenrechte.

Ist ai inzwischen wirklich der Menschenrechtsmulti geworden, der sich um alle Menschenrechtsprobleme dieser Welt kümmert? Wenn ai die Rolle annehmen würde, immer dort einzugreifen, wo die Politik versagt, wäre ai schlecht beraten. Das Signal, das von den Menschen ausgeht, die für ai arbeiten, sollte nach wie vor die praktische Solidarität mit den Verfolgten, Gequälten und Beleidigten sein. In diesem Sinne ist es von großer Bedeutung, wenn im Jahr 1999 eine andere NGO den Friedensnobelpreis erhalten hat, die Organisation »Ärzte ohne Grenzen« mit ebenfalls primär humanitärem Auftrag. Der Kampf für die Menschenrechte ist ein Kampf gegen Unrecht. Die Unantastbarkeit der Würde des Menschen ist noch kein allgemein erreichtes Ziel.

HUBERT STERTHOFF

Ohne viel Aufhebens

Seit 1975 bin ich Mitglied von amnesty international. Letzter Auslöser war eine Radiosendung im WDR. Ich habe sehr früh die Erfahrung gemacht, dass es – um bestimmte Ziele zu erreichen – sinnvoll sein kann, sich mit anderen zusammenzutun. Der Ansatz von ai, sich für Menschen einzusetzen, die scheinbar vergessen aus politischen, religiösen oder ethnischen Gründen inhaftiert werden, ist auch heute noch für mich überzeugend. Eine weitere Stärke von ai ist für mich die politische Unabhängigkeit der Organisation. Wir kritisieren Menschenrechtsverletzungen überall in der Welt. Das politische System des jeweiligen Landes spielt dabei keine Rolle. Die Arbeit von ai hat sich im Laufe der Jahre stark verändert. Während zunächst das Eintreten für gewaltlose politische Gefangene im Vordergrund stand, forderte ai später u. a. die Abschaffung von Folter und Todesstrafe sowie Aufklärung über das Schicksal der »Verschwundenen«. Während sich ai früher als Gefangenenhilfsorganisation begriff, haben wir in den letzten Jahren unser Aufgabengebiet erweitert und sind heute eine der größten Menschenrechtsorganisationen der Welt. Inwieweit es uns gelingt, auch zukünftig ein klares Profil zu entwickeln, muss abgewartet werden.

Für mich hat die Asylarbeit von ai einen besonderen Stellenwert. Ich bin davon überzeugt, dass politischen Flüchtlingen Schutz vor Verfolgung gewährt werden muss. Die Bundesrepublik hat hier aufgrund ihrer Geschichte eine besondere Verantwortung.

ai hat sich in den letzten Jahren immer wieder gegen Verschärfungen des Asylrechts gewandt. Wir haben in Hamm zu diesem Thema intensive Lobbyarbeit betrieben. Es gelang uns auch, die Hammer SPD 1992 zur Ablehnung weiterer Asylrechtsverschärfungen zu bewegen. 1993 wurde dann die Einschränkung des in Artikel 16 des Grundgesetzes garantierten Rechts auf politisches Asyl beschlossen. Ich war damals sehr deprimiert, weil ich intensiv gegen diese Aushöhlung des Asylrechts gekämpft hatte und – was viel wichtiger ist – weil es politisch Verfolgten heute kaum noch möglich ist, legal in die Bundesrepublik einzureisen.

Als ich bei ai anfing, wurden wir in der Öffentlichkeit häufig als linke Spinner beschimpft. Bei Infoveranstaltungen oder anderen Gelegenheiten erhielten wir den Rat, doch nach drüben zu gehen, wenn es uns hier nicht gefalle.

Inzwischen wird unsere Arbeit anerkannt. Dazu haben sicher die Verleihung des Friedensnobelpreises 1977, aber auch die kontinuierlichen und zuverlässigen Informationen von ai über Menschenrechtsverletzungen in aller Welt beigetragen. Welchen Stellenwert die Berichte von ai inzwischen haben, wird deutlich, wenn man bedenkt, dass bei Asylverfahren viele Verwaltungsgerichte in Deutschland die Berichte von ai über die Menschenrechtssituation in den jeweiligen Ländern als wichtige Entscheidungshilfen ansehen.

Im Gegensatz zu früher erhält ai in der Bundesrepublik heute sehr viel öffentliche Zustimmung. Wie brüchig diese jedoch ist, wird immer dann deutlich, wenn es wirklich konkret wird. Dies gilt insbesondere für unsere Forderungen zum Thema Asyl und in noch stärkerem Maße, wenn wir Übergriffe der deutschen Polizei öffentlich machen.

Die Arbeit bei ai hat mich politisiert. Von der Asylpolitik war bereits die Rede. Häufig sind aber auch wirtschaftliche Rahmenbedingungen, die nicht nur von der jeweiligen nationalen Regierung zu verantworten sind, Auslöser für Menschenrechtsverletzungen. An einem Beispiel möchte ich dies verdeutlichen: 1977 setzte ich mich zusammen mit anderen Mitgliedern unserer amnesty-Gruppe in Hamm für einen politischen Gefangenen aus Ägypten ein. Es handelte sich um einen Studenten, der wegen seiner Teilnahme an Massendemonstrationen gegen die von der ägyptischen Regierung geplanten Lebensmittelpreiserhöhungen vor Gericht gestellt werden sollte. Die Arbeit für diesen gewaltlosen politischen Gefangenen führte dazu, dass wir uns mit der politischen und wirtschaftlichen Situa-

tion des Landes beschäftigten. Dabei erfuhren wir, dass Ägypten kurz zuvor strenge Auflagen vom Internationalen Währungsfonds bekommen hatte, die es der Regierung untersagten, weiterhin die Lebensmittelpreise zu subventionieren. Die Streichung dieser Subventionen hatte zu den oben erwähnten Demonstrationen geführt.

Von 1987 bis 1989 war ich Mitglied im Bundesvorstand von ai und dort für Mitgliedschaftsfragen zuständig. Da ich von Geburt an blind bin, waren im Vorfeld einige technische Fragen zu klären. Mir ist damals aufgefallen, wie selbstverständlich alle Beteiligten mit meiner Behinderung umgingen und dass diese nicht als Hinderungsgrund für meine Kandidatur gesehen wurde. Ich erwähne dies, weil es nach meiner Erfahrung leider immer noch eher die Ausnahme ist.

ai setzt sich für die Opfer von Menschenrechtsverletzungen ein. Es handelt sich dabei immer um ganz konkrete Einzelschicksale. Wenn wir nur in einigen Fällen Verbesserungen erreichen können, macht die Arbeit schon Sinn. Auf Versammlungen von ai oder bei anderen Gelegenheiten bedanken sich ehemalige politische Gefangene immer wieder für die Unterstützung und betonen, wie wichtig unsere Arbeit für sie ist. Ich habe bei solchen Gelegenheiten immer sehr zwiespältige Gefühle. Es handelt sich ja hier um Menschen, die für ihre Überzeugungen inhaftiert wurden und enormen Mut bewiesen haben. Wenn ich dies bedenke, fällt es mir schwer, den Dank anzunehmen, weil ich finde, dass man um das, was wir tun, eigentlich nicht so viel Aufhebens machen sollte. Andererseits wird auch deutlich, wie wichtig unsere Arbeit tatsächlich ist, und das tut natürlich gut.

Die Arbeit bei ai hat mich auch persönlich bereichert. Es ist sicher eine unserer Stärken, wie viele unterschiedliche Menschen sich bei uns engagieren. Und: Im Laufe der Jahre haben sich zahlreiche Freundschaften entwickelt, die ich nicht missen möchte.

IRMELA KIRLEIS
ai-Gruppe Einbeck

Die Geschichte einer Postkarte

amnesty international erhielt im Jahr 1977 den Friedensnobelpreis. Das war Anlass der Arbeitsgemeinschaft sozialdemokratischer Frauen in Einbeck, mehr über die Organisation und ihre Arbeit zu erfahren.

Als sich dann Lina Paethe, Wolfgang Paethe und Anna Horbartsch aus der Göttinger ai-Gruppe bereit erklärten, über die Arbeit von amnesty zu informieren, luden wir Frauen zu einer öffentlichen Veranstaltung in Einbeck ein. Einige der interessierten Teilnehmer und Teilnehmerinnen dieser Veranstaltung trafen sich danach regelmäßig und hielten den Kontakt zur Göttinger Gruppe. So kam es bald zur Gründung einer ai-Gruppe mit 14 Mitgliedern, die im Dezember 1977 die Anerkennung durch das Internationale Sekretariat in London erhielt.

Die Zusammensetzung unserer Gruppe war vom Alter her recht unterschiedlich, aber auch vom Berufsbild der einzelnen Mitglieder. Oberschüler aus 12. und 13. Klassen, Pädagogen/innen, Hausfrauen, Beamte, Erzieherinnen, Pastoren, ein Psychologe, eine Juristin und ein libanesischer Arzt gehörten zur Gruppe. Die Bereitschaft sich bei ai zu engagieren, war bei den Mitgliedern recht unterschiedlicher Natur. So wollte Wolfgang, der Pastor, mitarbeiten, um dann in seiner Kirchengemeinde Menschenrechtsthemen anzusprechen.

Inge, die Juristin, vertrat politische Flüchtlinge, wenn es um die Anerkennung im Asylverfahren ging, und hatte daher großes Interesse an ai. Chansor, der Libanese, erhoffte sich Hilfe für politisch verfolgte Freunde in seinem Land. Dieses sind einige Beispiele.

Trotz dieser verschiedenen Ansätze waren aber grundsätzlich bei allen Gruppenmitgliedern die Ziele von amnesty international richtungweisend.

So begannen wir unsere Arbeit mit Aktionen in der Öffentlichkeit. Wir machten auf Menschenrechtsverletzungen in verschiedenen Ländern aufmerksam und sammelten Unterschriften für politisch Verfolgte.

Nach unseren ersten Erfahrungen in der amnesty-Arbeit wurde der Wunsch laut, persönlichen Kontakt zu einem politischen Gefangenen aufzunehmen.

Im April 1978 erfuhren wir vom Internationalen Sekretariat in London vom Schicksal des Juan Ramon Antunez aus Uruguay, den wir dann vier Jahre lang betreuten.

Zu dem Zeitpunkt herrschte in Uruguay eine Militärdiktatur, die ihre politischen Gegner brutal verfolgte.

Juan Ramon Antunez war Textilarbeiter und gehörte einer sozialistisch orientierten Gewerkschaft an. Diese Zugehörigkeit reichte offenbar aus, ihn auf offener Straße zu verhaften und ins Gefängnis »Penal de Libertad« (übersetzt: Strafgefängnis Freiheit!) in San José zu verschleppen. Das Gefängnis »Libertad« war durch seine brutalen Foltermethoden und unmenschlichen Haftbedingungen weltweit bekannt.

Zunächst machten wir in der Öffentlichkeit auf das Schicksal von Antunez aufmerksam. Viele Unterschriftenlisten, Briefe und Postkarten, in denen seine Freilassung gefordert wurde, gingen an Regierungsbehörden in Montevideo und an die uruguayische Botschaft in Bonn.

In der Hoffnung, persönlichen Kontakt zu Antunez zu bekommen, schickten Gruppenmitglieder immer wieder Briefe und Päckchen ins Gefängnis »Libertad«. Wir erhielten keine Antwort …

Erst nach seiner Haftentlassung 1982 erreichte uns der erste Brief von Antunez.

Unsere Freude war unbeschreiblich!

Briefe und Päckchen von uns erhielt er während der langen Haftzeit nicht. Unsere Adresse hatte Antunez von einer Postkarte aus Einbeck, die seinem Brief beilag.

Diese Postkarte hat eine ganz besondere Geschichte, wie wir aus Antunez' Brief erfuhren.

Ein Einbecker Bürger schickte die Karte im Rahmen einer ai-Aktion an die uruguayische Botschaft in Bonn mit der Bitte, Antunez aus dem Gefängnis freizulassen. Sie muss dann über die Kurier-post den Weg zum Außenministerium in Uruguay genommen haben. Vom Büropapierkorb gelangte sie in die Müllabfuhr und landete letztendlich auf einer Riesenmüllhalde vor den Toren Montevideos.

Müllarbeiter hatten diese Postkarte aus Deutschland während ihrer Arbeit auf der Deponie gefunden – heil und noch lesbar.

Wie Antunez uns berichtete, waren viele Arbeiter gewerkschaftlich organisiert, die meisten von ihnen solidarisierten sich mit den politischen Gefangenen in ihrem Land. Aus diesem Grund sollen sie sehr aufmerksam beobachtet haben, was auf der Müllhalde angeliefert wurde. Es klingt wie ein Wunder, dass von einem der Arbeiter tatsächlich die Angehörigen von Antunez ermittelt wurden, denen er die Karte eigenhändig überbrachte.

Antunez schrieb in seinem Brief über die große Freude, die diese Karte aus Deutschland in seiner Familie auslöste. Sie sei ein Zeichen der Hoffnung gewesen und ein Signal dafür, nicht vergessen zu sein.

Die Angehörigen schmuggelten die Karte ins Gefängnis. Antunez ließ uns wissen, dass diese Karte die einzige »Post« während seiner Haftzeit gewesen sei, »ein Lichtblick in seiner dunklen Zelle«!

Zu erfahren, dass es fern seiner Heimat Menschen gab, die um sein Schicksal wussten und sich für seine Freilassung einsetzten, habe ihm die Kraft zum Überleben gegeben, schrieb uns Antunez in großer Dankbarkeit.

Zwischen Juan Ramon Antunez und

unserer Gruppe entwickelte sich ein Briefkontakt, der über viele Jahre bestand.

Zum 10-jährigen Bestehen unserer ai-Gruppe in Einbeck schickte uns Antunez einen besonderen Gruß, der uns sehr anrührte:

»Der 14. November rückt näher und somit das 10-jährige Bestehen ständigen und erfolgreichen Bemühens um die Verteidigung der Menschenrechte in der ganzen Welt. Wir möchten Ihnen auf diesem Wege unseren tief empfundenen Dank und Respekt für diese Arbeit aussprechen. Die ehemaligen politischen Gefangenen aus Uruguay sind dankbar für Ihre Gruppe, die zu einem unserer teuersten Freunde und unermüdlichen Wortführer für Frieden und Gerechtigkeit geworden ist, – schon seit jenen ersten Tagen der Verbannung durch die Diktatur.

Ein brüderlicher und solidarischer Gruß zu diesem Jubiläum geht an alle diejenigen, die gemeinsam die Freiheit und die Achtung vor dem Menschen ermöglichen, sei es in Uruguay oder im Irak, in Somalia oder in der Sowjetunion.

Vielen Dank für alles.

Herzliche Glückwünsche zum Jubiläum an amnesty international aus Einbeck!

Es lebe die Einheit der Menschen!

Mit lieben Grüßen an alle,
Juan Ramon Antunez«

URS M. FIECHTNER

Neu anfangen

(Ein Taufgedicht)

Wiederhole unsere Fehler.
Sie tun weh. Aber anders
versteht man sie nicht.
Verzeihe uns nicht. Aber
finde unsere Gründe heraus.
Bleibe nicht stehen,
wo wir standen.

Achte die Irrtümer. Sie werden bald
deine eigenen sein. Habe Respekt
vor den Unwissenden. Schließlich
gehörst du zu ihnen. Aber versuche,
die Ignoranten zu erkennen,
die bösartig Nichtswissenden,
die wissentlich Blöden,
die selbstzufrieden Großmäuligen,
die Stammtischkrakeeler, die Verkäufer,
die Propheten, die Vorsitzenden,
die Anführer, die Einredner,
die Missionare, die dummdreisten
Fahnenschwenker: Sie
sind verantwortlich. Sie
sind haftbar.
Überlasse ihnen die Straße nicht.
Und nicht das Wort.

Respektiere die Würde der anderen.
Aller anderen.
Nur davon hängt deine eigene ab.
Unter den Menschen sind alle
bloß anders,

doch kaum einer besser. Suche
deine Stärke nicht in Missachtung
oder Gewalt, sondern in Einsicht. Aber
lass dich nicht abhalten, die Zähne
zu zeigen, wenn es notwendig ist.

Behandle die Menschen, als seien sie gut.
Aber verharre nicht im Zustand der Unschuld.
Die Unschuldigen sind freundlich, doch
sie helfen nicht weiter.
Sie lassen gewähren.
Sie bekämpfen die Schuldigen nie.
Durch deine Unschuld werden die Geschundenen
nicht weniger geschunden.
Deine Unschuld befreit die Gedemütigten nicht.
Man kann sie nicht essen.

Belästige dich mit dem Wesen der Dinge.
Sieh alles dir an. Lasse nichts aus.
Wenn du die Wahrheit verteidigen willst,
lerne, den Seitengang der Lüge zu verstehen.
Was immer du suchst – suche dort,
wo man es am wenigsten findet, und
befrage die Unterlegenen.
Viel wissen die Rechtlosen über das Recht,
die Gefangenen über die Freiheit.
Viel wissen die Hungernden über das Brot.

Begnüge dich nicht mit der Gegenwart.
Wirf deinen Blick über die Zeiten.
Die Vergangenheit hat alles geformt, was
du siehst. Auch in deinem Spiegel.
Ohne von der Herkunft der Dinge zu wissen,
kannst du sie nicht ändern, nur wiederholen.
Was immer du tust, ist ein Schritt
in die Zukunft. Aber kein Fußbreit
ist sicher, ohne den Boden zu kennen,
auf dem du dich bewegst.

Folge den Rattenfängern nicht, es sei denn
du zählst dich unter die Ratten. Hänge dich

nicht an die glitzernd Vielbewunderten an:
die Folgsamen sind doch nur Kopien
und Anhänger sind niemals mehr
als der Schwanz am Hintern des Hundes.
Von diesen haben wir genug.
Wenn du etwas Neues probieren willst,
versuche (bescheiden, aber beharrlich)
einfach selbst ein Jemand zu sein.

Was auch geschieht: lasse es nie
allein nach dem Willen der anderen geschehen.
Genieße jede Bewegung, solang sie
deine eigene ist. Du hast Zeit. Noch.
Koste sie aus mit Stolz und behaupte nicht
am Ende, du hättest nichts gewusst. Oder
einer allein könne ja doch gar nichts tun.
Das haben wir zu oft gehört. Mach etwas mehr
aus dir als eine verblassende Eintragung
in der Gästeliste.

Und, versteht sich:
Traue den Gedichten nicht, mindestens
solange du selbst noch keine geschrieben hast.
Wiederhole unsere Fehler.
Aber übertreibe es nicht.
Das haben
wir ja schon getan.

ESTELA B. DE CARLOTTO

Die Geschichte der »Abuelas de Plaza de Mayo«

Schon allein das Wort GROSSMUT-TER erweckt ein Gefühl von Zärtlich-keit. Es ruft das Bild einer kleinen alten Frau hervor, die mit weißem, zu einem Knoten gekämmten Haar und auf die Nasenspitze gerutschter Brille ein Enkelkind in den Armen hält, dem sie die unglaublichsten Geschichten aus ihrem Leben erzählt. Und natürlich sitzt sie in einem gemütlichen Sessel. Aber dieses Bild ist das genaue Gegenteil von dem, was die »Abuelas de Plaza de Mayo« sind. Sie sitzen nicht. Der Sessel ist genau so leer wie ihre Arme, die eigentlich ein Enkelkind umarmen sollten. Es gibt eine Erklärung für ihre unaufhörliche Suche und Wanderung durch die Welt: Man hat sie zweifach beraubt; zuerst einer Tochter oder eines Sohnes und außerdem ihrer Enkelkinder.

Es begann lange vor dem 24. März 1976, denn man kann nicht von heute auf morgen einen Militärputsch planen. Das argentinische Militär hatte den Überfall auf die verfassungsgemäße Regierung mit Hilfe der Wirtschafts-mächte bis in alle Einzelheiten vorberei-tet.

Die große Mehrheit der Bevölkerung wusste nicht genau, welche Pläne auf diese gewaltsame Weise durchgesetzt werden sollten. Nur eine weitsichtige Jugend hatte es verstanden: Die Reich-tümer des eigenen Landes sollten an die Meistbietenden ausgeliefert werden. Diesem Schicksal wollten sie sich wider-setzen. Doch ihr Widerstand sollte sie teuer zu stehen kommen, denn sie wur-den zu »inneren Feinden« erklärt. In den frühen Morgenstunden begannen die Entführungen – sie, ihre Freunde, Sym-pathisanten und vor allem ihre eigenen Kinder wurden entführt.

Was kann eine Mutter oder Großmutter tun, wenn in einer Horrorsituation plötzlich ihre Söhne und Töchter bzw. ihre Enkel einfach »verschwinden«, als ob sie die Erde verschluckt hätte? Nie-mand weiß etwas, keiner antwortet auf Fragen, niemand macht sich verant-wortlich. Zuerst beginnt die Suche in aller Einsamkeit, weil der Satz »sie wa-ren in irgendetwas verwickelt« oder »irgendetwas haben sie sicher getan« die allgemeine Haltung bestimmte, die jede betroffene Familie in eine Art Ghetto verwandelte. Wie kann man mit anderen Leuten über etwas sprechen, das sich nicht erklären lässt? Aber dieser Zustand dauerte nicht lange. Gesunder Menschenverstand und Liebe durchbra-chen die Barriere des »Familiengeheimnisses« und sie gingen auf die Straße. Sie trafen sich mit anderen Frauen, die herzzerreißend weinten und dasselbe forderten. Und dann die solidarischste aller Gesten: die Reihen schließen, sich die Hände reichen um gemeinsam zu marschieren, und gegen die Angst, das Risiko und die schlechten Ratschläge zu kämpfen.

So wurde am 22. Oktober 1977 etwas geboren, von dem sich niemand vorstellen konnte, dass es für immer sein sollte: die »Abuelas de Plaza de Mayo«. Damals waren es 12 Frauen, die Träumerinnen, die Vorkämpferinnen. Der Name wurde ihnen gegeben, weil sie Großmütter waren, die ihre verschwundenen Enkelkinder suchten. Einige waren schon auf der Welt, als man ihre Eltern entführte, andere wurden wer weiß wo geboren, weil die entführten Töchter schwanger waren. »Plaza de Mayo«, ein historischer Ort der Freiheitsbewegungen, war der erste Schauplatz, wo die Abuelas direkt vor dem Regierungsgebäude aufmarschierten und wo die Völkermörder die Fensterläden vor ihren energischen und dramatischen Forderungen verschlossen. Deshalb heißen sie »Abuelas de Plaza de Mayo«.

Damals dachten sie, dass sie ihre geraubten »Schätze« bald zurückbekämen. Dass ihr Sohn oder ihre Tochter mit all ihrer Jugend, ihrem Lächeln und ihrer Lebenslust wieder auftauchten, von ihren kleinen Enkelkindern ganz zu schweigen. Die mussten doch von den Großeltern erzogen werden!

Aber nichts von alldem geschah. Nur in einigen außergewöhnlichen Fällen wurden die Kinder gefunden und gerettet.

Trotzdem machten die Tage, Monate und Jahre diese Frauen immer tapferer, die, statt aufzugeben, in ihren Überzeugungen und Gefühlen nur stärker wurden und alles Menschenmögliche für die gemeinsame Sache einsetzten.

Vorher hatten sie sich nicht gekannt, doch die kulturellen, religiösen, politischen und sozialen Unterschiede zwischen ihnen störten das gemeinsame Ziel nicht: die Suche nach den Enkeln, ohne dabei ihre Töchter und Söhne zu vergessen.

Der Weg, den sie wählten, war wohl bedacht, denn sie wussten, dass sie mit Hilfe verschiedener Strategien und Vorgehensweisen den Aufenthaltsort ihrer Enkelkinder erfahren würden. Zu Anfang trugen sie ihre unermüdlichen Füße in Waisenhäuser und Kinderheime, in denen sie immer wieder voller Angst fragten, ob nach den Militäraktionen irgendjemand ein Kind dort abgegeben hätte. Sie wollten sie sehen, ihre Gesichter betrachten, wollten in den Bettchen der »Verlassenen« das Kind finden, das sie so liebten, sich vorstellen, wie es ihnen die Ärmchen beim ersehnten Wiedersehen entgegenstreckte. Aber nichts dergleichen geschah.

Dann gewöhnten sich ihre Augen daran, die Kinder im Kindergarten zu beobachten, und als die Jahre vergingen, schauten sie die Schulkinder in den weißen Kitteln der Unterstufe an, dann die schlaksigen Jugendlichen in der Oberstufe. Und nun ruhen ihre forschenden Blicke auf den jungen Studenten. Sie suchen nach Ähnlichkeiten mit deren Eltern: die Augen, die Haare, der Gang. Aber sie wissen, dass es eine Illusion ist zu glauben, dass ein Wiedersehen unter diesen Umständen zustande kommen könnte. Sie erkannten es damals im Jahr 1981, als sie sich fragten: Wie sollen wir unsere Enkel oder Enkelinnen wiedererkennen, die wir niemals gesehen haben? Und wie beweisen, dass dieses Kind zu unserer Familie gehört?

Sie wussten bereits, dass es Blutproben gab, die die Vaterschaft bestätigen können. Aber die Eltern waren nicht mehr da. Man musste den Beweis der Großelternschaft erbringen, das Blut der Großeltern und Familien analysieren, um eine genetische Abstammungsfolge der verschwundenen Eltern wiederherzustellen. Ein Versuch in verschiedenen europäischen Ländern blieb erfolglos. Eine positive Antwort bekamen sie von US-amerikanischen Wissenschaftlern. In den Anfängen der wiedererlangten Demokratie wurde 1984 dieser neue, noch weitgehend unerprobte Prozess der Suche nach Identität in Gang gesetzt und eine »Nationale Datenbank für genetische Informationen« gegründet, wo klassifizierte Blutproben der Familien aufgehoben werden, die ihre Enkel suchen. Dort wartet das Blut mit seinen Kreiseln, Quadraten, Fähnchen, Formeln auf die exakte Übereinstimmung mit dem gefundenen Enkelkind. Und dann geschieht das Wunder des Wiedersehens; das Foto von einem geraubten Baby, das an der Wand im Hause der Abuelas hängt, verwandelt sich in einen jungen Mann oder eine junge Frau, die ihm oder ihr ähnlich ist. Mit vor Staunen geweiteten Augen erfahren sie von ihrer Herkunft und sehen ihre Groß-

mutter. Diese Großmutter, deren Bild sich tief in ihrem Unterbewusstsein fast für immer verloren hatte. Aber da ist die Stimme, diese Stimme, die ihn oder sie gerufen und ein Wiegenlied gesungen hatte. Es gibt auch andere Fälle, dass der gefundene Jugendliche sich an gar nichts erinnern kann, weil er an dem schrecklichen Entführungsort seiner Mutter geboren wurde. Aber er bringt eine klare Botschaft mit, auch wenn er sie nicht kennt: die Stimme des eigenen Blutes. Er entdeckt das Erbe seiner Eltern in seinen Vorlieben, Neigungen und Gesten, die nicht mit denen ihrer Entführer übereinstimmen. Erst jetzt fügt sich ein richtiges Bild zusammen, eine Identität.

Jede Person wird mit biologischen, kulturellen und sozialen Merkmalen geboren, die über Generationen hinweg vermittelt werden und die die wichtigsten Charaktereigenschaften einer Person beeinflussen. Das wissen die Großmütter am besten, weil sie durch ihre Erfahrungen beweisen können, dass es für die Enkel eine Rückkehr zum LEBEN bedeutet, wenn sie ihre WAHRHEIT, ihre GESCHICHTE und ihre FAMILIE zurückgewinnen.

Sie haben schon 65 Enkelkinder entdeckt, aber es fehlen immer noch viele, denn sie erhielten etwa 240 Suchanzeigen, und man geht davon aus, dass während der Militärdiktatur 400 bis 500 Kinder »verschwanden«.

Als sie damals im Jahr 1977 ihren Kampf begannen, gingen sie selbst dem Verbleib der Kinder nach, wobei sie das Risiko eingingen, entdeckt zu werden und selber zu »verschwinden«. Sie nahmen die unterschiedlichsten Berufe an, um in das Haus zu gelangen, in dem sie ein gestohlenes Kind vermuteten. Manchmal verkauften sie Kinderbücher oder Kleidung und Spielzeug. Wenn es nötig war, gaben sie sich als Hausangestellte aus, um in die Häuser zu kommen und das in Frage kommende Kind und seine angebliche Familie beobachten zu können. Im Laufe der Jahre konnten sie diese Aufgaben nicht mehr selbst durchführen, weil sie wegen ihrer Öffentlichkeitsarbeit wiedererkannt wurden. Deshalb übernahm eine Untersuchungskommission diese Arbeit. Sie besteht aus Familienmitgliedern, die mit detektivischen Vorgehensweisen Angaben zu einem möglichen Aufenthaltsort nachgehen und überprüfen, Daten gegenüberstellen und die Möglichkeit eines Wiedersehens prüfen.

23 Jahre gehen sie nun schon diesen harten und schmerzhaften Weg. Die Abuelas haben nun mehr Falten im Gesicht, weiße Haare, gehen etwas langsamer. Aber ihre Herzen schlagen mit unglaublicher Kraft, gestärkt durch die Hartnäckigkeit, die Herausforderung, die Ausdauer, den Glauben, den Optimismus und die Liebe, die große Liebe für alle, die etwas tun. Und sie haben sich mit ihrem Leben dafür verbürgt, diesen Kampf nicht aufzugeben, weil in ihm der Stolz auf ihre Nachkommen steckt, die Integration der Familie, die Warnung an alle, dass diese Art von Diebstahl sich an keinem Ort der Erde wiederholen darf, weil die Frauen sonst aufstehen und sich in Löwinnen verwandeln würden um ihre Jungen zu verteidigen.

Und man soll erfahren, dass es friedliche Kämpfe gibt, die das NIE WIEDER wahrmachen wollen. Sie sind keine Heldinnen, sie sind auch nicht anders als andere, sie sind nur Frauen – Mütter – Großmütter.

PAULA MONACO

El escrache[*]

Wir kämpfen gegen das Schweigen aus der Notwendigkeit heraus, zu reden und uns zu versammeln, immer wieder, und weil es für uns heute unerlässlich ist, uns über das Wort wieder aufzubauen. Um aus der Isolation herauszukommen, zu der uns der Terror gezwungen hat, und unsere Erfahrungen auszutauschen. Um die Stimme unserer Eltern lebendig zu erhalten, die Stimme unserer Angehörigen, die nie aufgehört haben Gerechtigkeit und Strafe zu fordern. Aber auch um die Stimmen wieder hörbar zu machen, die in unserem Land und seiner Geschichte zum Schweigen gebracht wurden.

Ein anderes Wort für Schande

»Escrache« ist ein Wort aus der argentinischen Umgangssprache. »Escrachar« heißt, auf eine Person in aller Öffentlichkeit aufmerksam zu machen, und zwar laut und deutlich. Gleichen Ursprung hat der Ausdruck »es un escracho«, mit dem man eine Person meint, mit der man sich nicht öffentlich sehen lassen kann. Also hat »escrache« etwas mit Schande zu tun, mit einer Eigenschaft, Person oder Tatsache, die versteckt werden soll und trotzdem an die Öffentlichkeit gebracht wird.

»Escrachar« heißt, ans Licht bringen, was im Dunkeln ist; enthüllen, was versteckt ist; das wirkliche Gesicht der Mörder zeigen.

Unser »escrache« bezieht sich auf eine soziale Schande: die Freiheit der Völkermörder. Es ist eine gesellschaftliche Schande, denn die Mörder leben unter uns. Wir können nicht auf unsere demokratischen Institutionen vertrauen, die uns Gerechtigkeit garantieren sollten. Aber vor allen Dingen ist es ihre eigene Schande, denn sie verstecken ihre Vergangenheit und benehmen sich wie normale Bürger, die außerdem noch auf ihre Rechte pochen. Es sind viele und sie sind überall: Sie verstecken sich in ihren Häusern, haben private Sicherheitsagenturen, arbeiten in öffentlichen Institutionen und sind großspurig. Viele haben sogar durch das Gesetz der »Obediencia Debida« (Befehlsgehorsam) und das Gesetz des »Punto Final« (Schlusspunktgesetz) abgesicherte öffentliche Positionen inne, und zwar in denselben demokratischen Institutionen, von denen sie eigentlich hätten verurteilt werden müssen. Die größte Schande ist, dass einige sogar in der Regierung sitzen, häufig durch offizielle Wahlen bestätigt.

----

[*] sprich: [el eskratsche]

Der »escrache« als roter Faden durch die Geschichte

Die Pläne, die für unser Land geschmiedet wurden und durch den Staatsputsch erzwungen werden sollten, sind immer noch gültig. Der Unterdrückungsapparat, der von den Militärs aufgebaut wurde, ist weiterhin intakt, dieselben Richter sitzen in öffentlichen Ämtern, dieselben Vertreter der Kirche und Geschäftsmänner, die den Völkermord betrieben haben. Unsere Politik und Wirtschaft liegen in denselben Händen, die mit Blut verschmutzt sind, unbestraft blieben und sich auf Kosten Tausender von Ausgeschlossenen und Unterdrückten bereichert haben.

Wir wollen ihre Verurteilung und Bestrafung, aber diese Forderung bezieht sich nicht ausschließlich auf den rechtlichen Bereich. Die Mauer der Straflosigkeit, die durch das Befehlsgehorsams- und Schlusspunktgesetz errichtet wurde, und die vielen Komplizen unter den Richtern machen unsere Aufgabe nicht leicht. Trotzdem versuchen wir es weiter, eröffnen neue Verfahren, nehmen andere wieder auf (so wie in Córdoba im sogenannten »Fall Menéndez«).

Die Organisation H.I.J.O.S. wurde 1995 ins Leben gerufen und vereint die Angehörigen von Verschwundenen, Exilierten, ehemaligen politischen Häftlingen und den während der letzten Militärdiktatur in Argentinien Ermordeten. Die Buchstaben sind die Abkürzung für »Söhne und Töchter im Zeichen der Identität und Gerechtigkeit gegen das Vergessen und Schweigen« (Hijos por la Identidad y la Justicia contra el Olvido y el Silencio). Sie deuten schon auf die politische Linie hin, die der Organisation bei ihrer Arbeit an den Menschenrechten zugrunde liegt.

Söhne und Töchter, weil wir die Kinder der Opfer des Staatsterrors und des Völkermordes sind, den wir in den 70er Jahren erlitten haben.

Identität hatte am Anfang mit dem Auffinden unserer Brüder und Genossen zu tun, denen man ihre wahre Identität vorenthalten hatte. Und gemeinsam haben wir dann entdeckt, dass man uns allen unsere Identität gestohlen hatte, dass wir sie für uns selbst und für die Gemeinschaft zurückgewinnen mussten. Wir mussten uns als Teil einer Geschichte wiedererkennen, die uns vonseiten der Macht vorenthalten wurde. Heute sind wir schon weit gekommen, und die Wiederherstellung der eigenen Identität entspricht der Absicht, ein soziales Gefüge wiederaufzubauen, das von der Militärdiktatur zerstört worden war um zu verhindern, dass wir uns als Mitspieler in ein und demselben politischen und historischen Prozess begreifen. (Wenn wir heute von Identität sprechen, beziehen wir uns auf alle diese Aspekte.)

Wir kämpfen um die **Gerechtigkeit**, weil sich im Strafmaß für die verantwortlichen Verbrecher gegen die Menschenrechte überhaupt nicht erkennen lässt, dass seit der Rückkehr der Demokratie die von der Verfassung vorgesehenen Institutionen tatsächlich funktionieren. Am Anfang wurden einige Militärs in einem einmaligen Prozess vor Gericht gestellt (»Juicio a las Juntas«). Das war ein sehr wichtiger Schritt, nicht nur, weil einige Völkermörder verurteilt wurden, sondern auch, weil die Gräueltaten dieser »bleischweren« Zeit ans Tageslicht gebracht wurden. Aber die Verabschiedung des Befehlsgehorsams- und des Schlusspunktgesetzes (1987 und 1988) erlaubte die Freilassung aller mittleren und unteren Ränge der Streitkräfte, wodurch der Prozess um Gerechtigkeit und die Aufdeckung der ganzen Wahrheit blockiert wurde. 1990 erteilte der Ex-Präsident Carlos Menem die Begnadigungen, die auch die Kommandanten der Militärs auf freien Fuß setzen. Sowohl die beiden Gesetze als auch die Begnadigungen waren die Reaktion auf den Druck, den diese Gruppen durch bewaffnete Aufstände und Putschversuche ausgeübt hatten. Sie zeugen aber auch von der Schwäche der politischen Kräfte, die sich lieber zu Komplizen der Mörder machten als dem Volk zur Wahrheit zu verhelfen.

Wir kämpfen gegen das **Vergessen**, weil die Gesellschaft ein Recht darauf hat, ihre eigene Geschichte zu errichten, die Geschichte von Hunderten Männern und Frauen, die durch den Terror zum Schweigen gebracht und zu innerer Stille gezwungen wurden. Aber wir wollen uns nicht nur an die Schrecken der Diktatur erinnern, sondern auch daran, was sie eigentlich zum Schweigen bringen wollte: die Träume und die Stimmen derjenigen, die gegen Ungerechtigkeit und Unterdrückung kämpften.

Wir werden unsere Kraft nicht in Gerichtssälen erschöpfen; wir setzen darauf, dass wir durch unsere Arbeit und besonders durch das Anprangern dieser Missstände eine »gesellschaftliche Verurteilung« erreichen können. Es ist uns wichtig, dass jeder Argentinier und jede andere Person, die wir erreichen können, die Mörder verurteilt. »Anprangern« heißt offenzulegen, wer sie sind, wo sie wohnen und was sie getan haben. Damit niemand sagen kann, dass er nichts gewusst habe und deshalb gleichgültig bleibt. So liegt die Verantwortung für die Ablehnung und Verurteilung nicht mehr nur in unseren Händen, sondern sie wird von einem ganzen Volk getragen, das für die Verschwundenen, die Fehlenden, für den vergangenen und gegenwärtigen Schmerz Vergeltung fordert.

Wir sagen den Schuldigen ins Gesicht, vor ihren Häusern und an ihren Arbeitsplätzen, dass wir ihre Verbrechen und Gräueltaten niemals vergessen, und dass wir sie suchen werden, egal, wo sie sich verstecken.

So wird der »escrache« organisiert

H.I.J.O.S. setzt auf kollektive Arbeit mit einem horizontalen Aufbau und in Córdoba ist unsere Arbeitsform der Konsens. Es gibt Kommissionen, die sich mit verschiedenen Gebieten befassen: Presse, Öffentlichkeitsarbeit, Rechtsfragen, interne politische Fortbildung, Aufnahme von neuen Mitgliedern, »Hermanos« (sie suchen die Kinder, die von den Militärs gestohlen und illegal behalten wurden), Finanzen und die Aktionen des »escrache«. Jede Kommission löst praktische Fragen, hat aber auch ihr eigenes Projekt und richtet sich nach der politischen Linie, die die Generalversammlung festlegt. Es ist eine Organisation ohne hierarchische Posten.

Die konkrete Arbeit der Kommission »escrache« sieht so aus: Zuerst wird ein Fall untersucht und wenn alle Informationen über den Mörder vorliegen, wird die Aktion organisiert. Die Informationen bekommen wir über Pressearchive, Aussagen von Überlebenden aus den Konzentrationslagern oder aus anderen vertrauenswürdigen Quellen. Wir müssen alle Mittel nutzen, die uns zur Verfügung stehen.

Eine der schwierigsten Aufgaben ist das Besorgen von Fotos der Betreffenden. Nur mit sicheren Informationen und Fotos gehen wir vor; wir machen keine Aktionen, wenn wir keine abgesicherten Daten haben.

Am Tag der geplanten Aktion werden verschiedene Organisationen eingeladen, von der Universität, politische Parteien und Einzelpersonen. Wir machen auch Öffentlichkeitsarbeit, indem wir Faltblätter an die Massenmedien schicken, auf die Aktion hinweisen und über den Mörder informieren.

»Escrache« findet auch auf den Straßen statt, wir erklären über Lautsprecher, worum es sich handelt, wir spielen auf Trommeln und singen Lieder, wir legen offen und sind froh darüber. Auf dem Weg kleben die Mitglieder von H.I.J.O.S. Plakate und verteilen Flugblätter an die Nachbarn. Wir malen auch Parolen an die Wände, wenn wir können, wobei wir immer ein Prinzip respektieren: nicht die Nachbarn schädigen oder ihre Häuser beschmieren, denn wir wollen ja die Mörder entlar-

ven. Wir organisieren uns so, dass es Verantwortliche für verschiedene Bereiche gibt (Sicherheit, Wände beschriften, Plakate kleben, Flugblätter verteilen).

Nur ganz selten kommen wir wirklich bis an das Haus des »escracho«. Hier treffen wir auf einen der größten Widersprüche: Die Polizei beschützt die Mörder, die Sicherheitskräfte hindern uns daran, bis zum Haus zu gelangen. Die politischen Kräfte in Argentinien erhalten weiterhin eine Kultur der Straflosigkeit aufrecht, indem sie die Mörder schützen und die Mitbürger unterdrücken. Immer noch müssen wir für unsere eigenen Sicherheitsmaßnahmen sorgen. Zum Beispiel rollen wir dann ein Spruchband aus, das unsere Leute von der Polizei trennt und immer von Frauen gehalten wird, Töchtern, die der Polizei den Rücken kehren und ihre Genossen anschauen. Auf dem Spruchband steht: »Die Polizei von Córdoba im Dienst der Straflosigkeit!«

Dann spielen wir ein kleines Theaterstück im Zusammenhang mit der Geschichte des »escracho« und verlesen eine Rede, die speziell für diesen Anlass verfasst wurde. Wir machen die Nachbarn auf die Anwesenheit des Mörders aufmerksam und fordern sie auf, sich an unserer Aktion zu beteiligen. Der Marsch geht dann weiter durch das Viertel. Der »escrache« ist aber damit noch nicht zu Ende, wir kehren immer wieder in das betreffende Viertel zurück um auf die Person aufmerksam zu machen. Und wir werden so oft dort sein, wie es nötig sein sollte, und auch dorthin gehen, wo sie sich verstecken.

DER MARSCH BEGINNT
ER ENDET
IN DER KEHLE MIT EINEM SCHREI DER EMPÖRUNG
IM BRUSTTON DER HOFFNUNG
IM TANZ DER TROMMELN
IN FAHNEN DIE IM WIND SPIELEN –
NICHTS SCHLIESST SIE EIN.

DER MARSCH BEGINNT
ER ENDET
BEI DEN KINDERN DES VIERTELS
IN GESICHTERN HINTER VORHÄNGEN
IN DER LOSUNG: LIEBE UND ERINNERUNG
IM MILITÄR, DAS AM STRASSENENDE WARTET –
ALLES SCHLIESST ES EIN

DER MARSCH BEGINNT
AN DIESEM NACHMITTAG,
SOGAR DER HIMMEL BEGLEITET UNS
MIT SEINEN ORANGEN, SEINEN STERNEN,
SEINEN AUGEN, DIE ALLES UND MEHR GESEHEN HABEN
DIE UNS HEUTE ZUZWINKERN
DER GESCHICHTE DURCH DIE WOLKEN ZUZWINKERN
DIE ERHOBENEN HAUPTES IHREM ZIEL
ENTGEGENSEGELN.

Escrache des General Menéndez, am 23. März 1999

Fernando Bellino

(Aus dem Argentinischen von Claudia Lenze)

JUTTA HERMANNS

FrauenRechtsBüro gegen
sexuelle Folter

Seitdem ich gebeten wurde, für das vorliegende Buch über unsere Projektarbeit
in der Türkei und Kurdistan/Türkei zu
schreiben, überlege ich, auf welche Art
ich das am Besten anstelle, um so viel
wie möglich von der unendlich umfassenden Realität, von der ich berichten
möchte, zu vermitteln. Persönlich-emo-
tional? Politisch? Wissenschaftlich kühl
und sachlich? Menschenrechtlich-juris-
tisch?

Je nachdem auf welche Art wir uns der
zu erfassenden Realität annähern, ändert sich der Blickwinkel, die Betonung
und das jeweilig hervorzuhebende Ein-
zelelement des Ganzen. Fest steht: Die
Realität selber besteht aus all diesen
Elementen. Daher ist sie auch so schwer
zu erfassen und hinterlässt bei Betroffenen wie Außenstehenden, falls es solche
überhaupt geben kann, leicht ein Gefühl der Ohnmacht.

Spätestens dann, wenn wir uns dem Gefühl der Ohnmacht gegenübersehen,
sind die staatlichen Täter von Folter an
ihrem Ziel angelangt.

Deswegen soll dies auch ein Text gegen
die Ohnmacht sein.

Hintergrund

Vorab möchte ich ganz kurz ein paar
Hintergrundinformationen zu dem
Land geben, um das es geht.

Die Türkische Republik, gegründet
1923 durch den heute noch als Natio-
nalhelden gefeierten Mustafa Kemal,
genannt Atatürk (was soviel heißt wie:
Urahn aller Türken), wurde als eine nationalistische, laizistische und zentralis-
tische Republik von oben konstruiert.
Die staatlichen Leitprinzipien führten
im Ergebnis zu einer anti-demokrati-
schen, auf Gewalt und Verbot beruhen-
den Staatspolitik, die sowohl jegliche
Opposition als auch und insbesondere
die in diesem »künstlichen« Staatsge-
bilde zusammengefassten Minderheiten
und Völker betraf. Das größte innerhalb der Staatsgrenzen beheimatete ei-
genständige Volk ist das der Kurden.
Eine Politik von Verleugnung und
Zwangsassimilierung führte immer
wieder zu Aufständen, die blutig nieder-
geschlagen wurden. In der jüngeren Geschichte der Republik kam es zu drei
Militärputschen, von denen der letzte
am 12.9.1980 stattfand. Das Militär ist
mit seiner Institution des »General-
stabs« und seiner starken Position im

»Nationalen Sicherheitsrat« die eigentlich politisch bestimmende Macht hinter den »parlamentarisch gewählten« und damit angeblich zivil-politischen Kulissen in der Türkei. Nach dem Putsch 1980 kam es zu hunderttausenden Festnahmen, Morden, Folter und Inhaftierungen, in deren Folge tausende Menschen behindert blieben und unendlich viele Familien völlig auseinandergerissen wurden. Zugleich begann eine große Fluchtbewegung nach Europa, namentlich Deutschland.

1984 begannen die Kurden gegen die Politik der totalen Verleugnung und Unterdrückung einen bewaffneten Kampf um Selbstbestimmung in den kurdischen Gebieten der Türkei. Über die Provinzen der kurdischen Region wurde der Ausnahmezustand verhängt, der in fünf Provinzen noch heute andauert. In den folgenden Bürgerkriegsjahren fanden zahlenmäßig nicht mehr aufzuarbeitende Menschenrechtsverletzungen und Kriegsverbrechen insbesondere durch staatliche Kräfte an der zivilen kurdischen Bevölkerung statt, deren Hauptbetroffene, wie immer in Kriegen, die Frauen sind. Wieder mussten tausende Menschen das Land verlassen, wodurch diesmal ein ganzes Volk völlig entwurzelt und zersprengt wurde.

Die europäischen Länder jedoch, allen voran Deutschland, haben traditionell gute wirtschaftliche und insbesondere militärische Beziehungen zu ihrem »Natopartner« Türkei, weswegen sie es seit Jahren versäumten, sich nachhaltig, glaubwürdig und effizient für einen Frieden und eine Demokratisierung in der Türkei einzusetzen.

Waffenlieferungen, Polizeiausbildungshilfen, sonstige Zusatzhilfen etc. waren immer wieder Schlagzeilen in den Medien wert, führten aber nie zu effektiven Konsequenzen. Im Gegenteil, zugleich wurde die Flüchtlingspolitik der Bundesregierung gegen so genannte Flüchtlingsströme, die durch die Art der Außenpolitik erst mitgeschaffen wurden, verschärft. Die Türkei ist mittlerweile zig-mal durch den Europäischen Gerichtshof für Menschenrechte für durch türkische Staatssicherheitskräfte begangene Menschenrechtsverletzungen jeglicher Art verurteilt worden. Das Land hat anscheinend einen Extra-Fonds eingerichtet und zahlt brav die »Wiedergutmachungsstrafen« an die Betroffenen. Einsicht, in Form einer Änderung der politischen Ideologie und Praxis, ist jedoch nicht festzustellen.

Menschenrechtsarbeit ist wohl die einzige Tätigkeit auf der Welt, deren Hauptziel darin besteht, sich selber überflüssig zu machen. Leider ist dies in der Türkei bis heute nicht gelungen. Folter und andere Menschenrechtsverletzungen sind nach wie vor ein Hauptproblem.

Seit der völkerrechtswidrigen Entführung und Inhaftierung Abdullah Öcalans, der für die kurdische Bevölkerung das Symbol seines Freiheitswillens darstellt, hat die PKK den bewaffneten Kampf im Sommer 1999, nach mehreren einseitigen und nicht erwiderten Waffenstillstandserklärungen in den vorangegangenen Jahren, einseitig für beendet erklärt und sich für ein umfassendes Demokratisierungs- und Friedensprojekt für das gesamte Land unter

Anerkennung der legitimen Rechte des kurdischen Volkes ausgesprochen.

Etliche politische Kräfte sind gewillt an einen möglichen Friedens- und Demokratisierungsprozess in der Türkei zu glauben.

Die Europäische Union hat der Türkei im November 1999 den Kandidatenstatus zur Aufnahme in die Europäische Gemeinschaft bei Erfüllung bestimmter Bedingungen, zu denen die Einhaltung der Europäischen Menschenrechtskonvention und die Praktizierung der »Minderheitenrechte« des Kopenhagener Abkommens gehören, zuerkannt.

Zur Zeit wird über die staatlichen Verbrechen der Vergangenheit und der Gegenwart fast nicht mehr geredet. Unser nachdrückliches Verlangen nach lückenloser Aufklärung, Anerkennung, Bestrafung und Beendigung der staatlichen Menschenrechtsverbrechen als einen ersten Schritt zu einer eventuellen »Wiedergutmachung« und als unabdingbare Voraussetzung für einen gerechten Frieden, scheint politisch nicht opportun.

Die fürchterlichen Folgen des Holocaust jedoch und auch die Entwicklungen z.B. in den lateinamerikanischen Ländern zeigen uns, dass die Spuren der an der Bevölkerung begangenen Verbrechen nicht durch Verschweigen und Vergessen zu tilgen sind.

Auch in uns selber nicht, die wir »Menschenrechtsarbeit« betreiben oder »nur Zuschauer« sind.

Daher werden wir weiter die Bestrafung der staatlichen Täter, die staatliche Anerkennung und »Wiedergutmachung« der begangenen Verbrechen und auch die bedingungslose Anerkennung der Betroffenen als Opfer internationaler Machtpolitik durch die Exilländer, die sich durch ihre politische, militärische wie wirtschaftliche Verstrickung zu Mitschuldigen degradiert haben, fordern.

Das Projekt

Vor drei Jahren, im Frühsommer 1997, haben wir in Istanbul mit dem »FrauenRechtsBüro gegen sexuelle Folter« begonnen. Nicht etwa, weil wir Istanbul als Standort besonders geeignet fanden, sondern gezwungenermaßen, da es in den kurdischen Ausnahmezustandsprovinzen in keiner Weise erlaubt war, tätig zu sein. Selbst der Menschenrechtsverein der Türkei IHD ist dort seit Jahren verboten und geschlossen. Die staatlichen Verbrechen sollten geheim bleiben. Wir waren vier Anwältinnen, von denen ich die einzig ausländische bin.

Das Projekt ist unabhängig und differenziert nicht nach Herkunft oder Anschauung. Sexuelle Folter ist die Form von Folter, die am unaussprechlichsten ist und zugleich psychisch und in der Folge auch körperlich die am längsten anhaltenden Spuren mit sich bringt.

Sexuelle Folter reicht vom völligen Entkleiden ab dem Zeitpunkt der Festnahme über erniedrigende Beleidigungen und Beschimpfungen sexuellen Inhalts, Misshandlungen an den Geschlechtsorganen, z.B. mit Elektroschocks, Drohung mit Vergewaltigung bis hin zu Vergewaltigung, vaginal, anal oder oral, körperlich oder mit Gegenständen, wobei die Augen der Betroffenen verbunden sind. Nicht selten geschieht dies vor den männlichen Familienangehörigen oder Freundinnen und Freunden um hierdurch diese zum Sprechen zu bringen.

Obwohl sexuelle Folter Frauen, Kinder und Männer betrifft, weist sie in ihren zerstörerischen Folgen für die weiblichen Mitglieder einer Gesellschaft aufgrund der ihnen traditionell zugeschriebenen Rolle und Stellung innerhalb der Gemeinschaft eine besondere Dimension auf. Die potenziell immer bestehende Gefahr, Opfer sexueller Gewalt zu werden, ist für Frauen und Mädchen allgegenwärtig und konkretisiert sich im Angriff auf ihre sexuelle Integrität in dem Moment, in dem sexuelle Gewalt als Methode der Zerstörung durch staatliche Kräfte systematisch eingesetzt wird, in ihrer brutalsten Form. Hinzu kommt, dass durch die Tabuisierung dieser Realität die meisten Frauen Furcht davor haben, das Erlebte auszusprechen und die Täter öffentlich anzuklagen.

Sexuelle Folter gegen Frauen zielt im Moment des Verhörs darauf ab, der Betroffenen das Gefühl absoluten Ausgeliefertseins zu vermitteln und ihre Selbstachtung total zu zerstören. Viele Betroffene berichten davon, dass körperliche Schmerzen zu ertragen seien und deren Spuren mit der Zeit vergingen, dass im Moment des Angriffs auf ihre sexuelle Integrität jedoch nur noch ein Gefühl völligen Beschmutztseins besteht. Häufig werden Gefühle wie: »In diesem Moment bin ich gestorben, ich bin ein Nichts« geäußert.

Eine weitere Dimension beinhalten Menschenrechtsverletzungen dieser Art an kurdischen Frauen oder Mädchen in den Kriegsgebieten der Türkei, z.B. während Operationen in den Dörfern etc., bei denen es nicht unbedingt zu Festnahmen kommen muss. Das Entkleiden und sexuelle Misshandeln weiblicher Angehöriger der Gemeinschaft vor den Augen aller Dorfbewohner, Entführung und Vergewaltigung durch Staatssicherheitskräfte sind nicht selten. Sie stellen in dieser Form zugleich einen Angriff auf die gesamte ethnische Bevölkerung dar, die durch diese Frauen repräsentiert wird. In Kriegsgebieten und Gegenden bewaffneter Auseinandersetzungen überall auf der Welt werden Angriffe auf die sexuelle Integrität der weiblichen Mitglieder der Gesellschaft als Methode der Kriegsführung eingesetzt. Sie stellen international geächtete Kriegsverbrechen dar.

Mit unserem Projekt wollten wir den betroffenen Frauen und Mädchen unentgeltlich rechtliche Hilfe anbieten. Wir erstatten Strafanzeigen gegen die staatlichen Täter bei den Staatsanwaltschaften und, kommt es zur Anklageerhebung, vertreten wir die Interessen der Betroffenen. Bei ergebnisloser Ausschöpfung des innerstaatlichen Rechtsmittelwegs legen wir Beschwerde beim Europäischen Gerichtshof für Menschenrechte ein. Zugleich wird durch Zusammenarbeit mit medizinisch-psychologischen Einrichtungen, von denen es jedoch nur sehr wenige gibt, versucht, Gutachten über die insbesondere psychischen Langzeitfolgen zu erhalten, um diese als Beweise zu verwerten. Wir versuchen auch, den Frauen zu dringend nötigen Therapien zu verhelfen.

Durch gleichzeitige Öffentlichkeitsarbeit soll die Realität der Anwendung sexueller Folter auf gesellschaftlicher Ebene thematisiert werden, um so das Tabu zu brechen und den betroffenen Frauen und ihren Angehörigen zu dem Bewusstsein zu verhelfen, dass es sich bei diesem Verbrechen nicht um individuelle Einzelschicksale handelt, sondern um ein politisches Instrument der Repression. Durch die Diskussion der Systematik und Ursachen dieser Art von Folter sollen andere Frauen ermutigt werden, ihr Schweigen zu brechen, die Täter zu benennen und deren Bestrafung zu fordern. Hierdurch soll das Gefühl individueller Scham und Schuld überwunden und durch Anklage der Täter die Voraussetzung dafür geschaffen werden, dass diese nicht mehr in der Sicherheit ihrer Anonymität folgenlos agieren können.

Persönlicher Einschub

Ich selber wurde mit 14 Jahren Mitglied bei amnesty international. Unser damaliger Arbeitsbereich war Südafrika. Ich habe mit 14 Jahren den ersten Bericht über angewandte Folterpraktiken in Südafrika geschrieben, darüber vorgetragen und danach etliche Menschen aus diesem Land kennen gelernt. In der Schule haben wir Plakate und Informationsmaterial von amnesty international aufgehängt und verteilt, ohne zuvor die Erlaubnis des Direktors einzuholen, wofür wir fast von der Schule geschmissen wurden und weswegen es heftigste Auseinandersetzungen fast bis zu Schlägen gab. Wir haben darauf bestanden, dass derartiges Material keiner »Vorzensur« zu unterwerfen ist.

Das waren meine ersten Erfahrungen. Später habe ich amnesty verlassen, aber nie aufgehört zu diesem Thema zu arbeiten. Ich bin Juristin geworden und direkt danach, nach dem so genannten zweiten Golfkrieg, 1991 das erste Mal nach Kurdistan gegangen.

Damals hat mir ein enger Freund nach seiner Entlassung aus den türkischen Knästen, in denen er 10 Jahre als politischer Gefangener verbrachte, das erste Mal über die von ihm erfahrene sexuelle Folter erzählt. Wir konnten darüber reden, insbesondere, weil er darüber reden konnte. Er war über 68 Tage in Incommunicado-Haft, d.h., ohne jeden Kontakt zur Außenwelt, während derer er unvorstellbar grausam gefoltert worden ist. Da er wegen der Verletzungen, die er dabei erlitt, zu dem ersten Hauptverhandlungstermin des u.a. gegen ihn eingeleiteten Strafverfahrens wegen Hochverrats (das für Hochverrat vorgesehene Strafmaß in der Türkei ist immer noch die Todesstrafe) aus der Untersuchungshaft nicht zum Gericht transportiert werden konnte, erlitt seine Mutter, die deswegen davon ausging, er sei mittlerweile tot, nachdem ihr zuvor immer seine blutige Wäsche geschickt worden war, einen derartigen Zusammenbruch, dass sie mehrere Tage darauf starb, ohne dass man ihm noch einmal die Gelegenheit gegeben hatte, sie zu sehen.

Er redete das erste Mal davon, wie er mit Flaschen, deren Form »er sich aussuchen durfte«, vergewaltigt wurde, auch mit Knüppeln. Und wie sie seine Schwester brachten und damit drohten, sie vor seinen Augen zu vergewaltigen, wenn er nicht spreche.

Später, als sie mich einmal dort festnahmen, drohten sie mir damit, dass sie seine Familie holen würden, wenn ich ihnen nicht die gewünschten Angaben machen würde, und ich musste immer an unser Gespräch über die Schwester denken.

Und die Vorstellung, dass diese Familie nun meinetwegen einer erneuten Drangsal ausgesetzt würde, war das Schlimmste, was ich mir überhaupt nur vorstellen konnte, trieb mir den Schweiß aus allen Poren und erweckte in mir den drängenden Wunsch, dass sie mit mir doch nur machen sollten, was sie wollten, was sie sich nicht trauten, da ich »als Deutsche unter Schutz stehe«. Ich wusste aber genau, was sie mir sagen wollten.

Von diesem Freund wusste ich auch, dass die Gefangenen im Knast, nachdem Haftbefehl gegen sie ergangen war, über jede Art der Folter miteinander sprachen, nur nicht über diese. Nicht über die Vergewaltigungen. Denn es war ein totaler Angriff auf das Ehrverständnis ihrer selbst.

Während einer unserer vielen Diskussionen und Gespräche legte ich ihm eines Tages eine Hand auf die Schulter. Eis entstand. Als ob ich Eis geschaffen hätte durch den Versuch, Nähe zu erzeugen.

Ich wollte Zugang herstellen über Berührung und hatte Eis geschaffen.

»Lass mich in Ruhe!« Ein Schlag zurück.

Fast aggressiv. »Lass mich in Ruhe!« Schweigen. Undurchdringlich, nicht aufzulösendes Schweigen.

Könnt Ihr euch vorstellen, was das heißt? Die ganze Nacht zu sitzen, keinen Zugang zu finden zu einem nahen Menschen und darüber nachzudenken, ob DU schuld bist, durch DEINE Berührung an Folter erinnert zu haben, eine Erinnerung, die nicht sein durfte, weil sie das zweite Mal »wie Sterben« bedeutete?!

Was war es, was sie getan hatten, dass diese Berührung dies auslöste?

Eis und kein Zugang. Unmöglich. Du bist schuld.

Du warst nicht sensibel genug für die Auswirkungen dieser Art von Folter.

Wolltest dich als »schützende Hand« annähern und hast durch deine Hand, mit nur einer Berührung, alles zerstört.

Ich schreibe das um einen Eindruck zu geben von der Sensibilität, über die alle Menschen verfügen müssen um ihre Mitmenschen und sogar geliebte Freund/ innen verstehen zu können.

Wie viel herrscht von einer solchen Sensibilität hier, in diesem Land?

Wie viel herrscht davon bei uns selber, untereinander und Menschen anderer Länder gegenüber?

Wie viel weißt du, wenn du in der U-Bahn Menschen ansiehst, über diese?

Womöglich Menschen aus einem anderen Land – hier »Ausländer« genannt?

Weißt du, ob er/sie nicht vielleicht Ähnliches durchgemacht hat und tausendmal sensibler reagiert als du auf jeden Blick, jede Geste, jedes Wort?

Was wissen »unsere« deutschen Beamten darüber, die bei der Ausländerpolizei oder auch beim Bundesamt für die Anerkennung ausländischer Flüchtlinge oder auf den Sozialämtern ihren »Job durchziehen«?

Wissen sie von ihrer zerstörerischen und aggressiven Macht, nur durch einen Blick, ein Wort, einen falschen Tonfall?

Fortsetzung Projekt

Wir wollen den betroffenen Frauen Mut machen, ihre Rechte einzufordern und das Tabu zu brechen.

Bis heute haben sich 116 Frauen an uns gewandt.

Wir haben Anzeigen erstattet, Therapien vermittelt, Beweise gesammelt. Da die meisten Betroffenen erst nach langer Zeit die innere Kraft finden, Anzeige zu erstatten, besteht die einzige Chance von Nachweis in der Erstellung von Gutachten über die verheerenden psychischen Folgen dieser Art Folter. Es finden sich nur wenige Ärztinnen, die den Mut haben durch derartige Gutachten Folterfolgen zu attestieren. Und gegen diese wenigen werden nicht selten Disziplinar- oder Strafverfahren eingeleitet, wegen Unterstützung krimineller oder terroristischer Vereinigungen. In der Türkei geht die offizielle Sicht nämlich davon aus, die Behauptung, gefoltert worden zu sein, sei eine besonders perfide Art »terroristischer« Organisationen den Staat zu verunglimpfen.

Aber es sind nicht nur derartig absurde Ansichten und die staatlichen Täter selber, mit denen wir zu kämpfen haben. Die Staatsanwaltschaften stellen die Ermittlungsverfahren z.T. nach Jahren

ein, ohne dass sie irgendeine Aufklärungsarbeit geleistet hätten. Die wenigen eingeleiteten Gerichtsverfahren enden häufig mit Freispruch. Auch die Justiz trägt also dazu bei, dass diese Form der Folter systematisch weiter zur Anwendung kommt, da die Täter sich in Sicherheit wiegen können.

Aus diesem Grund haben wir bis heute 24 Verfahren wegen sexueller Folter vor dem Europäischen Gerichtshof für Menschenrechte in Form der Individualbeschwerde eingeleitet.

Nicht wenige betroffene Frauen müssen fliehen. Insbesondere nach Anzeigenerstattung besteht die Gefahr, jederzeit Racheakten des Staates ausgesetzt zu sein. So ist eine der Frauen, für die wir Anzeige erstattet hatten, erneut festgenommen und vergewaltigt worden. Man würde ihr schon zeigen, was es heißt, die türkische Polizei wegen Vergewaltigung »anzuschwärzen …«

Flucht und Exil sind nie freiwillig.

Exil bedeutet für die meisten Frauen, sich an einen Ort zu begeben, an dem sie sich sammeln können, um zumindest von den äußeren Umständen her ohne die permanente Furcht, erneut derartiger Gewalt ausgesetzt zu werden, die Ruhe zu finden, sich wieder aufzubauen.

Hierzu gehört auch, sich als Teil eines gemeinsamen, fortgesetzten Kampfes gegen diejenigen Verhältnisse in ihrer Heimat zu begreifen, wegen derer sie gezwungen waren zu fliehen. Ihre Hoffnung ist es, hier auf Interesse zu stoßen und zur Beendigung dieser zerstörerischen Verhältnisse beizutragen, damit nie wieder ein Mensch, eine Frau nach ihnen das Gleiche noch einmal durchmachen muss.

Ihre Hoffnung ist, dass die wirtschaftlich-politischen und militärischen Belange in den internationalen Beziehungen nicht länger Vorrang haben vor ihren legitimen Rechten als Menschen, Frauen, Völker.

Ihre Hoffnung ist, ihre Stimme deutlich und bestimmt erheben zu können und endlich hier – im Exil – gehört zu werden.

Fortsetzung persönlicher Einschub

Der von mir erwähnte Freund starb dreieinhalb Jahre nach seiner Haftentlassung im Alter von 32 Jahren nach elf Tagen Koma. In dieser Zeit, als er im Koma lag und wir an sein Überleben glaubten, hatte ich einen Traum, in dem mir der Tod in Form eines großen Hundes erschien, der mit mir kämpfte.

Was waren meine Träume nach dem Tod dieses Menschen?

Monatelang hatte ich Angst, mich schlafen zu legen. Sobald ich eingeschlafen war, erschien dieser große Hund. Und er vergewaltigte mich. Immer wieder.

Katzen sprangen mir in den Rücken und schlugen mir unter ungeheuerlichen Schmerzen ihre Krallen ins Fleisch.

Der Tod vergewaltigte mich in meinen Träumen permanent in Form eines Hundes. Und nie kam mir jemand zu Hilfe, obwohl ich in meinen Träumen nach der Hilfe der im Nebenzimmer schlafenden Menschen schrie. Sie waren dort, im Traum wusste ich es, im Ne-

benzimmer waren Freunde, aber sie hörten meine Hilfeschreie nicht.

Aber tagsüber schwieg ich. Denn ich wollte nicht, dass jemand erkennt, wer ich eigentlich wirklich hinter der Maske von Stärke und Willenskraft war.

Könnt ihr ahnen, dass ich das nicht schreibe um mich wichtig zu tun?

Könnt ihr ahnen, was die Nächte für wirklich direkt Betroffene bedeuten?

Könnt ihr mit dem Bild des Nebenzimmers etwas anfangen?

Alle wissen Bescheid, aber niemand kommt dir zur Hilfe.

Weltpolitik ist auch so. Asylpolitik auch.

Das Zimmer nebenan …

Was ist es noch?

Könnte es Europa sein oder die Welt?!

Und wer sind wir hier, wenn wir in der Zeitung lesen:

»Algerierin erhängte sich nach acht Monaten im Frankfurter Transit – Aus Algerien war sie nach eigenen Angaben geflohen, weil ihr Mann dort als ›Terrorist‹ gesucht wurde und sie von algerischen Polizisten mehrfach vergewaltigt worden war. Ihr Asylantrag war abgelehnt worden. Schily unter Druck«

Nun, was das wohl für ein Druck sein mag, unter dem er sich befindet?

Und wir?

Haben wir Druck?

Schluss

Auf unsere Anzeigen in der Türkei hin sind insbesondere in den letzten Monaten, im Verhältnis zu der vorangegangenen Zeit, mehr Verfahren gegen staatliche Täter eröffnet worden. Zum einen freut uns das, denn Verurteilungen könnten bei den staatlichen Folterern bewirken, dass sie in Zukunft nicht mehr in der sicheren Anonymität agieren können, sondern Furcht vor gerichtlicher Verfolgung haben müssten. Und das wiederum bedeutet für die betroffenen Frauen eine gewisse Form von Wiedergutmachung und Gerechtigkeit und die Hoffnung, dass die nach ihnen Kommenden nicht immer wieder dasselbe durchmachen müssen.

Auch für uns bedeutet es das.

Aber wir hegen die Furcht, dass es nur eine neue Art des Hinhaltens darstellt, ohne dass es zu grundlegenden Systemveränderungen kommt.

Europa, das sowieso auf jede kleinste Geste hereinzufallen gewillt ist, kann auf diese Weise vorgegaukelt werden, es würde etwas gegen staatliche Täter unternommen.

Aber wir, die wir wissen, wie diese Verfahren sich abspielen, wissen nur zu genau, dass sie sich ohne Ergebnis über Jahre hinziehen werden. Und hierdurch wird uns der Gang zum Europäischen Gerichtshof für Menschenrechte, welcher der Türkei mittlerweile zumindest politisch peinlich zu sein scheint, versperrt. Hinzu kommt, dass die Reali-

tät dieser Folter in der Praxis fortbesteht.

Es gibt also unzählige Gründe und Bereiche um aktiv zu werden. Stärke und Kraft einer umfassenden Opposition, wie es sie in diesem Land, welches so ungeheuerlich verstrickt ist, schon lange nicht mehr gibt, sind denkbar.

Das Unerträgliche ist die Interessenlosigkeit und scheinbare Ohnmacht. Zusammenhänge zu erkennen, eigene Fähigkeiten und Möglichkeiten wahrzunehmen und diese mit den Aktivitäten und Herzen anderer zu einem Ganzen zu verbinden, birgt immer noch Möglichkeiten grundlegender politisch-gesellschaftlicher Veränderung in sich. Diese wäre der einzige Garant für eine umfassende Beendigung der oben beschriebenen Realitäten, offener oder klammheimlicher staatlicher Verbrüderungen, bürokratischer Verknöcherungen und unzähliger nicht wahrgenommener, seelischer Tode unter unseren eigenen Freund/innen.

Anmerkung:
Ich habe in diesem Artikel trotz vieler vorheriger Interviews über meine so genannte Motivation das erste Mal seit neun Jahren über meine persönliche Verstrickung geschrieben.

RICHARD C. DIETER

Fortschritte bei der Abschaffung der Todesstrafe in den USA

Für Menschen, die sich in den USA engagiert mit dem Thema Todesstrafe auseinander setzen, herrschen momentan sehr bewegte Zeiten. Der große Fortschritt der letzten Monate ist, dass in der amerikanischen Öffentlichkeit darüber diskutiert wird, ob die Todesstrafe möglicherweise unschuldiges Leben vernichtet.

Auslöser dafür war die Entdeckung, dass in Illinois und anderswo in Wahrheit unschuldige Menschen zum Tode verurteilt worden sind. Diese Erkenntnis bewirkte, dass gesetzgebende Stellen, Gruppen gegen die Todesstrafe und die Öffentlichkeit sofort aktiv wurden. Als im letzten Jahr Anthony Porter nach 16 Jahren im Todestrakt freigelassen wurde, weil einige Journalistik-Studenten den tatsächlichen Mörder ausfindig gemacht hatten, entwickelte sich diese Erkenntnis binnen kurzem zum nationalen Medienereignis, und die Zahl derer, die für die Todesstrafe in den USA eintraten, ging rapide zurück. Immer mehr Amerikaner fragten sich, ob die Todesstrafe überhaupt gerecht sei, und viele wurden sich der Gefahr bewusst, dass man auch als Unschuldiger hingerichtet werden kann. Zum ersten Mal seit der Wiedereinführung der Todes-

strafe im Jahr 1976 machten sich staatliche und nationale Stellen Gedanken über die Probleme der Todesstrafe. Es formierten sich eine ganze Reihe von Initiativen auf gesetzgebender Ebene, um die Todesstrafe zu reformieren oder sie ganz abzuschaffen.

Die Bewegung verändert sich

Bei fast allen legislativen Aktivitäten in puncto Todesstrafe ging es über viele Jahre nur um die Frage, wie sie noch weiter ausgedehnt werden könne. Beispielsweise sollte der Katalog der Straftaten erweitert werden, bei denen man mit der Todesstrafe rechnen musste. Außerdem gab es Überlegungen, Exekutionen in US-Bundesstaaten einzuführen, die sie noch nicht praktizierten. Und nicht zuletzt sollten die Rechtsmittel der Straftäter eingeschränkt werden. Jetzt aber gab im Januar 2000 George Ryan, der Gouverneur von Illinois, formell bekannt, dass in seinem Staat vorerst keine weiteren Verurteilungen zum Tode erfolgen, zumindest nicht so lange, wie die Untersuchung über die Rechtmäßigkeit der Todesstrafe läuft. In Illinois sind insgesamt zwölf Insassen hingerichtet worden; dreizehn andere Gefangene, deren Unschuld als erwiesen galt, wurden freigelassen. Präsident Clinton hat Gouverneur Ryans Entscheidung lobend hervorgehoben und auch andere Staaten gedrängt zu prüfen, ob sie die Todesstrafe wirklich beibehalten wollten.

Eine Gallup-Umfrage vom Februar 2000 ergab, dass in den USA die Befürworter der Todesstrafe zurückgegangen sind und ihre Zahl jetzt bei 66% liegt. So klein war diese Gruppe in den ganzen letzten 19 Jahren nicht. Dies spiegelt sich auch in den Wahlergebnissen in Illinois wider, in Minnesota, Kentucky, North Carolina, New Jersey und anderen US-Bundesstaaten. Während also die Zustimmung zur Todesstrafe nachgelassen hat und man in den USA sensibler im Hinblick auf die damit verbundenen Probleme wurde, haben sich gleichzeitig immer mehr Bundesstaaten dazu entschlossen, die Todesstrafe auszusetzen oder zu reformieren.

Initiativen der Gesetzgebung

In Georgia wurde eine Gesetzesvorlage zur Aufhebung der Todesstrafe eingebracht. In Oregon sammelte der ehemalige Senator Mark Hatfield Unterschriften für ein Referendum im Jahr 2000, dem zufolge die Todesstrafe durch eine Freiheitsstrafe ersetzt werden soll, bei der keine Möglichkeit einer bedingten Haftentlassung besteht. In Kentucky und in New Mexico haben die Gesetzesvorlagen zur Aufhebung der Todesstrafe keine Mehrheiten bekommen, aber in

New Hampshire haben die Abgeordneten eine dahin gehende Gesetzesvorlage verabschiedet. New Hampshire ist also jetzt aufgerufen, aktiv zu werden. Auf nationaler Ebene hat im Jahr 1999 Senator Russell Feingold einen Gesetzentwurf zur Aufhebung der Todesstrafe eingebracht.

Während manche US-Bundesstaaten eine völlige Abschaffung in Erwägung ziehen, befürworten andere eine zeitlich befristete Aussetzung von Exekutionen. In North Carolina wurde so ein Moratorium beschlossen, denn dort haben sich bereits einige Städte für eine befristete Pause der momentanen Praxis ausgesprochen. In Pennsylvania wurden kürzlich Zeugen vernommen um die Chancen zu prüfen, die ein Gesetzentwurf zur Aussetzung der Todesstrafe für zwei Jahre hat. Solche Vorhaben gibt es auch in Alabama, Kentucky, Missouri, New Jersey, Oklahoma und in Washington. Der Abgeordnete Jesse Jackson junior hat im US-Kongress eine Vorlage eingebracht, mit der sieben Jahre lang die Todesstrafe auf allen Ebenen verboten werden soll.

In Illinois hat Gouverneur Ryan eine Kommission ins Leben gerufen, die klären soll, wie die Bestrafung von Kapitalverbrechern aussehen kann, solange das Moratorium gilt – also die zeitweise Aussetzung der Todesstrafe. Diesem Beispiel folgen auch andere Staaten. Und obwohl der Gouverneur von Nebraska sein Veto gegen eine Gesetzesvorlage zur Aussetzung der Todesstrafe eingelegt hat, wird in seinem Staat gerade eine Studie zu dieser Frage erarbeitet. Auch in North Carolina stellt man momentan die dort gängige Praxis zur Bestrafung von Kapitalverbrechen in Frage. Der Gouverneur von Indiana hat einer Untersuchung seine Unterstützung zugesagt, die ein Jahr lang alle Fälle von Todesstrafe auf ihre Gerechtigkeit überprüft. Der Gouverneur von Maryland, Clendening, hat Gelder für eine Untersuchung über mögliche rassistische Vorurteile bei der Bestrafung von Kapitalverbrechen zugesagt. Auf bundesstaatlicher Ebene wurde unter Federführung von Rechtsanwältin Janet Reno eine Studie über rassistische Vorurteile in Fällen von Todesstrafe durchgeführt.

Andere Rechtsprechungen zielen auf Reformmaßnahmen im Zusammenhang mit der Todesstrafe ab. Dabei geht es beispielsweise um illegale Verurteilungen zum Verbleib im Todestrakt oder um nicht ausreichende juristische Verteidigung. In Mississippi wird zurzeit eine Gesetzesvorlage zur Verbesserung der Verteidigung erörtert. Illinois, Mississippi und Missouri erwägen, geistig Behinderte von der Todesstrafe auszunehmen. Idaho war kürzlich der 13. Staat, der solche Hinrichtungen generell untersagt hat. Auf nationaler Ebene hat Senator Patrick Leahy im Jahr 2000 Maßnahmen zum Schutz Unschuldiger vorgeschlagen, einen DNA-Test aller Insassen im Todestrakt und Gesetze zur besseren Verteidigung. Diese Vorlage wird inzwischen sowohl von Republikanern als auch von Demokraten im Repräsentantenhaus unterstützt. Die mündlichen Verhandlungen zu diesen neuen Gesetzen werden noch in diesem Jahr stattfinden.

Ein weiterer Punkt ist die Hinrichtung von Angeklagten, die zum Tatzeitpunkt noch minderjährig waren. Auch das wird in der jüngsten Gesetzgebung und in den Gerichtsentscheiden thematisiert. Im letzten Jahr beschloss Montana, junge Menschen von der Todesstrafe auszuschließen, die zur Tatzeit noch nicht 18 waren. Der Oberste Gerichtshof in Florida setzte das Mindestalter, in dem man hingerichtet werden kann, von 16 auf 17 herauf. Dennoch sind momentan die USA und Somalia weltweit die beiden einzigen Nationen, die sich nicht der UN-Konvention für Kinderrechte angeschlossen haben. Diese untersagt nämlich die Todesstrafe für jugendliche Verbrecher.

Die Einwände gegen den elektrischen Stuhl haben einige Staaten bereits zum Anlass dazu genommen, ihr Vorgehen zu modifizieren. Als der Oberste Amerikanische Gerichtshof eine Untersuchung der Verfassungskonformität des fehlerhaft funktionierenden elektrischen Stuhls in Florida erwog, wich man dort auf die tödliche Injektion aus. Damit war das Problem nur mehr ein hypothetisches. Einen ähnlichen Kampf hat man dem elektrischen Stuhl in Georgia am Obersten Gerichtshof angesagt. Die Gesetzgebung dort hat sich übereinstimmend dafür ausgesprochen, den elektrischen Stuhl durch die tödliche Injektion als vorrangiges Mittel des Staates bei Exekutionen zu ersetzen. Dort steht nur noch die Zustimmung des Gouverneurs aus.

Widerstand gegenüber den Veränderungen

Aber nicht alle Reformversuche waren von Erfolg gekrönt. In Virginia wurde ein Gesetzesvorhaben zur Veränderung des so genannten 21-Tage-Gesetzes blockiert. Dieses Gesetz regelt, dass bei Berufungsverfahren drei Wochen nach Prozessbeginn keine neuen Beweismittel mehr herangezogen werden dürfen. In Texas, einem der wenigen Staaten ohne garantierte öffentliche Verteidigung, hat Gouverneur Bush einen neuen Vorschlag unterbunden, mit dem mittellose Angeklagte das Recht auf einen Anwalt bekommen sollten. Ebenfalls in Texas scheiterte ein Gesetzentwurf, nach dem geistig behinderte Straffällige von der Todesstrafe ausgenommen werden sollten. Der Senat hat den Entwurf zwar gebilligt, aber das Parlament stimmte nicht zu. Ähnliches ist aus Oklahoma und Florida zu berichten.

Die Zahl der Hinrichtungen nimmt zu

Trotz der zunehmenden Besorgnis darüber, ob Todesurteile immer gerecht und mit der gebotenen Sorgfalt durchgeführt worden sind, wächst unter dem Strich die Anzahl der Hinrichtungen in den USA. 1999 wurden 98 Gefängnisinsassen exekutiert, so viele wie nie zuvor seit der Wiedereinführung der Todesstrafe. Das sind 44% mehr als im Jahr 1998. Auch im Jahr 2000 ist die Zahl der Hinrichtungen schon wieder sehr hoch und wird möglicherweise bis 100 Personen ansteigen. Außerdem sind in diesem Jahr bereits jugendliche Straffällige und solche mit verschiedenen geistigen Behinderungen hingerichtet worden. Mehr als 3600 Menschen sitzen in Todeszellen, viele von ihnen sind keine US-Bürger. Außerdem wird die Bundesbehörde in diesem Jahr vermutlich die erste Hinrichtung seit 37 Jahren vornehmen.

Diese gegensätzliche Entwicklung lässt die Zukunft der Todesstrafe in den USA in recht ungewissem Licht erscheinen, auch wird darüber nicht öffentlich diskutiert. Konservative Politiker und juristische Verbände wie die American Bar Association fordern eine sofortige Reform der Todesstrafe. Auch Vertreter der Kirchen und internationaler Gremien unterstützen die Abschaffung. Das erste Jahr im neuen Jahrtausend sollte sich gut eignen für einen Wendepunkt in dieser Frage, die seit hunderten von Jahren umstritten ist.

(Aus dem amerikanischen Englisch von Beate Beheim-Schwarzbach)

LUTZ VAN DIJK

Das Schweigen brechen

Menschenrechte auch für Lesben und Schwule

Said M. aus Teheran ist 17 Jahre alt, als seine Mutter ihn daheim mit den angstvollen Worten empfängt: »Jemand von der Inquisition hat für dich angerufen, Said. Sie wollen mit dir reden.«

Said erinnert sich später:

»Die Inquisition war in einem palastartigen Gebäude im Zentrum der Stadt untergebracht. In diesem Palast traf ich auf die grausamsten Männer und Frauen, die mir je in meinem Leben begegnet sind. Worum es gehen würde, war mir sofort klar: Vor kurzem hatte mein Bruder mit seinen Freunden vom Revolutionskomitee mich bei meinem Freund David erwischt.

Was heißt erwischt? David war mein erster Geliebter, ein wenig älter als ich, ein junger Mann aus einer christlich-armenischen Familie, den ich auf der Straße kennen gelernt hatte und der mich dann zu sich eingeladen hatte. Mit David war ich das erste Mal glücklich gewesen. Mit David fühlte ich, wie ich wirklich war. Vor dem Haus hatten sie uns aufgelauert. David hatte zumindest entkommen können. Mich hatte man gepackt und mehrfach verhört. Nun sollte wohl ein Urteil gesprochen werden …

Das Schlimmste, was ich zuerst zu hö-

ren bekam, war, dass sie inzwischen auch David gefangen hatten. Er sei in einer Zelle im gleichen Gebäude untergebracht, wurde gesagt. Eine Möglichkeit einander zu sehen, bekamen wir nicht. Auch ich wurde in einer Zelle für ein paar Tage untergebracht. Durch die geschlossene Eisentür hörte ich die Schmerzensschreie anderer Menschen, stundenlang ging das manchmal so. Endlich wurde ich einem der Mullahs vorgeführt. Ohne Regung sagte er: ›Achtzig Schläge mit der Peitsche!‹

Mein Herz war noch nie besonders stark. Aber ich nahm mir vor, nicht zu schreien oder ein sonstiges Zeichen von Schwäche zu zeigen. Ich musste mich auf eine eiserne Bank legen. Dann begann einer auf meinen Rücken zu schlagen. Ich erinnere, dass ich keine Luft mehr bekam nach dem ersten Hieb. Ein unglaublicher Hieb schoss durch den ganzen Körper. Ich weiß nur noch, dass ich nach dem vierundzwanzigsten Schlag das Bewusstsein verlor.

Stunden später ergriffen mich starke Arme, zerrten mich nach draußen und warfen mich irgendwo auf die Erde. Später wurde ich gemeinsam mit anderen Gefangenen vor ein riesiges Tor gebracht. Hinter dem Tor warteten Familienangehörige der Gefangenen. Als endlich das Tor geöffnet wurde, hörte ich Menschen bei meinem Anblick flüstern: ›Mein Gott, er ist doch noch so jung … was haben sie nur mit ihm gemacht?‹

Meine drei ältesten Brüder waren erschienen um mich abzuholen. Auf schnellstem Wege brachten sie mich nach Hause. Alle waren erschrocken, als sie mich sahen, am meisten Vater, der früher immer selbst so streng gewesen war. Ich selbst war völlig außer mir. Ich zitterte und heulte die ganze Zeit und konnte nicht still sitzen. ›Bitte, Vater, hilf mir. Sie werden kommen und mich wieder holen. Bitte, hilf mir, bitte!‹

Kurz darauf riefen sie tatsächlich an und sagten, dass ich wieder erscheinen müsste, weil ich bisher nur fünfundzwanzig von den achtzig Schlägen Strafe erhalten hätte. Vater bemühte sich um eine ruhige Stimme am Telefon: ›Said kann nicht kommen. Er ist noch immer im Krankenhaus.‹ Ich fiel Vater um den Hals. Ich küsste ihn. Tränen liefen über mein Gesicht und wieder begann das entsetzliche Zittern. ›Bitte verhindere, dass sie mich umbringen, Vater!‹ Mein ganzer Stolz war zerstört, nichts von meiner Intelligenz war übrig geblieben …

Mir ist bis heute nicht klar, warum ich nicht erneut aufgefordert wurde, zu der Bestrafung zu erscheinen. Vielleicht weil ich unmittelbar nach meinem achtzehnten Geburtstag zum Militärdienst musste – in den Krieg gegen Irak. Bevor ich aufbrach, sagte einer der regierenden Mullahs zu mir: ›Du solltest froh sein, dass du noch nicht achtzehn warst, als wir dich verurteilten. Weißt du, was sonst mit dir geschehen wäre?‹ Ich entgegnete nur: ›Ja, ich weiß …‹ Damals war es üblich, dass Männer, die mit anderen Männern Sex hatten und dabei erwischt wurden, damit rechnen mussten, dass ihnen beide Hände abgeschlagen würden und man sie von einem Berg stürzte … Mein Herz klopfte wie verrückt, aber ich versuchte, mir nichts anmerken zu lassen. Immer wieder musste ich nur an ihn denken: David, David, David … Ich habe ihn niemals wiedergesehen.

Nach einer kurzen Grundausbildung musste ich beinahe neun Monate an die Front. Wofür? Warum? Während meiner Militärzeit war ich der Hölle oft so nah. Nicht nur wegen des Krieges, sondern auch wegen aller möglichen Grausamkeiten von vorgesetzten Offizieren. Ohne die Unterstützung einiger guter Kameraden, darunter auch einige andere Schwule, hätte ich all das nicht überlebt. Einmal wurde ich vergewaltigt von einem Colonel, der mich zuvor mit den Worten begrüßt hatte: ›Wenn du dich hier jemals als Tunte aufführst, werde ich dich mit meinen eigenen Händen umbringen!‹ Nach der Vergewaltigung versuchte ich, mir das Leben zu nehmen, indem ich mir die Pulsadern aufschnitt.

Als ich wenig später ein paar Tage frei bekam, erzählte ich meinem Vater ehrlich von allen Erlebnissen in der Armee. Seit ich von der Prügelstrafe nach Hause gekommen war, hatte sich Vaters Verhalten mir gegenüber verändert. Ohne Zögern sagte er nach meinem Bericht: ›Said, ich werde dir helfen …!‹ Er bezahlte viel Geld dafür, dass ich mich einer kleinen Gruppe politischer Gefangener anschließen konnte, die versuchte, mit einem Schmuggler über die Berge in die Türkei zu entkommen. Drei Monate kämpften wir – drei junge Männer und ein älterer – gegen Hunger, Schnee, Schmutz und Krankheiten.

Als ich endlich Istanbul erreichte, konnte ich keinerlei weitere Unterstützung finden. Bei der UN-Organisation für Flüchtlinge ließ man mich wissen, dass man ›für so was‹ nicht zuständig sei. Bei fast allen Konsulaten und Botschaften in Istanbul bat ich um Hilfe und wurde abgewiesen: In die Botschaft der USA kam man erst gar nicht hinein; in der griechischen Botschaft wurde mein Pass auf die Erde geworfen mit den Worten: ›Was willst du überhaupt? Die meisten Iranis sind doch nur Terroristen!‹

Es ist eine andere Geschichte, wie es mir schließlich doch gelang, aus der Türkei herauszukommen. Mit einem gefälschten und teuer bezahlten Visum für Kanada konnte ich ein Flugticket kaufen und nach Nordamerika fliegen. Dort wurde ich sofort in ein anderes Land abgeschoben, von wo aus es mir gelang, nach Deutschland zu entkommen. Aber auch hier wurde mein Antrag auf politisches Asyl abgelehnt. Nur wenige Tage bevor ich zurückgeschickt werden sollte, geschah etwas Schreckliches, das mir das Leben rettete: Die damalige westdeutsche Regierung hatte gerade

die Asylanträge von siebenundfünfzig Iranis abgelehnt und sie nach Istanbul zurückgeschickt. Die türkische Regierung hatte sie sofort weiter über die Grenze zum Iran abgeschoben. Dort waren alle noch am gleichen Tag umgebracht worden. Mit Hilfe einer Flüchtlingsorganisation konnte ich wenig später das Gefängnis verlassen …«*

Saids Erlebnisse liegen gut fünfzehn Jahre zurück. Die Wirklichkeit für Lesben und Schwule hat sich in den meisten Ländern der Welt wenig verändert. Laut einer Studie von amnesty international von 1997 gibt es die Todesstrafe für Homosexuelle noch immer in sieben Ländern (Afghanistan, Iran, Irak, Mauretanien, Saudi-Arabien, Sudan, Taiwan), wobei dies nur die Spitze des Eisbergs ist. In rund zehn Ländern kann man zu Gefängnis von zehn Jahren bis lebenslänglich verurteilt werden und in jenen Ländern, in denen es keine offziellen Gesetze gegen Lesben und Schwule gibt (wie zum Beispiel in den meisten lateinamerikanischen Ländern), machen nicht selten Todesschwadronen Jagd auf Homosexuelle. Besonders erschreckend ist die oft besondere Grausamkeit, mit der Folter wie Hinrichtungen vollzogen werden. Eine dpa-Meldung vom 24. März 1998: »Im afghanischen Herat sind zwei Männer zur Strafe für ihre angebliche Homosexualität bei lebendigem Leibe begraben worden. Der Sen-

---

* Der ausführliche Bericht von Said M. ist nachzulesen in: van Dijk, Lutz: Coming out – Lesben und Schwule aus aller Welt; Vorwort von amnesty international, Düsseldorf 1997 (englisch und niederländisch 1998), S. 100–117.

der der fundamentalistischen Taliban-Milizen ›Stimme der Scharia‹ meldete am Montag, der 22-jährige Bismillah und der 18-jährige Abdul Sami seien in einer Grube von einem Bulldozer zugeschüttet worden. Damit sei die von einem Scharia-Gericht verhängte Strafe vollzogen worden.«

In Westeuropa und einem Teil Nordamerikas und Australiens ist zum Glück kaum noch vorstellbar, welches Ausmaß von Hass und Diskriminierung vielen Lesben und Schwulen begegnet. Aber man soll sich nicht täuschen: Auch in einem Land wie Deutschland, in dem es seit 1990 keinen eigenen Paragraphen mehr gegen Homosexuelle gibt und in dem prominente Schwule und Lesben (wie Alfred Biolek oder Hella von Sinnen) über das Fernsehen in jedes Wohnzimmer flimmern, kann es für den Einzelnen, zum Beispiel für ein lesbisches Mädchen oder einen schwulen Jungen, im jeweiligen Elternhaus, der Schule oder am Arbeitsplatz noch immer ein hartes Spießrutenlaufen bedeuten, wenn die eigene sexuelle Orientierung bekannt wird.

Selbst in einer Menschenrechtsorganisation wie amnesty international war es lange Jahre nicht möglich, die Stimme der Organisation auch für verfolgte Lesben und Schwule zu erheben. Noch 1979 wurden nur jene als »Gewissensgefangene« anerkannt, die sich gewaltlos für die Rechte von Homosexuellen einsetzten, die Betroffenen selbst blieben noch außen vor. 1982 verurteilte amnesty international erstmals die erzwungene »medizinische Behandlung«

von Gefangenen mit dem Ziel, gegen ihren Willen eine Änderung ihrer sexuellen Orientierung herbeizuführen. Erst 1991 erweiterte amnesty international ihr Mandat auf alle Gefangenen, die ausschließlich wegen ihrer Homosexualität in Haft sind. Seitdem werden Menschenrechtsverletzungen gegen homosexuelle Frauen und Männer international registriert. In mehreren Ländern haben sich »ai-Aktionsgruppen Homosexualität« gegründet, so auch in Deutschland, wo es inzwischen solche Gruppen in dreizehn Städten gibt. Die deutsche Gruppe gibt nicht nur seit einiger Zeit Rundbriefe heraus, sondern hat vor kurzem auch ein Buch unter dem Titel »Das Schweigen brechen« zur internationalen Situation veröffentlicht.*

Im Rahmen der schwul-lesbischen Olympiade, den Gay Games in Amsterdam 1998, kamen erstmals junge Lesben und Schwule aus Asien, Osteuropa, Afrika und Lateinamerika mit Menschenrechtsaktivisten im Rahmen eines internationalen Storytelling-Festivals sowie eines Workshop-Programms von amnesty international in den Niederlanden zusammen. Prominente Unterstützung gab dabei die israelische Sängerin Dana International, die einige Jahre zuvor von einem Mann zu einer Frau geworden war. Sie posierte für ein Poster mit der berühmten amnesty-Kerze in den Händen zu dem Slogan:

---

* Der Rundbrief »action news« ist erhältlich über die »ai-aktionsgruppe homosexualität«, Postfach 35 09 49, 10213 Berlin; das Buch »Das Schweigen brechen« ist im Frühjahr 2000 im Queer Verlag, Berlin, erschienen.

»Die Rechte der Homosexuellen sind Menschenrechte« (Gay Rights are Human Rights).

Said schrieb uns in einem Brief, dass er dies als die größte Ermutigung empfunden hat, seit er damals von überzeugten Fanatikern geprügelt worden war: »Ihr lasst eure Stimme hören – endlich, so laut und wahrnehmbar, dass es hoffentlich bis in die letzte Ecke unseres wunderschönen blauen Planeten gehört werden wird – auch und vor allem von jenen, die, wie ich damals, denken, dass sie verlassen und ganz allein so sind.«

MICHAEL MEISHEIT

Der Neue

1.) KLEINSTADTBAHNHOF   AUSSEN/TAG

Ein kleiner Bahnhof, REISENDE bevölkern den Bahnsteig, ein
Zug kommt gerade an. ANJA betritt die andere Seite des Bahn-
steigs, schaut auf die Bahnhofsuhr und setzt sich auf eine Bank.
Sie wartet einen Augenblick, zieht dann einen Hefter aus ihrer
Tasche. Es ist eine Fall-Akte von amnesty international mit In-
formationsblättern, einem großen Foto und einem Stapel com-
putergeschriebener Briefe. Anja beginnt den ersten Brief zu lesen. Ihre Stimme wird über die Bilder gelegt:

> ANJA (OFF)
> Lieber Murat, wir sind eine Jugendgruppe von amnesty
> international, und wir haben erfahren, dass du nach
> deiner Abschiebung aus Deutschland nun in der Türkei
> im Gefängnis sitzt – nur weil du deine Meinung gesagt
> hast. Unsere Gruppe findet das sehr ungerecht. Wir
> wollen alles dafür tun, dass du wieder frei kommst. Wir
> beschweren uns bei jedem aus der türkischen Regierung,
> dessen Adresse wir in die Finger bekommen, bitten
> überall Menschen Appellbriefe zu schreiben, machen
> Aktionen, um deinen Fall öffentlich bekannt zu
> machen …

Während Anjas Stimme zu hören ist: Das Foto liegt auf ihrem
Schoß und zeigt einen jungen, kurdischen Mann. Hinter Anja
auf der anderen Bahnsteigseite steigt eben dieser Mann mit
einer Reisetasche aus dem Zug – es ist MURAT. Er ist ein paar
Jahre älter als auf dem Foto, die Haare sind kürzer, er ist
nur schwer wiederzuerkennen. Orientierungslos und suchend
schaut er sich um. Er wartet eine Weile, zuckt mit den Schultern
und geht dann zum Ausgang.

ANJA (OFF)
… Heute möchte ich dir unsere Gruppe vorstellen,
das heißt den harten Kern der Gruppe …

2.) GRUPPENRAUM   INNEN/TAG

Ein großer Raum in einer kirchlichen Gemeinde. Diverse Poster
von amnesty hängen an der Wand, Bücher stehen in einem Regal, Tische und Stühle kreuz und quer im Raum. Die Mitglieder
der Gruppe basteln, arbeiten an der Herstellung von »Schatten«.

ANJA (OFF)
… Florian ist 18 und der Tüftler in unserer Gruppe.
Er sagt zwar nie viel, aber ohne ihn würden wir keinen
Informationsstand vernünftig aufgebaut bekommen …

FLORIAN hat eine große schwarze Pappe vor sich. Er hat mit
einer Schablone, die menschliche Umrisse darstellt, Linien auf
die Pappe gemalt und schneidet nun mit einer Flex die Ränder
ab. Einige ausgeschnittene Silhouetten stehen bereits neben
ihm. Eine davon nimmt jetzt ARIANE und legt sie vor sich und
INGA.

ANJA (OFF)
… Ariane und Inga sind beide 17. Sie sind etwas albern
manchmal, aber ohne sie wäre es sicher total langweilig
bei uns. Bei Protestaktionen sind sie immer die lautes-
ten. Das macht Eindruck …

Inga legt eine Schablone, die das Wort »DISAPPEARED« bildet, auf die Pappe und Ariane nimmt eine Spraydose mit weißer
Farbe um die Schablone zu besprühen. Dabei besprüht sie auch
die Hände von Inga. Die macht eine Fratze und putzt die Hand
an Arianes Arm ab. Bevor Inga die Farbe auf ihr Hemd sprühen
kann, kommt HERMES und nimmt kopfschüttelnd eine bereits
besprühte Pappe an sich.

ANJA (OFF)
… HERMES ist unser kühler Kopf. Seine Eltern kommen aus Griechenland, er ist schon 22 und studiert Jura.

Das ist praktisch, weil wir uns auch schon mal Gesetze angucken und so …

HERMES legt die Pappe auf einen anderen Tisch, nimmt aus einem Drucker ein Blatt Papier. Es ist komplett schwarz und trägt große, weiße Buchstaben: »Giraldo Diaz«. Darunter: »11. April 1998«. Er legt den Zettel auf den unteren Teil der Pappe, nimmt ein etwas größeres Stück durchsichtige Klebefolie und klebt das Papier umständlich fest. An dem Computer, zu dem der Drucker gehört, sitzt KATHA, die jetzt aufspringt und Hermes hilft.

> ANJA (OFF)
> Katha ist unsere Computerexpertin. Sie ist erst 18, gestaltet aber schon Web-Sides für Firmen in unserer Stadt. Für uns hat sie auch eine Homepage gemacht.

Katha und Hermes haben das Papier aufgeklebt. Sie richten die schwarze Silhouette mit der Aufschrift und dem Zettel auf und betrachten sie stolz.

3.) KLEINSTADTBAHNHOF   AUSSEN

ANJA sitzt auf der Bank, der Bahnsteig ist leer.

> ANJA (OFF)
> Und mein Name ist Anja, ich bin 18 und halte den ganzen Haufen ein bisschen zusammen. Es gibt noch viele mehr, die uns hin und wieder bei Aktionen unterstützen und die nun auch helfen werden, dich freizubekommen. Liebe Grüße – Anja.

Anja schaut sentimental lächelnd auf. Dann nimmt sie den letzten Brief aus dem Stapel. Sie liest.

> ANJA (OFF)
> Lieber Murat, ich kann es immer noch nicht glauben, dass du tatsächlich frei gekommen bist und uns in Deutschland besuchen wirst! Das ist Wahnsinn. Ich hole dich am Dienstag am Bahnhof ab und nehme dich dann gleich mit zum Gruppentreffen in der Kirchengemeinde.

Es soll eine Überraschung werden für die anderen. Die
drehen bestimmt durch!

4.) GRUPPENRAUM INNEN/TAG

FLORIAN, INGA, ARIANE, HERMES und KATHA sind mit
ihren einzelnen Aufgaben beim »Schatten«-Herstellen beschäftigt. Katha schaut auf die Uhr.

KATHA
Wo bleibt denn Anja?

INGA
Ach ja, die hat eben bei mir angerufen. Sie kommt
etwas später, weil sie eine (*nachäffend*) »Riesen-
Überraschung« hat.

Sie zuckt mit den Schultern und wendet sich der nächsten Silhouette zu, als die Tür vorsichtig aufgeht und MURAT herein-
schaut. Hermes bemerkt ihn zuerst und nickt ihm zu.

HERMES (*freundlich*)
Hallo!

MURAT (*gebrochenes Deutsch*)
Ist das hier amnesty-Gruppe?

Jetzt schauen alle zu Murat, arbeiten dabei weiter.

HERMES
Ja klar. Komm rein. Willste bei uns mitmachen?

Murat kommt einen Schritt näher, schaut etwas irritiert, lächelt
dann und nickt.

MURAT
Ja, ich will mitmachen. Mein Name ist Murat.

ARIANE
Hey, witzig. Weißt du, wir betreuen einen Gefangenen in
der Türkei, der heißt auch Murat. Kannst du türkisch?

Murat nickt.

ARIANE *(erfreut)*
Super. Dann kannst du die Briefe an die Regierung auf
Türkisch schreiben.

HERMES
Lass ihn doch erst mal gucken, ob es ihm bei uns gefällt.

INGA *(zu Hermes)*
Aber wär das nicht toll für Murat? *(kurz zu Murat)* Jetzt
nicht du, der andere Murat. *(zu Hermes)* Da könnten
wir noch an viel mehr Leute in der Türkei schreiben.
Zeitungen und so.

FLORIAN *(zu Murat)*
Kannste mal halten?

Florian will wieder eine Silhouette ausschneiden, aber die
Pappe verrutscht immer. Murat steht in der Nähe, setzt seine
Tasche ab und hält für Florian die Pappe. Der schneidet. Murat
schaut sich interessiert im Raum um. Katha hat sich zu ihnen
umgedreht, sieht seine fragenden Blicke.

KATHA
Wir basteln grad an diesen Schatten *(deutet auf die
fertigen Figuren)*. Jeder von denen steht für einen
Menschen, der in Kolumbien »verschwunden« ist –
weißt schon, von der Armee verschleppt. Und nächste
Woche kommen Generäle aus Kolumbien nach Berlin.
Da fahren wir alle hin und demonstrieren vor deren
Augen! Soll keiner sagen, die Verschwundenen wären
vergessen.

Murat nickt beeindruckt. Florian hat eine Silhouette ausge-
schnitten, will die Schablone auf die nächste Pappe legen. Aber
Murat schüttelt den Kopf, nimmt den Stift und zeichnet auf die
Pappe aus der Hand einen anderen menschlichen Umriss.

FLORIAN *(nickend)*
Cool! 'N bisschen Abwechslung!

Murat nickt lächelnd, hält die Pappe und Florian macht sich ans Ausschneiden.

> MURAT (*freundlich, interessiert*)
> Warum macht ihr amnesty-Arbeit? Ihr kennt diese Menschen nicht … Ihr bekommt kein Geld … Ihr habt keine Chance gegen mächtige Regierungen.

> INGA
> Wie bist du denn drauf? Klar haben wir 'ne Chance! Wenn genug mitmachen.

> HERMES (*zu Murat*)
> Ich will die Welt nicht diesen Regierungen alleine überlassen. Ich will was verändern. Eine Welt, in der Freiheit für alle selbstverständlich ist, dafür setze ich mich ein.

> ARIANE (*zu Hermes*)
> Red nicht so gescheit daher. Sag doch, es macht einfach Spaß mit uns abzuhängen! Oder Hermes?

Sie sprüht Hermes einen kleinen weißen Klecks auf die Wange. Der schaut belämmert. Alle lachen.

> HERMES (*ironisch*)
> Murat, vielleicht hast du ja Recht. Mit denen hier ist es echt hoffnungslos. Ich vergeude mein Talent.

Er wischt sich die Farbe ab. Murat grinst. Katha hält einen schräg beklebten »Schatten« hoch.

> KATHA (*zu Hermes*)
> Also zum Aufkleben haste sicher kein Talent. (*zu allen*) Wir müssen uns mit den Schatten jetzt mal ranhalten. Es sind 50 Verschwundene. Und wenn wir so weiter trödeln, tauchen die noch wieder auf, bevor wir für sie demonstrieren können.

Sie zwinkert Murat zu. Alle schmunzeln. Jeder geht wieder an seine Arbeit. Es ist eine Weile still, bis Florian anfängt zu reden.

FLORIAN (*zu Murat, emotional*)
Bei mir war das so: Ich hab die Gruppe an 'nem Info-
Stand kennen gelernt. Da haben sie mir von diesem
jungen Kurden erzählt. Er wurde abgeschoben, in der
Türkei von den Grenzbeamten misshandelt. Dann hat
er sich öffentlich gegen die Misshandlung gewandt.
Und deswegen sitzt er jetzt im Gefängnis … ICH kann
öffentlich gegen Unrecht was sagen, OHNE ins Gefängnis zu kommen. Wenn ER es trotz der Gefahr tut, ist es
doch das Mindeste, dass ich hier auch meine Klappe
aufmache, oder?

Murat schaut Florian gerührt an. Er nickt. Die Tür geht auf,
ANJA kommt aufgeregt herein. Sie sieht Murat und atmet erleichtert durch.

ANJA
Murat! Da bist du ja.

Sie eilt zu ihm und umarmt ihn fest, Murat umarmt sie ebenfalls. Alle anderen schauen sich irritiert an. Anja lässt ihn langsam wieder los.

ANJA
Es tut mir so Leid. Ich habe auf den falschen Zug
gewartet … Hast du schon alle kennen gelernt?

Sie schaut in die Runde.

MURAT (*grinsend*)
Ich habe alle sehr gut kennen gelernt. Sie sind noch viel
wunderbarer, als du sie in Briefen beschrieben hast. Sie
sind … so …normal.

Alle schauen verständnislos. Bei Ariane fällt der Groschen.

ARIANE
Du bist UNSER Murat?

MURAT (*nickt*)
Ja, ich bin EUER Murat. Und ich bin frei. Durch euch …

Alle staunen ihn mit offenem Mund an.

5.) GRUPPENRAUM   INNEN/TAG

Ein paar Tische sind im Gruppenraum zusammengeschoben
worden. Im Hintergrund dudelt aktuelle Popmusik. An der
Wand stehen die fertigen »Schatten«. Der Tisch ist voller
Knabberzeug, Papieren und Briefen. ANJA, ARIANE, INGA,
FLORIAN und HERMES haben sich um MURAT versammelt.
Der zeigt ihnen Fotos von seiner Familie. Die Stimmung ist aus-
gelassen, immer wieder wird Murat auf den Rücken geklopft.
KATHA ist gerade mit einer Einkaufstasche hereingekommen
und präsentiert drei Flaschen Sekt, die mit Gejohle und lautem
»Plopp« geöffnet und in Pappbecher verteilt werden. Alle sto-
ßen auf Murat an, der vor Rührung Tränen in den Augen hat.
Über die ganze Szene können die Schlusstitel laufen, in jedem
Fall aber Anjas Stimme:

> ANJA (OFF)
> Lieber Earvin, wir sind eine Jugendgruppe von amnesty
> international und haben erfahren, dass du in Texas zum
> Tode verurteilt bist. Wir wissen nicht, ob du tatsächlich
> das getan hast, weswegen man dich verurteilt hat. Aber
> wir wissen, dass du zum Tatzeitpunkt noch minderjäh-
> rig warst und dass die Todesstrafe in jedem Fall grausam
> und unmenschlich ist. Deswegen werden wir alles tun,
> damit das Urteil zumindest in eine Haftstrafe umge-
> wandelt wird … Heute möchte ich dir einmal unsere
> Gruppe vorstellen, das heißt den harten Kern der
> Gruppe. Wir sind sieben Leute: Außer mir sind da noch
> Florian, Inga, Ariane, Hermes, Katha und … Murat.
> Murat ist unser neues Mitglied. Von ihm soll ich dir
> etwas ausrichten: Du bist nicht vergessen worden.
> WIR sind nun bei dir.

ENDE

Horizonte

EDUARDO GALEANO

News from the Future!

Am Ende des Jahres 2000 gibt es niemanden, der nicht irgendeine Voraussage über die Zukunft der Welt treffen könnte. Was wird wohl in den nächsten Jahren geschehen?

Ich habe ehrlich gesagt nicht die leiseste Ahnung; ich weiß allerdings genau, was ich nicht möchte. Jedenfalls hoffe ich, dass die folgenden Nachrichten niemals veröffentlicht werden müssen:

Neues System zur Bestimmung von Feinden

Das Pentagon und die NATO, die zwei weltweit wichtigsten internationalen Organisationen, geben bekannt, dass sie zukünftig durch Verlosung diejenigen Länder auswählen, die in der nächsten Zeit bombardiert werden sollen. Die Experten werden, wie immer, in jedem Fall für die geeignete Rechtfertigung sorgen, und die Massenmedien werden sich weiterhin um allgemeinen Beifall bemühen.

Hollywood ehrt Bösewichter

Saddam Hussein und Slobodan Milošević erhalten den höchsten Preis der Akademie. Beide Schauspieler bekommen den Oscar für das besondere Talent, das sie in den Rollen der Bösewichter in den letzten vom Pentagon finanzierten Superproduktionen unter Beweis gestellt haben.

Banken sollen Regierung bilden

Wachsendes Echo findet die Kampagne der internationalen Kreditgeber, die unter dem Motto steht: SCHLUSS MIT DEN ZWISCHENHÄNDLERN!

Die Vorkämpfer der Kampagne fordern, dass die anspruchsberechtigten Banken dazu übergehen sollen, die Regierung in den überschuldeten Ländern zu übernehmen. Die Initiative findet in den lateinamerikanischen Ländern, in Asien und Afrika beachtliche Unterstützung, weil man dort davon überzeugt ist, dass man sich den modernen Zeiten anpassen muss. Wegen der zu befürchtenden Arbeitslosigkeit in den eigenen Reihen stößt das Projekt in politischen Kreisen allerdings auf großen Widerstand.

Meister der Hygiene

Die »CitybankSeife«, das »Schweizerbank-Waschpulver« und der »Fleckentferner Bahamas« schlagen neue Verkaufsrekorde und setzen sich auf dem Weltmarkt der Waschmittelindustrie immer stärker durch. Diese Marken genießen weltweit das Ansehen die besten Wäschereien zu sein, da sie über langjährige Erfahrungen verfügen, wie man den unlöslichen Schmutz von Geldscheinen entfernt, die aus dem Drogen- und Waffenhandel bzw. gestohlenen Staatsgeldern stammen. Aus gut informierten Kreisen ist zu hören, dass die Konkurrenten in Panama, Montevideo, Singapur und an vielen anderen Orten ihren Neid kaum verbergen können.

Spektakulärer Fortschritt im Kampf gegen die Armut

Nach den letzten internationalen Statistiken ist ein erstaunlicher Fortschritt im Kampf um die vollständige Ausrottung der Armut in der Welt zu verzeichnen. Die Spezialisten betonen einstimmig, dass dieser Erfolg in großem Maße den Anstrengungen des Internationalen Währungsfonds und der Weltbank zu verdanken ist. Beide Institutionen finanzieren die praktische Umsetzung von Projekten, die den menschlichen Überschuss auf dem außerirdischen Markt unterbringen wollen. Täglich werden es mehr

Raumschiffflüge, die die Armen der Welt ohne Rückflugticket zum Mond befördern. Der Armenexport erscheint schon jetzt in den Geschäftsbilanzen fast aller Länder.

Neues universales Gesetz steuert die Bewegungsfreiheit der Armen auf der Erde

Die Weltmächte haben ein Gesetz verabschiedet, das die Bewegungsfreiheit der Armen steuern soll, die als unabkömmliche Arbeitskräfte noch auf der Erde bleiben. Um die Gefahr eines unkontrollierten Weggangs auf ein Minimum zu reduzieren, wird weltweit festgelegt, dass sie zukünftig einen elektronischen Schutzbrief tragen müssen, ohne den sie die ummauerten Städte, in denen sie arbeiten, nicht verlassen dürfen.

Verstärktes Aufkommen von Kinderkriminalität beunruhigt das Weiße Haus

Eine Tragödie pro Woche ist die Bilanz an den Schulen und Universitäten der Vereinigten Staaten, wo sich bis an die Zähne bewaffnete Kinder gegenseitig umbringen. Der Präsident erklärt: »Wir können nicht weiterhin tatenlos zusehen!«

Neuer »Sexgate« geplatzt

Die Veröffentlichungen der Memoiren von Madeleine Albright hat für einen weltweiten Skandal gesorgt. Alle Medien sprechen von nichts anderem, seit die ehemalige Kanzlerin enthüllte, dass Ex-Präsident Clinton sie ständig sexuell belästigt habe. Namhafte Medienwissenschaftler sagen voraus, dass diesem überaus wichtigen Thema in den nächsten Tagen, Wochen, Monaten und Jahren die größte Aufmerksamkeit gewidmet werden wird.

Spitzenpolitiker und Touristen huldigen der Natur

Der argentinische Präsident trat als Hauptredner beim großen Festakt zur Ehrung des letzten Baumes in Patagonien auf. Währenddessen hatten zahlreiche Touristen in der unendlichen Wüste des Amazonas die Gelegenheit, den früher einmal existenten Urwald mit seiner Flora und Fauna zu bewundern, der in Dokumentarfilmen auf Riesenbildschirmen in den 5-Sterne-Hotels der Region gezeigt wird.

Luft und Waffen heiß begehrt

Unsere Umwelt und die öffentliche Sicherheit sind nach den letzten internationalen Statistiken ausschließlich in privater Hand. Unter den Artikeln, die in den Supermärkten der Großstädte am meisten verkauft werden, stehen Luft und Waffen an erster Stelle. Sauerstoffflaschen, unentbehrlich für die Damen- und Herrentasche, Selbstverteidigungswaffen, kugelsichere Westen, Granaten und Maschinengewehre sind die begehrtesten Produkte in den Einkaufszentren der großen Weltstädte.

Stadtverkehr in Schwierigkeiten

Die Verkehrsverstopfung durch Hubschrauber löst in den Hauptstädten schwere Probleme aus. Der zunehmende Einsatz dieses Transportmittels ist eine Folge der vielen Staus in den Straßen, führt aber zu ähnlichen Problemen in der Luft. Als Grund für die dramatisch hohe Zahl der Zusammenstöße und anderer Unfälle wird die praktisch nicht vorhandene Sichtweite angegeben.

Städte verlieren ihren Himmel

Der Weltrat der Experten für Städteplanung hat festgestellt, dass die totale Schließung des Himmels über den Großstädten unmittelbar bevorsteht. Die Luftverschmutzung und die Ansammlung von giftigen Gasen in der Atmosphäre wird sich in den nächsten Monaten zu einer geschlossenen Kappe verdichten.
Der Umweltschützer Pinio Ungerfeld

hat bereits in allen Hauptstädten seine Protestschilder aufgestellt. Darauf steht: »Man lässt uns die Sterne nicht mehr sehen.« Unterschrift: *Die Menschen*. Nach seiner Aussage sind mittlerweile auch Schilder am Himmel erschienen, auf denen steht: »Man lässt uns die Menschen nicht mehr sehen.« Unterschrift: *Die Sterne*.

So weit darf es nicht kommen!!
Mögen uns Gott und der Teufel schützen und vor so einem Unglück bewahren!

Kürzlich sollten die Schulkinder von Montevideo ihre Botschaften zum Ende des Jahrhunderts aufschreiben. Einer der Schüler schrieb: »Ich glaube, dass die Erde uns retten will!«
Viel haben wir, soweit ich weiß, nicht getan um soviel Freundlichkeit von unserem Planeten erwarten zu dürfen. Mögen Gott und der Teufel dafür sorgen, dass der Junge Recht behält!

(Aus dem Argentinischen von Claudia Lenze)

KURT MARTI

was uns nicht ruhen lässt

wie kann es frieden geben
für die völker der welt
solange ihr schicksal abhängig bleibt
vom eigeninteresse der industrienationen
und ihrer globalen marktmacht?

wie kann es frieden geben
für die völker der welt
solange die waffenproduktion
zwecks arbeitsbeschaffung auch weiterhin
in schwung bleiben muss?

wie kann es frieden geben
für die völker der welt
solange noch öffentliche ordnungen
mit folterungen und todesstrafen
aufrechterhalten werden?

wie kann es frieden geben
für die völker der welt
solange die menschenrechte der politik
dienen müssen und politik nicht
den menschenrechten dienstbar wird?

wie kann es frieden geben
für die völker die menschen der welt
solange wir erbarmungslos krieg führen
wider die erde unsre geduldige mutter
und wider die lebensrechte all ihrer geschöpfe?

508 Jahre

Am Freitagmorgen des 12. Oktober 1492 schrie der Matrose RODRIGO DE TRIANA: »Land!«, und die Geschichte änderte ihren Lauf.

Die drei Karavellen, die vom Hafen in Palos abgelegt hatten um einen Seeweg nach Indien zu suchen, stießen mit einem Kontinent zusammen, der in ihren Karten nicht eingezeichnet war.

In diesen Ländern, die keinen Namen hatten und die sogar die Kirche nicht kannte (oder vielleicht verheimlichte), verwechselte man die Entdecker mit Göttern, die vor vielen Sonnen aufgebrochen waren und ihre Rückkehr versprochen hatten.

Es waren nicht die zurückgekehrten Götter, und Amerika war nicht Cipango.

CHRISTOPH COLUMBUS war der Angst entgegengetreten, die im 15. Jahrhundert die Welt auf Europa, Asien und einen Teil Afrikas beschränkte. Neue Sterne erschienen am Himmel, und die primitiven Instrumente der Schifffahrt zeigten den Weg in eine herrliche Zukunft.

Dem berühmten Genovesen folgten Matrosen, Priester, Winkeladvokaten, Abenteurer und Piraten; heute, 508 Jahre später, kommen immer neue Eroberer, die die Reichtümer unserer Mutter Erde entdecken.

Vor 508 Jahren hatte Europa Amerika entdeckt und spiegelbildlich kann gesagt werden, dass Amerika auch Europa entdeckte.

Mit vorgehaltener Waffe mussten die Eingeborenen fremde Sprachen wie Spanisch, Portugiesisch, Englisch und Französisch lernen. Mit Hilfe von Peitschenhieben tauschte man ihre Götter gegen einen Vater Unser aus, der erlaubte, dass man seinen Sohn kreuzigte. Folter und Sklaventum kamen wie ein Fluch über sie. Man durchlöcherte den Leib ihrer Hügel, wusch das Wasser ihrer Flüsse um an Gold und Silber zu kommen, die den Platz von Pfeffer, Gewürznelken und Zimt einnahmen und die Meere der Welt überqueren sollten.

Der Ehrgeiz war ihre Stärke, und die Kirche hatte alles mit dem Kreuz auf den Griffen ihrer Schwerter abgesegnet. Die Eindringlinge brachten die Grippe, die Pocken, die Syphilis und andere Krankheiten, die mehr Tote verursachten als alle Erdbeben, Überschwemmungen oder Vulkanausbrüche zusammen.

GUANAHANI, die Insel, die Columbus vor 508 Jahren betrat, hatte ursprünglich eine Bevölkerung von einer Million Personen. 20 Jahre später gab es noch 13 000 Überlebende.

Aus Europa kamen unbekannte Foltermethoden, die aber schon seit langem an ihrem Herkunftsort gegen Mauren, Juden und Ketzer erprobt worden waren.

Die Kirche segnete weiterhin alles ab und musste später zugeben, dass die Welt so rund wie eine Orange ist und um die Sonne kreist.

Natürlich geht die Sonne weiterhin auf, und wir können es jeden Tag bestätigen. Auch der Mond, König der Nacht und der Ernte, beleuchtet immer noch die Kalender mit ihren Berechnungen und Eklipsen.

Europa hat uns die Krankheit gebracht, aber auch einige Heilmittel. Die ersten Stimmen zu unserer Verteidigung wurden in Spanien laut. Der Dominikanerpater FRANCISCO DE VITORIA, der 1486–1546 lebte, erklärte in der Universität von Salamanca, dass der König nichts in den neuen Ländern zu suchen habe, dass sie schon Besitzer hätten und dass der Papst keine fremden Ländereien verteilen könne.

Ein anderer Pater, auch Dominikaner, der der erste in Amerika geweihte Priester war, begann im Namen seiner Indios zu predigen. Er wusste genau, wovon er sprach, denn er war selbst Händler gewesen und hatte Sklaven in seinem Dienst gehalten. Es war FRAY BARTOLOME DE LAS CASAS, Bischof von Chiapas, Mexiko, dem Ort, an dem heute noch um Würde und Anerkennung gekämpft wird. Frauen und Männer ohne Gesichter fordern ihre Rechte inmitten von Nebel und Regen im Urwald der Lakandonen.

1537 setzt Papst Paul III. seinen Stempel unter die Bulle »SUBLIMIS DEUS« und bestätigt damit, dass die Indios Seele und Verstand haben. Er hatte entdeckt, dass sie Menschen sind.

Gold, Silber, Kaffee, Kakao, Zuckerrohr, alles wurde von einem unersättlichen Europa verschlungen. Die Hände reichten nicht aus, und man musste bald Sklaven aus Afrika und China holen. Diese Anstrengungen kosteten Schweiß, Tränen und Blut, und sie machten prunkvolle Königshöfe, christliche Kriege und eine unglaubliche Entwicklung in Europa möglich, die im 19. Jahrhundert mit dem Beginn der Industriellen Revolution gekrönt wurde.

Mit der Zeit brachen große und kleine Aufstände aus und erschreckten die Eroberer, ihre Einnahmen gerieten ins Schwanken.

Aber es gab immer Unterdrückung und es fehlte nicht an Verrätern, die ihren eigenen Bruder für ein paar Münzen verkauften. Alles sollte Gewinn bringen, aber wir lernten nur den Verlust kennen. Die neue Bibel ist der freie Markt, und die Wirtschaft ähnelt immer mehr einer Geheimwissenschaft. Jetzt sind es Öl, Kokain, die Wälder und die Gene unserer Rasse. Die Eroberer und Piraten kommen mit ihren Narkogeschäften. Anstatt der Karavellen benutzen sie kostspielige Flugzeuge mit Sauna und Computer.

Über Satellit dringt das Fernsehauge in jedes Haus, in jedes Gehirn und verspricht uns eine bessere Zukunft. Heute, am 12. Oktober 2000, werden, wie immer, Kinder unter dem amerikanischen Himmel geboren. Es werden Kinder sein, deren Kindeskinder die Erde und ihre Gaben lieben werden.

Diese werden Männer und Frauen sein, die wiederum ihren Kindern von einem sogenannten TOUSSAINT LOUVERTURE erzählen, der die Aufstände der Schwarzen in Haiti anführte, von EMILIANO ZAPATA, der ganz Mexiko in Aufruhr entflammen ließ, und sie werden von CHE GUEVARA sprechen, der in Bolivien starb und bewies, dass eine Niederlage auch Triumph bedeuten kann.

Diese Kinder, Frauen und Männer werden die Hautfarbe der Mestizen Lateinamerikas haben und von Blumen und Abfällen träumen, von Umweltverschmutzung und Reinheit, von Arbeit und Arbeitslosigkeit, von Verzweiflung und Verbrechen, von Gestern und Morgen.

1789 war der Schrei der Französischen Revolution: Freiheit, Gleichheit, Brüderlichkeit.

1948 wurden die Menschenrechte geboren: »Jeder Mensch hat das Recht auf Leben.«

1961 wurde amnesty international gegründet, ein Forum, das die Nacht derjenigen erhellen soll, die zwischen den Lügen der Vergangenheit und den Versprechungen der Zukunft um ihre Gegenwart gebracht werden.

(Aus dem Argentinischen von Claudia Lenze)

HANS-MARTIN GROSSE-OETRINGHAUS

Farbenlehre

Die Menschheit
ist wie ein Regenbogen:
farbenprächtig und bunt.
Alle Farben sind da.
Würde nur eine fehlen,
der Bogen wäre bald
ganz verschwunden.
Die Menschen
sollten daraus lernen.

GYÖRGY KONRÁD

Menschenrechte im sich erweiternden Europa

Wenn es eine Idee gibt, die Europa zusammenhält, dann die Idee der Menschenrechte, des Menschenrechtsschutzes, des europäischen Humanismus, Herz und Seele der modernen Demokratie. Unter Menschenrecht verstehen wir zugleich bürgerliches Freiheitsrecht, die Rechte von Personen und Minderheiten. Es versteht sich doch von selbst, dass die Mehrheit oder diejenigen, die in deren Namen auftreten, über die Instrumente verfügen, mit deren Hilfe sie ihren Interessen Geltung verschaffen. Auf Rechtsschutz angewiesen jedoch sind diejenigen, die von vornherein weniger Macht in Händen halten oder eben schwach sind, was ihren Schutz durch andere begründet.

Es ist eine Erfahrungstatsache, die durch die Praxis zahlreicher Diktaturen und autoritärer Regime belegt wird, sensibelstes und kritischstes Freiheitsrecht ist die Pressefreiheit, das Recht offener und gelegentlich kritischer Rede. Die Kultur ist keine Mehrheitsangelegenheit, die großen Werke und Entdeckungen sind weitestgehend Leistungen von Minderheiten, weshalb diese der Regierung, der Mehrheit, den drohenden politischen Veränderungen gegenüber auf Schutz angewiesen sind.

Das grundlegende Menschenrecht ist gemäß seinem Begriff ein individuelles, ein personengebundenes Recht und kann der Gemeinschaft, der Mehrheit, nicht untergeordnet werden. Die Rechte der Mehrheit gegen eine diktatorische Minderheit zu verteidigen wäre einfach. Das ist die Lage in klassischen Diktaturen, die sich der Probe allgemeiner Wahlen nicht unterwerfen, doch selbst wenn sie es tun, finden sie Mittel und Wege, gegen den isolierten, bedrohten und seiner Solidarität beraubten Einzelnen im Namen einer propagandistisch behaupteten Mehrheit aufzutreten. In allen Staaten der Welt werden die ins Gefängnis gesperrten Menschenrechtsschützer im Namen einer vermeintlichen und beteuerten Mehrheit verurteilt, die sich als Pseudomehrheit entpuppt.

Zur Wende von 1989 haben zahlreiche Faktoren geführt, zu einem der wichtigsten aber gehörte der Aufruhr solidarischer Kreise von freien Individuen. Diese zu ihrer Zeit bagatellisierte Ausnahme veränderte den Status quo am nachhaltigsten und führte zur Aufreibung und Zersetzung der machtpolitischen Kräfte des repressiven Sowjetreichs. Einer stabilen Demokratie dagegen hat das Auftreten freier Individuen noch nie geschadet, im Gegenteil, dadurch wird sie lediglich gestärkt, geläutert und artikuliert. Der Vorzug der Demokratie besteht darin, dass sie fähig ist, die Bestrebungen autonomer Personen und Gemeinschaften zu integrieren. Die kommunistischen, nationalistischen und religiös fundamentalistischen Herrschaftssysteme haben wir gesehen, die aufgrund einer mehrheitlich kollektivistischen Ideologie die jahrhundertealten Traditionen des europäischen Humanismus zu ersticken versuchten. Das Wesen der Unterdrückung besteht immer in der Bedrohung, in der physischen und psychischen Gefährdung der menschlichen Existenz. Europäische liberale Demokratie bedeutet die Verteidigung von Freiheitsrechten der Minderheiten gegen aggressive und feindselige Mehrheiten.

Menschenrechtsschutz, das ist die dauerhafte und institutionelle Verteidigung der Kultur gegen politische Gewalt, das ist die Autonomie der Kultureinrichtungen, die Trennung von politischer und kultureller Sphäre sowie die Befreiung der Worte, der Welt der Symbole, der Print- und elektronischen Medien vom Willen und Zorn der mehrheitlichen Regierungskoalitionen, die Trennung der Kultur von der Regierungsmacht.

Je mehr die wirtschaftliche Vereinigung Europas voranschreitet, desto eher wird die geistig-kulturelle Integration der Europäischen Union auf die Tagesordnung gelangen, das heißt die Verteidigung der gemeinsamen, der ausdiskutierten und konsensuellen Grundprinzipien gegen lokalen Machtmissbrauch.

Da die neuen Demokratien nicht vom Himmel fallen und die anstehenden Probleme nicht von unschuldigen Kindern gelöst werden, sondern von Menschen, die den größten Teil ihres Lebens in autoritären oder eben totalitären Regimen zugebracht haben, deren Charakter von diesen Systemen geprägt worden ist, deren Sehnsüchte und Bestrebungen, deren Beziehungen zu anderen Menschen, zur anderen Seite, zum Partner von Reflexen bestimmt werden, die auf totalen Sieg, auf Einschüchterung und Verdrängen von der Bühne ausgerichtet sind, besteht die Gefahr, dass die alten neuen Politiker und ihre Schüler in Feindseligkeiten und Ausübung von ideolologischem Druck zurückfallen.

Es besteht die ernst zu nehmende Möglichkeit, dass Politiker gegen die Presse, gegen die Äußerungen einer kritischen Öffentlichkeit auf Rache sinnen und zu deren Befriedigung auch die entsprechenden Instrumentarien finden könnten. Noch immer ist der Einfluss des Staates auf die Wirtschaftssphäre sehr groß, Daten können zusammengefasst, Oppositionelle unter dem Vorwand, das organisierte Verbrechen zu verfolgen, beobachtet und abgehört werden, dies umso mehr, als sich das Personal der Geheimdienste schon in den vorangegangenen Regimen an diese Praktiken gewöhnt hat.

Wir haben die Beobachtung gemacht, dass auch die Neulinge, die Parvenüs der Macht, angesichts dieser Möglichkeiten in einen Rausch geraten. Wo ein Machtmissbrauch möglich ist, dort werden sich Menschen finden, die ihre Macht missbrauchen.

Die Europäische Union muss den konsequenten Anspruch auf Demokratie bedeuten und in diesem Sinne eine strenge Kontrolle über die lokalen Mächte. Ebenso wie die Verwaltung der Finanzen ausgefeilte und formale Verfahren besitzt, muss auch die Behandlung der Menschenrechte einer internationalen Kontrolle unterliegen. Mit zweifelhaft demokratischen Ländern, in denen die Menschen- und Bürgerrechte nicht garantiert werden, können diplomatische Beziehungen unterhalten werden; dazu aber, sie mit den Vorteilen einer Aufnahme in die Europäische Union zu beschenken, besteht kein Grund, solange sie sich nicht als zuverlässige Demokratien ausweisen. Kritischer Gradmesser, Prüfstein für das Voranschreiten der Integration muss eine internationale Kontrolle der Medienlandschaft und der Pressefreiheit in dem gegebenen Land sein, und zwar sowohl durch die zivilen und regierungsunabhängigen Organisationen als auch durch die offiziellen europäischen Institutionen. Zu entwickeln sind für die Öffentlichkeit durchschaubare Techniken, durch die auf die verschiedenen Regierungen Druck ausgeübt werden kann. Es ist unzulässig, dass Regierungen unter Berufung auf die nationale Souveränität Einzelne und Minderheiten unterdrücken. Die intellektuelle Elite ist eine determinierende gesellschaftliche Gruppierung, und je hervorragender ihre Vertreter sind, desto empfindlicher reagieren sie auf Verletzungen der Freiheitsrechte. Im Prinzip müsste die Durchsetzung kultureller Rechte der nationalen Minderheiten durch den Haushalt der einzelnen Staaten gewährleistet werden, doch für solche Zwecke stellen die Regierungen nur wenig und widerwillig Mittel zur Verfügung. Deshalb bedarf es hierfür und zur Kontrolle der Beachtung der Menschen- beziehungsweise Minderheitenrechte einer EU-Quelle. Helsinki-Watch, amnesty international und andere Rechtsschutzorganisationen haben ausgezeichnete Arbeit geleistet, dennoch wäre es angebracht, dieser Tätigkeit den Rang einer offiziellen Funktion der Europäischen Union zu verleihen.

Der Kommunismus in Osteuropa war nicht die erste Form einer etatistischen Repression, und es gibt sie nicht nur in der Gegenwart, begegnen werden wir ihr auch in Zukunft; die Phraseologien wandeln sich, einmal wird die Rhetorik weltlich nationalistisch, ein andermal religiös nationalistisch dominiert.

Die Herren Milošević, Lukaschenko und Mećiar sind nicht von einem fremden Planeten zur Erde gepurzelt, sie sind dem heimatlichen Boden entsprossen, und wahrscheinlich werden sie auch in Zukunft Anhänger finden, wie es auch in Warschau, Prag und Budapest Politiker gegeben hat und gibt, die dazu neigen, Regierungswechsel infolge von Wahlen als Systemwenden zu interpretieren und eine Mehrheit von wenigen Prozentpunkten für einen ausreichenden Rechtstitel halten, alle Macht an sich zu reißen und somit den öffentlichen Diskurs durch Regierungsentscheidungen zu ersetzen, die Ressortverwaltung dadurch zu gefährden, dass sie die Führungspositionen des öffentlichen Dienstes und die Spitze der verbliebenen Staatsunternehmen überwiegend mit Parteifunktionären besetzen, wodurch, wenn auch nicht alle Macht, so doch ein nicht gesund zu nennender Anteil in der Hand des Parteiführers konzentriert wird. Regierungsoberhäupter und andere Politiker, die ihre Persönlichkeitsstörungen durch aggressives und hochmütiges Verhalten zu bemänteln suchen, sind imstande, das Allgemeinbefinden ganzer Länder zu belasten und die Erziehung der Bürger zur Freiheit für lange Zeit zu behindern. Eines der obersten Ziele dieser Machthaber besteht natürlicherweise in der Einschränkung der Gewissensfreiheit, der Beseitigung der Trennung von Kirche und Staat und der Einhüllung der Regierungsautorität in religiöses Zeremoniell. Welchem politischen Führer würde es nicht gefallen, wenn er von seinen Anhängern erführe, dass er direkt vom Himmel in das gewählte Amt entsendet worden sei. Dank sei dir, o Gott, dass du uns den großen XY geschenkt hast, verkünden Transparente naiver Bürger.

Auf der Tagesordnung steht nun die qualitative Demokratie, mit anderen Worten ein System, eine Öffentlichkeit und eine politische Kultur, die nicht nur auf physische Gewalt empfindlich reagieren, sondern auch auf die Gesten existenzieller Bedrohung und verbaler Einschüchterung, die weniger spekulativ sind als zerstörte Häuser und Leichname mit durchschnittener Kehle. Geklärt werden müssen die theoretischen, philosophischen und ethischen Grundlagen der Europäischen Union. Demokratie? Richtig. Aber was für eine? Kriterium der an den Normen der Jahr-

tausendwende ausgerichteten qualitativen Demokratie ist die restlose Durchsetzung der Menschen- und Bürgerrechte. In der EU werden Regierungen vereint, doch in Wirklichkeit ist die Europäische Union eine Assoziation freier Gesellschaften, und nur aus deren Vertretung beziehen die Regierungen ihre Legitimation.

Konfrontiert werden wir nicht nur mit Demokratie und Diktatur, sondern auch mit Zwischenvarianten, Übergängen, partikularen Demokratien, in denen sich die Regierung zwar auf eine Stimmenmehrheit beruft, manchmal auf eine geringe Mehrheit, doch sobald die Ermächtigung erteilt worden ist, funktioniert sie als autoritäre Herrschaft. Die »Demokratur« entspricht aufgeblasenem und gewalttätigem persönlichem Verhalten.

In den exkommunistischen Ländern sind die Traditionen und spontanen Reflexe vorhanden, denen zufolge Wirtschaft, öffentliches Leben und Kultur von einer Partei gelenkt werden. Dies hat zur Folge, dass die mittels Reformen dezentralisierten Beschlussmechanismen immer und immer wieder rezentralisiert und die Machtkompetenzen, die auf autonome Körperschaften übertragen worden sind, systematisch zurückgenommen werden, und zwar derart, dass wir ein fortwährendes Pulsieren der Bürgerrechte beobachten: Je nach Aktivität und Passivität der Hüter der Freiheitsrechte, nicht minder gemäß einer internen Ideologie der regierenden politischen Elite, werden sie erweitert oder eingeengt. Auch mit einer antikommunistischen Phraseologie kann eine ähnliche Praxis betrieben werden, wie sie in den poststalinistischen Einparteienregimen Osteuropas üblich gewesen ist. Die Staatsbeamten, der größere Teil der Intelligenz, sind aus dem alten Bestand hervorgegangen, ihre Verhaltensmuster sind langlebig, und wenn sie von oben dazu ermutigt werden – gleichgültig im Namen welchen Ideenpakets –, erweisen sie sich als aggressiv, überheblich, kämpferisch und herrisch, wenn aus keinem anderen Grund, dann aus Angst, den Erwartungen der Führung, vielleicht gerade der neuen Führung, die ohnehin dazu neigt, das Personal auszutauschen, nicht zu entsprechen: Die Gefügigkeit der Abhängigen muss gesichert werden. Das Führerprinzip lebt maskiert weiter. Gestörte Persönlichkeiten unter den Politikern können sich gelegentlich nicht enthalten, über die frei schwebende Intelligenz oder die kritische Presse verächtliche Äußerungen von sich zu geben und daran zu arbeiten, dass die geistig von ihnen unabhängigen Kreise ja keine materielle Unabhängigkeit genießen. Machtgierige Regierungschefs, in denen sich Führungsambitionen mit Groll und verletzter Eitelkeit paaren, sind im Alltag der neuen Demokratien bekannt.

Seit 1989 habe ich noch keinen ungarischen Ministerpräsidenten ohne derartige Eigenschaften oder wenn man so will Charakterfehler gesehen, und ich muss nicht an die Herren Milošević, Lukaschenko und Mećiar denken, an extreme Beispiele also, denn auch die Gemäßigteren und Schlaueren in den drei hervorgehobenen Reformländern haben ihren Widerwillen gegen die unabhängige Intelligenz fortwährend verraten.

Repressionen sind auf verschiedenste Weise möglich, von existenzieller Erpressung bis hin zu verdeckter Zensur, von konzertierten Pressekampagnen bis hin zu Drohbriefen und -anrufen. Da zwischen Mafia und Politikern beziehungsweise bewaffneten Verbänden gelegentlich Verflechtungen zu beobachten sind, wodurch hemmungsloser Gewalt Tür und Tor geöffnet werden, bedarf es keiner besonderen Feigheit, wenn nüchterne Vorsicht viele Menschen aus Gründen der Konfliktvermeidung zum Schweigen und zu apolitischem Verhalten veranlassen.

In die politische Klasse kann man nicht nur hineingelangen, man kann auch von ihr verstoßen werden. Und dann können ehemalige Abgeordnete die Erfahrung machen, dass nicht nur sie selbst, sondern auch ihre Angehörigen arbeitslos werden, denn zur Fortsetzung ihres vorherigen bürgerlichen Berufs findet sich keine Möglichkeit, und die ihnen entgegengebrachte schadenfrohe Feindseligkeit ist eine Art Liebesbeweis gegenüber der neuen Führung.

Erniedrigendes Auftreten gegen die Minderheiten, das Begreifen politischer Rivalität als Kampf, sozusagen als Klassenkampf, ganze gesellschaftliche Gruppen für unmoralisch, ja kriminell zu erklären, ausweichende und drohende Antworten auf berechtigte Fragen zu geben, einhergehend mit der Verbreitung irreführender Nachrichten, Verdächtigungen und Verleumdungen, sind mit der Mehrheitsdemokratie vereinbar.

Demokratie bedeutet die Pflicht zur Höflichkeit gegenüber der Gesellschaft, gegenüber den Bürgern, »Demokraturen« dagegen verhalten sich systematisch anmaßend und unhöflich, sie dulden, ja ermutigen zur Hetze gegen nationale und ethnische Minderheiten, gegen Ausländer und Flüchtlinge, ermuntern zu verschlüsselten antisemitischem und zigeunerfeindlichem Sprachgebrauch, zu menschenverachtenden Grobheiten und rassistischen Ausschreitungen gegen Farbige, zu Diskriminierung gegen kulturelle und sexuelle autonome Minderheiten.

Es überrascht nicht, dass solche Regierungen Personen, die gegen derartige Praktiken ihre Stimme erheben, als Vaterlandsverräter anprangern, und besonders vehement werden diejenigen angegriffen, die sich mit ihrer Kritik an eine Öffentlichkeit im Ausland wenden. Diese Aversionen entsprechen einer Gepflogenheit aus der Zeit vor 1989, als die demokratische Opposition, die Menschenrechtsschützer, die Dissidenten in den regierungsamtlichen Sprachregelungen nicht nur als Opposition bezeichnet, sondern sogar als Feinde abgestempelt worden sind.

In diesem bedrohlichen Selbstverständnis des Ausschließens gehören die Minderheiten nicht zum Nationalkörper, ihre Loyalität ist zweifelhaft, weshalb es absolut nicht sicher ist, ob sie überhaupt das Recht besitzen, sich dort aufzuhalten, wo sie geboren worden sind, wo ihre Eltern und Großeltern gelebt haben, dort zu sein, wo sie eben sind. Sofern ihnen ein Bleiberecht gewährt wird, werden die Minderheiten in den Halbdemokratien mit der allgemeinen Forderung konfrontiert, sich unter weitgehender Aufgabe der eigenen Identität zu assimilieren.

Aus demagogischer Hassrhetorik, aus überzogenen und von vornherein nicht einzuhaltenden Versprechen können parlamentarische Mehrheiten und permanente Kämpfe um den Machterhalt und den Ausbau des politischen Sieges resultieren, wobei die Einlösung der gegebenen Wahlversprechen sogleich vergessen wird. Die Bevölkerung der neuen Demokratien neigt dazu, die Regierung alle vier Jahre abzuwählen, zumal vier Jahre ausreichen, um von den Aktivitäten der Regierenden die Nase voll zu haben und Neugier auf eine andere Partei zu entwickeln, da es doch sein könnte, dass diese Partei mehr Sachverstand und Anstand zeigen wird, dass sie und ihre Freunde weniger Missbrauch mit der übertragenen Macht und den Privilegien treiben werden. Da eine Regierung, die dank populistischer Rede und beabsichtigter Irreführung der Wähler gesiegt hat, sei es durch rechten oder durch linken Populismus, das heißt durch grobe Verleumdung des politischen Gegners und unverantwortliche Forderungen an den Staatshaushalt, deren Erfüllung das Gleichgewicht des Etats empfindlich stören würde, Forderungen, denen auch sie nicht entsprechen wird und auch gar nicht kann, wenn sie die Verantwortung für die Finanzen übernimmt, da also eine solche Regierung binnen vier Jahren aller Wahrscheinlichkeit nach ihre Popularität einbüßen und bei den nächsten Wahlen eine Niederlage erleiden wird, greifen die Machtinhaber zu vielen legalen und halb legalen Mitteln um ihre Position zu behaupten.

Bezeichnend für die parlamentarische Wechselwirtschaft der neuen Demokratien sind nicht die an der Mitte orientierten geringfügigen Schwankungen, sondern die großen Pendelausschläge, die mit revolutionärer Phraseologie die Wahlpropaganda begleiten, also Veränderungen fordern, die nicht nur auf eine Ablösung der Regierung hinauslaufen, sondern sozusagen auf einen Wandel des gesamten politischen Systems. Das Stimmenverhältnis ist ein Versöhnler und bevollmächtigt gegenüber der anderen Seite zu einer angemessenen Machtausübung. Im Abgeordnetenhaus indes und noch eher im politischen Alltag wächst die bescheidene Wählermehrheit an, denn die neu gebackenen Führer stehen schwach im Lehrfach zivilisierter Selbstbeherrschung und Toleranz gegenüber den Nebenbuhlern und der Opposition, was jenem Sachverhalt entspricht, dass sie gerade dadurch nach oben gelangen, dass die Führungskräfte, genauer gesagt Führer, auch in der eigenen Partei eine keinen Widerspruch duldende Alleinherrschaft verwirklichen, die sie schließlich auf die ganze Regierung auszudehnen versuchen, während das Umfeld bemüht ist, den Regierungschef mit einem Nimbus auszustatten, vergleichbar dem, wie ihn die Generalsekretäre der Partei vor der Wende 1989 genossen haben.

Die vor unseren Augen geschehene Geschichte, die wir am eigenen Leib zu spüren bekamen, hat die wacheren Beobachter gelehrt, dass die Macht eine Art von Befriedigung ist, die gemütskrank machen kann, denn sie ist eine gefährliche Droge, ein Rauschgift, das den klaren Blick und die Selbstbeherrschung hemmt, sodass sich deren Inhaber, wenn er nicht über die erforderliche Selbstkontrolle verfügt, an den Konsum gewöhnt und die Dosen ins Unermessliche steigert. Sein Verlangen danach wird durch die begründete Angst erhöht, dass er später, nicht mehr im Besitz des Gifts, sowohl seines Wohlstands als auch seiner Autorität wie auch der ihm bewiesenen Leutseligkeit seiner Umgebung verlustig gehen wird, und die ganze Persönlichkeit des in der Versenkung verschwundenen Politikers wird ohne Trost spendende Entschädigung zusammenschrumpfen, weil hinter der Mehrheit der Politiker, in Abweichung zu den fundierten westlichen Gesellschaften, kein im Zivilleben erworbenes Einkommen, keine Absicherung und Wertschätzung stehen. Wer ausscheidet, der fällt meist tief, das weiß er, und deshalb klammert er sich besonders gierig an die erworbene Macht, das heißt, nicht so sehr der sachgemäße Dienst an der öffentlichen Sache ist es, der ihn reizt, als vielmehr die Stabilisierung seiner Position.

Die Mehrheit der Politiker verdient besser, als es ihnen sonst im bürgerlichen Leben möglich wäre, wenige von ihnen verfügen über ein materielles und geistiges Kapital, das sie auf dem freien Markt jederzeit zu einem guten Preis vermarkten könnten. Sie haben also genügend Gründe, an ihrer Position nicht nur als einer Rolle auf Zeit, sondern als einer lebenswichtigen Existenzgrundlage mit Zähnen und Klauen festzuhalten.

Eine erhebliche Konfliktquelle besteht darin, dass sich die demokratischen Regierungen und die internationale politische Gemeinschaft an zwei teils übereinstimmenden und teils widersprüchlichen Wertegruppen orientieren, deren Diskrepanz und Konfusion insbesondere bei der Behandlung von Krisen deutlich werden. Die Frage ist die: Welches Prinzip hat den höheren Wert, welche Wertegruppe steht an erster Stelle? Die Selbstbestimmung der Nationen oder die Menschen- und Bürgerrechte des Einzelnen?

Steht die Selbstbestimmung der Nationen an erster Stelle, dann werden die von der Mehrheitsnation gewählten Führer darum bemüht sein, ihren ererbten oder gerade durchgesetzten Nationalstaat möglichst homogen zu begreifen. Dies geht mit einer lautstarken nationalen Ideologie einher sowie mit dem Bestreben, im vermeintlichen Interesse der Mehrheitsnation beziehungsweise der an der Macht befindlichen Nation die Minderheit, die unter Umständen zu Untermenschen erklärte nationale oder ethnische Gruppe insgesamt oder ihre einzelnen Vertreter in den ihnen zustehenden Rechten zu beschneiden, einzuschränken sowie als schändlich und kriminell abzustempeln. Oft geschieht dies, indem beispielsweise aus Mischehen stammende Staatsbürger zu der unmenschlichen Entscheidung genötigt werden, entweder ihre Mutter oder ihren Vater zu verleugnen, eine ihrer ethnischen Zugehörigkeiten, ihre Zuneigung und Identität aufzuge-

ben, die eigene Kultur zu verstümmeln, falsche Treuebekenntnisse abzulegen, nicht zu wagen, die zu sein, die sie sind, lügen und sich schämen zu müssen, sofern sie den mittels verschiedenster Gesetze und Praktiken unterstützten Diskriminierungen aus dem Weg gehen wollen.

Da das Phänomen allgemein verbreitet ist und die Erfahrungen zeigen, dass diejenigen Regierungen, die sich im Namen verletzter nationaler Würde und der soeben an die Macht gekommenen nationalen Mehrheiten auf dem Territorium, das ihrer Souveränität untersteht, gegenüber den zu ihrem Hoheitsbereich gehörenden Minderheiten unduldsam verhalten, die zuvor vielleicht in einer größeren Region die Mehrheit repräsentiert haben, kann auf die Artikulation der Forderung nicht verzichtet werden, dass das Prinzip nationaler Selbstbestimmung und nationalstaatlicher Souveränität im Namen der Demokratie und der Menschenrechte eingeschränkt werden muss.

Die politische Öffentlichkeit darf sich um die Beantwortung der Frage nicht drücken, welches Prinzip sie für hochwertiger hält, die Souveränität, die Machtüberlegenheit der gewählten Regierung gegenüber den Staatsbürgern oder aber die grundlegenden Menschenrechte der Staatsbürger und Personen. In meinen Augen besteht kein Zweifel daran, dass der europäische Humanismus, geprägt von der europäischen Kultur, der Literatur und der Kunst, in dieser Entscheidung auf der Seite der Menschenrechte steht.

Jene Sachlage, dass Inhaftierungen und

das Morden zur inneren Angelegenheit der Staaten erklärt worden war, wurde nicht nur durch das staatliche Gewaltmonopol, sondern auch durch die internationalen Normen garantiert, da die internationalen Organisationen der Staaten die Regierungen dem Individuum systematisch vorzogen, zumal jene auch ihre Legitimation von der Assoziation der Regierungen und nicht etwa der Individuen herleiteten. Vor diesem Sachverhalt also haben wir lange genug Abscheu empfunden.

Würden wir die Menschenrechte an erste Stelle setzen, dann müssten sich sowohl die Mitglieder als auch die Bewerber um eine Aufnahme in die Europäische Union, zumal eine Mitgliedschaft in der EU keine Pflicht ist, einer strengen Prüfung unterwerfen. Die politischen Eliten müssten sich dann nicht nur seitens der in ihren Machtbefugnissen benachteiligten Staatsbürger einer inländischen Kontrolle unterziehen, sondern auch einer Kontrolle von außen, und zwar durch Regierungen, die an demokratischen Grundprinzipien und ethischen Normen festhalten, und durch eine internationale politische und mediale Gemeinschaft, die nationalistische Berufung auf nationale Würde nicht für bare Münze nimmt und die Realität daran misst, wie ernst die betreffenden Regierungen die Menschenwürde der ihrer Hoheit unterstehenden Individuen nehmen.

Die Vereinigung der nationalen Wirtschaft und der nationalen Währungen ist ein phantastisches Ergebnis, doch da die Integration nunmehr eine Tatsache beziehungsweise ein unmittelbar bevorstehender und voranschreitender Prozess ist, ist es begründet und zeitgemäß, wenn sich das Interesse jetzt anderen Bereichen des Lebens zuwendet und die Frage einer moralisch-kulturellen Integration Europas auf die Tagesordnung tritt, wozu auch die Forderung nach einer Abstimmung der zur menschlichen Person in Umlauf befindlichen Vorstellungen gehört.

Um einem Tyrannen das Handwerk zu legen, sollten keine militärischen Schritte nötig sein, die zur Folge haben, dass Menschen, unter ihnen Zivilisten, getötet werden, oder Sanktionen verhängt werden müssen, unter denen vor allem die Zivilbevölkerung zu leiden hat und nicht etwa die an der Macht befindlichen Schurken, zu deren Bestrafung den europäischen Rechtsnormen Geltung verschafft werden muss. Aus diesen Gründen sollte die Europäische Union Prinzipien und eine Praxis entwickeln, wonach politische Führer, die sich gegen Menschenrechte vergangen haben, zur Verantwortung gezogen werden können.

Gegen demokratie- und minderheitenfeindliche Rechtsvorschriften muss vor diesen höheren Foren, die etwa nach dem Muster der nationalen Verfassungsgerichte als europäisches Verfassungsgericht funktionieren würden, Berufung eingelegt werden können. Es sollte selbstverständlich sein, dass diese internationalen Foren Regierungen unter Androhung von Sanktionen auffordern, ihr Verhalten zu ändern. Früher oder später wird es zu diesem Zweck gewiss einer europäischen Verfassung bedürfen, die heute noch nicht auf der

Tagesordnung steht, doch wenn wir die gegenwärtigen Trends gründlich unter die Lupe nehmen, scheint es wahrscheinlich, dass die Diskussion darüber und die intellektuelle Vorbereitung dafür nicht mehr allzu fern sind.

Da in den postkommunistischen Ländern der Lernprozess in Sachen Demokratie gerade stattfindet, deren Ethos noch nicht so fest verankert ist, wird es erforderlich sein, die politische Praxis während des Demokratisierungsprozesses Schritt für Schritt zu beobachten, zu kontrollieren, zu untersuchen und zu beurteilen, und zwar nicht nur im Fall schreiender Rechtsverletzungen, nicht nur, wenn der Öffentlichkeit versteckte Massengräber präsentiert werden, sondern auch dann, wenn kein Blut fließt, wenn die blauen Flecken der zusammengeschlagenen Oppositionellen keinen medizinischen Befund hergeben, sondern auch in banaleren Fällen politischer und ideologischer Einschüchterung.

Wirklichkeit wird die EU, wenn Integrität und Würde der einzelnen Staatsbürger und Personen in sämtlichen assoziierten oder in den Assoziationsprozess eingebundenen Ländern geachtet werden, wenn der gemeinsame Menschenrechtsschutz dem Machtmissbrauch und den Bestrebungen der Regierungen nach Alleinherrschaft eine Grenze setzt. Die Europäische Union braucht eine Organisation zur Aufklärung und Ermittlung, die über die Durchsetzung der Spielregeln wacht und nicht nur in Zeiten der Wahlen tätig wird, sondern auch in den Perioden dazwischen. Anderenfalls kann die Zuspitzung der inneren Konflikte zu einem Außenkonflikt erstarren.

Es bedarf einer europäischen Instanz, einer Akademie, eines Runden Tisches, einer moralischen Autorität, die sich sehr wohl in die inneren Angelegenheiten der einzelnen Staaten einmischen und die betreffenden Regierungen unter intellektuell-medial-politischen Druck setzen darf, was später dann vermutlich zu Ergebnissen führen wird. Diese Instanz würde die Konflikte studieren und Entscheidungen fällen, die nicht mit unmittelbaren Zwangsmaßnahmen verbunden wären. Sie würden jedoch jenen gemeinsamen Machtorganen, die über Rechte und Möglichkeiten verfügen, solche Maßnahmen zu treffen und auf die Verletzer der gemeinsamen Normen wirkungsvollen Druck auszuüben, Anregungen geben. Es braucht eine gemeinsame Menschenrechtsakademie, die keinerlei politische Teilinteressen repräsentiert, sondern lediglich die unverbindliche Reflexion der daran teilnehmenden Personen, und die keinerlei Partei und Regierung untergeordnet ist, keine Gewaltinstrumente besitzt, jedoch über das Privileg der Regierungsunabhängigkeit verfügt und bei Konflikten als gerechte dritte Seite funktionieren und sich über nationale Befangenheiten und realpolitische Interessen erheben kann. Diese angenommene europäische Menschenrechtsakademie besäße keinerlei zwingende Gewalt, nur eine Kraft wäre ihr eigen: Weisheit und Gerechtigkeit, eine allmählich wirkende Überzeugungskraft des Gedankens, intellektuell-moralische Überlegenheit, die Sachverhalte einer vielseitigen Analyse unterzieht. Es braucht eine transnationale Legitimationsquelle, durch welche die einzelnen Gemeinschaften und Personen aufgewertet werden und der Vielfalt der Identitäten großes Verständnis entgegengebracht wird. Es bedarf einer Dialog- und Kompromissbereitschaft, die statt aggressiver Einseitigkeit den Standpunkt empathischer Vielseitigkeit einnimmt.

Das wäre tatsächlich eine Schöpfung und würde ein neues Wertesystem bedeuten, den Verzicht auf die uneingeschränkte Souveränität der Staaten. Es würde jegliche Macht in eine Konsensposition versetzen, dem Urteil der europäischen Öffentlichkeit anvertrauen und dem Heroischen – professionelles Töten von Menschen einer gewissen Aura beraubend, damit jedoch Friedensstifter und Menschenschützer ausstattend – einen neuen Sinn verleihen.

Die Europäische Union ist ein Staatenbund, tendiert jedoch dazu, sich eine Verfassung zu geben, ein entscheidungsfähiges Parlament und eine Regierung, um transnationale Machtorgane auszubauen. Das ist der innere Trend, und wer das ignoriert, ist entweder naiv oder heuchlerisch.

Zum Ende des Jahrtausends bedarf es einer europäischen Weisheit, die Autorität besitzt, jedoch keinerlei Diktatur rechtfertigt, nicht konservativ ist und nicht radikal, die diese Dualität überwindet und den europäischen Humanismus neu erschafft, der im Verständnis relativistisch sein kann, in der Forderung nach Beachtung der grundlegenden Menschenrechte jedoch auch absolutistisch. Und um den Begriff noch einmal zu benutzen: in der Forderung des Menschenrechtsschutzes.

Einer solchen Weisheit bedarf es. Ob es sie tatsächlich geben wird, das bleibt das Geheimnis des kommenden Jahrhunderts.

DUO DUO

Stets

Erkennt man am Stempel des Schinkens den Herkunftsort
So gleicht dies Aussaat und Ernte des Getreides: stets hält man
    den Atem an.
Am Wiehern der Pferde erkennt man heimatliche Klänge: und
    stets
Wartet man darauf, dass Zimbeln heftig gegeneinander
    geschlagen werden.

Wenn im Dorf der Fischer vor Kälte auf die Angelrute klopft,
Und die Tageszeitung in die Jacke gesteckt im kalten Wind
    rohe Austern schlürft,
Die Knöpfe seiner traditionellen Jacke bis zum Kragen zählt:
    stets
Wird er dabei nur bis zu dem obersten Knopf am Kragen
    zählen können.

Stets wenn man in Holzschuhen steht, auf Stelzen läuft,
Die Augen mit der Hand beschattet und den beiden Vögeln am
    Himmel hinterhersieht,
Die gemeinsam mit gleichem Flügelpaare fliegen: dennoch
Werden sie niemals aus der Hälfte des Ziffernblattes einer Uhr
    zum Vorschein kommen.

Ein weiterer Abhang voll eingesteckter Essstäbchen, 10 000
Papierpferde verbrennen. Nimmt man aus jedem Schuh
Die Erdnüsse, mit denen er prall gefüllt ist, und verliest sie,
Niemals wird man Trost für das Volk finden.

Auf jenem Stück ebenen Landes, das aus 40 000 mu[*] Tulpen
    hervorragt,

---

[*] Flächeneinheit: »ein Morgen Land« = 240 Geviertschritte = ca. 6,6 Ar.

Winkt man dem Pferd, dessen Wimpern mit Creme gebürstet
    wurden,
Stets ist jede Sitzmatte geflochten von 3000 Toten
Stets stößt jeder Stein der alten Stadt menschliche Laute aus.

Auf jener Linie, auf der die Knochen der Früheren es sich
    versagen, zu steinernen Standbildern zu werden,
Und man den Kanonendonner hört, während der Urin des
    Pferdes an seinen Beinen herabrinnt:
Stets finden sich dort zerfetzte Arme und verspritztes Blut, die
    Münder der Statuen stehen offen,
Wird jemand traurig dabei, so ist dies stets ein Segen.
Aber wenn Branntwein in großen Schlucken getrunken wird
    und wiederum,
Ach, das Chinesisch der Schmetterlinge aus dem Gehirn des
    toten Pferdes sickert,
Fragt man dabei die 72 Kiefern und nicht den Zikadenhain des
    Lehrmeisters,
So ist nur ein kurzer Augenblick der Trauer gestattet, der sich
    dennoch grenzenlos dehnt.

(Aus dem Chinesischen von Bruno J. Richtsfeld)

JOE KUNZE

Die Geschichte der Menschheit
oder: Die Wette

Die Geschichte der Menschheit im Allgemeinen

Im Anfang war das Chaos. Der Teufel lächelte zufrieden, denn er liebte das Chaos. Und er bot Gott, der sich gerade nach einem Sonnenbad aus seiner Hängematte erhob, eine Wette an. Der Teufel liebte Wetten, auch wenn er noch nie eine Wette gegen Gott gewinnen konnte. Er wettete, dass es Gott nicht gelingen würde, die chaotischen Zustände auf der Erde für immer zu beenden. Und weil noch ein wenig Zeit bis zum Abendessen war, willigte Gott ein.
Als Gott nach sechs Tagen mit der Schöpfung der Erde, des Wassers, des Tages und der Nacht, den Tieren und Menschen fertig war, lehnte er sich zufrieden zurück und betrachtete sein Werk.
Und er lächelte spitzbübisch, denn das Chaos war fast beseitigt.
Als er jedoch, es mögen schon ein paar Jahrhunderte später gewesen sein, feststellte, dass die Menschheit, statt wie geplant friedlich die Erde zu bebauen, zu bewahren und sich fortzupflanzen, anfing, sich gegenseitig mit dem Knüppel und anderen unbequemen Utensilien auf den Kopf und andere empfind-

liche Stellen zu hauen, war er sehr erbost. Auch ein kleiner, vom Teufel heimlich initiierter Zwischenfall mit einer Schlange und einem Apfel trug nicht gerade zur Verbesserung seiner Gemütslage bei.
Er hatte so eine Wut in seinem göttlichen Bauch, dass er, direkt nach seinem nächsten Sonnenbad, eine Demo auf seinem heiligen Berg organisierte. Er zitierte seinen Menschenrechtsbeauftragten zu sich, redete ihm einmal kräftig ins Gewissen und gab ihm seinen 10-Punkte-Plan zur Einhaltung der Menschenrechte mit. Um seine Forderungen zu untermauern und seine Entschlossenheit zum Ausdruck zu bringen, zündete er kurzerhand einen Dornbusch an.
Der Menschenrechtsbeauftragte hatte seit diesem Ereignis seinen Kosenamen weg. Er wurde nach den Aufschriften auf Gottes Demoplakaten, die Gott auf dem heiligen Berg an Felsen gehängt hatte, umbenannt. Die Aufschrift lautete: »Menschenrechte Oder Sofortiger Erduntergang!!!«. Kurz: MOSE.
Nachdem die Menschheit jedoch, noch ein paar Jahrhunderte später, statt sich sonntags in die Kirche zu setzen und zu beten, lieber mit der Entwicklung neuer

Waffensysteme und Infrarotmodule für Nachtsichtgeräte beschäftigte, hatte er von dem ganzen Treiben die Nase voll. Leider hatte er ein paar tausend Jahre vorher einem Bootsmann und Viehhändler – nach einer mittelgroßen Reinigungsaktion der Erde – versprochen, die Menschheit nicht mehr hopps gehen zu lassen. Dieses Gerücht hatte sich, wahrscheinlich wegen der Regenbogengeschichte, hartnäckig gehalten, so dass Gott sich eine andere Lösung für die Rettung der Welt und den Gewinn seiner Wette überlegen musste.

Die Geschichte der Menschheit im Besonderen

Also beschloss er, einen Teil der Menschheit durch die Evolution zu überdurchschnittlich gebildeten, intellektuellen, tatkräftigen und willensstarken Männern und Frauen heranreifen zu lassen, damit diese der Welt ein Vorbild seien und die Rechte und Würde der Menschheit allen Völkern zuteil werden ließen.

So gründete Gott 1961 über einen gewieften Mittelsmann in London amnesty international. Die Organisation wuchs und gedieh prächtig. Bald schon war aus dem kleinen Haufen Menschheit die größte Menschenrechtsorganisation der Welt entstanden. Irgendwann jedoch, nach etwas mehr als 30 Jahren waren so viele schlaue, gebildete, intellektuelle, tatkräftige und willensstarke Männer und Frauen bei amnesty, dass sich alle Mitglieder ohne Probleme auch mit der eigenen Organisation und den eigenen Problemen, meist bürokratischer Natur, beschäftigen konnten. Dies hatte den kleinen, aber bedeutenden Nachteil, dass niemand mehr Zeit hatte, sich um die Opfer von Menschenrechtsverletzungen zu kümmern. Dies amüsierte den Teufel königlich.

Die Geschichte der Menschheit im Speziellen

Also griff Gott wieder in seine Trickkiste und gab einem der über eine Million ai-Mitglieder eine Eingebung von derart raffinierter Tücke, dass sich Gott schon auf die dummen Gesichter der Diktatoren, Folterer und natürlich des Teufels freute. Er würde es den Schlächtern auf der Welt zeigen! Na wartet!

Kurz: Er gründete die erste *Jugendgruppe* von amnesty international.

Junge Männer und Frauen von lichter Gestalt, bei deren Anblick jedem Erdenbürger der Atem stockte. Vor Selbstbewusstsein strotzend, bis in die Haarspitzen motiviert, dem Unrecht auf der Welt ein Ende zu bereiten. Kompetent und hilfsbereit helfen sie bis heute jedem in Sachen Menschenrechten unbedarften Rentner über die steinige Straße der Argumentation gegen deutsche Rüstungsexporte, halten jeder Diskussion mit Geschichts-Professoren zum Pakt über die Bürgerlichen und Sozialen Rechte stand, kontern kritische Fragen der Medien mit einem schlauen Hinweis auf ihre Eigenverantwortung, treiben die Mode- und Meinungsmacher mit einer schier endlosen Ausdauer in die Verzweiflung und erklären Frau Meier aus dem dritten Stock gerne zum siebten Mal, dass die Mauer der Demokratie in China nicht in direktem Zusammenhang mit dem aus Deutschland bekannten »antifaschistischen Schutzwall« steht und die Dissidenten deshalb nicht zu Recht, sondern zu Unrecht im Gefängnis sitzen.

Gottes genialer Jugendgruppengründungstrick ging in die Geschichte ein und so brach am Ende des 20. Jahrhunderts eine neue Ära im Kampf um die Menschenrechte und gegen das Chaos an. Und der Teufel beäugte dieses Treiben misstrauisch.

Die Gegenwart

Natürlich ist, wie ein kurzer Blick in die Zeitung bestätigen wird, das Chaos noch nicht vollständig vom Erdboden verschwunden und der Ausgang der Wette zwischen Gott und dem Teufel noch ungewiss. Der Begriff »Folter« steht auch heute noch aus aktuellem Anlass im Duden, in den USA – jawohl, wir haben tatsächlich das 21. Jahrhundert – werden noch immer Menschen staatlich legitimiert ermordet (oder »bestraft«, wie es euphemistisch heißt), und wer zur falschen Zeit am falschen Ort friedlich seine Meinung kundtut, kann auch heute noch sein Leben auf einem überfüllten, mit Kot und Urin verschmutzten Gefängnisboden verbringen.

Deshalb darf am Ende dieser kleinen »Geschichte der Menschheit«, bei der – zugegeben – das eine oder andere kleinere Ereignis in der Menschheitsge-

schichte vielleicht etwas stiefmütterlich behandelt wurde, ein Blick in die »Zukunft der Menschheit« nicht fehlen.

Die Zukunft der Menschheit

Wie bereits erwähnt, konnte Gott durch seinen Trick mit den amnesty-Jugendgruppen die Wette nicht schlagartig gewinnen. Dennoch wird er sich dadurch kräftig amüsieren, dass er diesem Ziel langsam, aber stetig näher kommt. Die Zahl der ai-Jugendgruppen wird weltweit stark zunehmen – trotz der Berichte in den Medien über die Politikverdrossenheit der jungen Generation. Schon kurz nach dem Anfang des 21. Jahrhunderts werden Diktatoren zögern ihr Land zu verlassen, aus Angst, sie könnten aufgrund ihrer Verantwortung für Menschenrechtsverletzungen festgenommen werden. Die Zahl der Staaten, die die Todesstrafe abschafft, wird weiter zunehmen, da die Argumente gegen die Todesstrafe auf jedem Stadtbus und jedem Fernverkehrszug der Welt – durch Aktionen von Jugendgruppen ansprechend gestaltet, beschrieben und collagiert – nachzulesen sind.

Immer mehr Gefängniswärter und Postbedienstete der Regierungsoberhäupter werden sich im »Briefbergschwimmen« üben müssen, da immer mehr ai-Jugendliche Protestbriefe gegen Menschenrechtsverletzungen an Eltern, Lehrer und andere Bekannte weitergeben, die diese haufenweise an die Menschenrechtsverletzer schicken. Ein Streik der Postgewerkschaft wird knapp verhindert werden können, indem die Postbediensteten aufgrund der außerordentlichen Belastung beim Transport der Appellbrief-Massen durch freiwillige ai-Mitglieder unterstützt werden. Nur einmal, an dem Tag, an dem sämtliche Schulen mehrtägige Projekttage zum Thema »Menschenrechte« durchführen, wird das System komplett zusammenbrechen, da die Bahn nicht über genügend Güterwaggons verfügt, um die dabei gesammelten und unterschriebenen Appellpostkarten in alle Welt transportieren zu können. Dann, 2094, wird »Briefbergschwimmen« offiziell in die Kategorie der olympischen Disziplinen aufgenommen.

Neue Medien, wie Internet und e-mail, werden zu den neuen Schreckgespenstern der Diktatoren, da die Jugendlichen immer neue Wege finden, die Zensur des Internet an Universitäten und Schulen zu umgehen.

Es wird Fahrrad-Demos gegen Menschenrechtsverletzungen in China geben, wahllose Waffenexporte werden durch die Protestaktion »Waffelverkauf statt Waffenverkauf«, bei der Jugendliche auf Weihnachtsmärkten und Sommerfesten selbstgebackene Waffeln verkaufen und dabei Unterschriften sammeln, eingedämmt. Durch zahllose Fackelläufe, Menschenrechts-Fotowettbewerbe, Artikel in Schülerzeitungen, Aktionen in Kinos und Rathäusern, Konzerte, Autorenlesungen in Büchereien, Spray- und Collage-Aktionen an öffentlichen Plakatwänden und durch das Geld aus Flohmärkten wird auch der letzte Folterer auf der Erde arbeitslos gemacht.

Irgendwann werden es die Menschenrechtsverletzer leid sein, Menschen ihres Landes verschwinden zu lassen oder als politische Gefangene festzunehmen, weil die Protestwelle nicht auszuhalten sein wird.

Dann wird der Teufel ein Einsehen haben und Gott stattdessen eine neue Wette über den Ausgang der nächsten internationalen Space-Fußball-Orbitmeisterschaft anbieten.

URS M. FIECHTNER

Wo die Liebe nicht ist

»Jeder Engel ist schrecklich«
Rainer Maria Rilke

Wo immer Ihr die Liebe ausgetrieben habt
und glaubt, die Leere auszufüllen mit Euch selbst
Wo immer Ihr die Sehnsucht brecht
und glaubt, dass Gier die Lücke schließen kann
Wo immer Ihr die Wahrheit beugt
und glaubt, im Heucheln sie zu übertreffen

Wo immer wir die Armut unserer selbst
mit falschen Steinen zu verbergen denken
und uns mit abgelauschtem Stöhnen suhlen
im Bett der Surrogate
Wo immer wir mit indolenter Ignoranz
oder verzweifelt hoffend glauben
Wir könnten Liebe haben, ohne zu lieben
Wir können Sehnsucht haben, ohne zu suchen
Wir könnten Wahrheit haben, ohne zu leiden

Dort, immer
wendet die Liebe sich ab
und zeigt uns den Rücken.
Aber ihr Rücken ist schrecklich.

Dort wohnen Erinnyen, die Pest im Blut
und kleine, breiige Dämonen
Bastarde allesamt
ohne Sehnsucht noch Wahrheit gezeugt
geifernd nach Rache, bereit
uns mit Wahnsinn zu strafen

Sentimentaliker sind sie und Romantikoide
siruppende katholorische Hallelujanten
sulzduselige evangizide Larmoyanzen
pathetowurzende Papadebile
symbolschwüle Kruzifisten
caritantige Betroffenheitsbiesler
touristende Trachtentremoleure, Folklorunzen
schwampfonische Schwatzorrhoiker, Schmachtonauten
jodelhüpfrige, krakeeloschlüpfrige, gröhlozotrige
Spreizbeinierer
faselante, strunzierende, schwulstophile, thränsaugende
Poetunten
lyrierende, esotetriefende Lächelomanen
onkellistige Süßtätschler
Grapschomedaner
Herzbubiner

Wild wogende Wirrulanten sind diese
zum Lasso geschwungen
das violette Würgeband der Sympathie
zur Kralle gebogen
das gelullte Gemüt
erbarmungslos jagend, uns schlagerjuchzend
zu Paaren zu treiben, neue Dämonen zu zeugen
uns rächend den Spiegel zu halten, entseelt
und unendlich leer.

Denn die Rache der Liebe
ist nicht der Hass
sondern die Abwesenheit:

Der Fluch
die Welt mit nichts zu füllen
als mit uns selbst.

KONSTANTIN THUN

Ende der Straffreiheit für Staatsoberhäupter?

I

Weltweit werden geringfügige und vor allem schwere Straftaten von staatlichen Behörden ermittelt. Gegen die für schuldig befundenen Täter werden von den Strafgerichten oftmals hohe Geldstrafen und langjährige Freiheitsstrafen verhängt.

In krassem Gegensatz hierzu wurden Staatsoberhäupter, Mitglieder von Regierungen, Militär- und Polizeiangehörige in der Vergangenheit trotz ihrer Verantwortung für schwere Menschenrechtsverletzungen nur in sehr seltenen Ausnahmefällen strafrechtlich verfolgt.

Insbesondere in diktatorischen Systemen funktioniert das Prinzip der Gewaltenteilung, wonach die strikte Trennung von Regierungsgewalt, Gesetzgebungsgewalt und Gerichtsgewalt vorgeschrieben ist, kaum.

Die Regierungen diktieren den Parlamenten die von ihnen gewünschten Gesetze und besetzen die Gerichte mit Richtern ihrer Wahl.

Die Begehung von Straftaten durch Regierungsmitglieder und deren Bedienstete blieb bis vor kurzem daher fast ausnahmslos straffrei.

Im In- und Ausland wurden solche Straftäter bisher auch durch die im Völkerrecht vorherrschende Immunität vor Strafverfolgung geschützt.

II

Klaus Zieschank war 1976 Student für Maschinenbau an der Technischen Hochschule in München. Er besaß die deutsche und die argentinische Staatsangehörigkeit, da seine Mutter an einer deutschen Schule in Argentinien arbeitete. In München und in anderen Städten der Bundesrepublik arbeitete Klaus Zieschank aktiv in der Lateinamerika-Solidarität mit. Insbesondere Studentengruppen setzten sich unter anderem für die Opfer der damals schon drei Jahre an der Macht befindlichen Militärdiktatur des Generals Pinochet in Chile ein. Auch öffentliche Demonstrationen für die Wiederherstellung der Menschenrechte in Chile wurden von ihm mit vorbereitet und durchgeführt.

In den Semesterferien des März 1976 besuchte er seine Mutter in Buenos Aires. Diese hatte ihm einen Ferienjob bei der Automotoren-Firma Buxton vermittelt. An seinem zweiten Arbeitstag dort, am

26. März 1976, erfolgte der Militärputsch des General Jorge Videla, mit welchem die demokratisch gewählte Regierung gestürzt wurde und das Militär die Macht im Lande übernahm. Nachmittags um 17 Uhr wurde Klaus Zieschank vor der Firma Buxton zusammen mit zwei weiteren Arbeitskollegen von acht zivil gekleideten schwer bewaffneten Männern, die in schwarzen Ford-Falcon-Limousinen gewartet hatten, verhaftet. Die Männer fuhren zu der Wohnung seiner Mutter, die vor Schreck erstarrte, als die bewaffneten Männer ihren Sohn mit Gewehrkolben vor sich her in die Wohnung schoben und vorgaben, die Wohnung nach Waffen durchsuchen zu müssen. Statt nicht vorhandener Waffen wurden zahlreiche persönliche Wertgegenstände mitgenommen und Klaus Zieschank wurde abgeführt. Auf die verzweifelte Frage der Mutter nach dem Grund der Verhaftung wurde lediglich geantwortet: »Einen Grund wird es schon haben.«

Während die nächstgelegene Polizeistation San Martin zwei Stunden später dem Konsul Bald von der Deutschen Botschaft noch die Verhaftung des Klaus Zieschank bestätigte, wurde eine Verhaftung vom selben Abend an geleugnet.

Klaus Zieschank zählt zu den über 30 000 Verschwundenen in Argentinien, das sind politische Gefangene, die durch Polizei- und Militärkräfte oftmals in Zivilkleidung entführt, in geheimen Haftzentren inhaftiert und in den meisten Fällen dort schwer gefoltert wurden.

Nachdem seine Mutter in den folgenden Wochen verzweifelt feststellen musste, dass die Deutsche Botschaft und hochrangige bundesdeutsche Politiker, die der Militärregierung ihre Antrittsbesuche machten, sich völlig unzureichend für die Freilassung ihres Sohnes einsetzten, flog sie im Juli 1976 in die Bundesrepublik Deutschland, um trotz ihres fortgeschrittenen Alters an dem von Menschenrechts- und Studentengruppen organisierten Hungerstreik auf dem Marktplatz in Bonn persönlich teilzunehmen. Mit dieser Aktion sollte Öffentlichkeit hergestellt und der Druck auf die deutsche Bundesregierung zu verstärkter Hilfe für die Opfer der argentinischen Militärdiktatur gefordert werden.

Die argentinische Regierung leugnete jedoch weiterhin, Klaus Zieschank inhaftiert zu haben, und die deutsche Bundesregierung beteuerte ständig, die argentinische Regierung bemühe sich mit allen Kräften um eine Aufklärung des Falles. Auf einen persönlichen Brief des damaligen Bundeskanzlers Helmut Schmidt (SPD) antwortete der Junta-General Videla, man habe weder diesen noch die anderen Fälle deutscher Verschwundener aufklären können. Möglicherweise sei Klaus Zieschank bei einem Autounfall in den Anden umgekommen.

Nach ihrer Rückkehr nach Argentinien gehörte die Mutter von Klaus Zieschank zu den Gründerinnen der *Organisation der Familienangehörigen von Verschwundenen*. Mit allen zur Verfügung stehenden Mitteln bemühten sie und andere Menschenrechtsorganisationen sich um die Aufklärung des Schicksals der Verschwundenen.

Erst im Jahre 1984 wurde bekannt, dass bereits im Mai 1976 die Leiche von Klaus Zieschank mit Drähten gefesselt am Ufer der Küste bei Ezpeleta gefunden und auf dem dortigen Friedhof beerdigt wurde. Wie sich aus späteren Zeugenaussagen von Militärangehörigen ergibt, hatten die Militärs zur Verwischung sämtlicher Spuren zahlreiche politische Gefangene von den geheimen Haftzentren in Flugzeuge verfrachtet und aus großer Höhe meist gefesselt über dem Meer abgeworfen. Ein deutscher Gerichtsmediziner bestätigte nach umfassenden Untersuchungen, dass es sich eindeutig um die Leiche des Klaus Zieschank handelte.

Weder in Argentinien noch in der Bundesrepublik Deutschland wurden Strafverfahren gegen die Verantwortlichen eingeleitet.

Unter anderem auch vor dem Hintergrund der unterlassenen Aufklärung des Verbrechens wollte die Mutter des Klaus Zieschank nicht glauben, dass ihr Sohn tatsächlich tot ist.

Nachdem vor 1976 bereits die Tochter und der Ehemann der Frau Zieschank gestorben waren, unternahm sie bis zu ihrem Tod im Jahre 1998 alle denkbaren Anstrengungen, um den Sohn lebend zu finden. Unter anderem zahlte sie immer wieder hohe Geldsummen an Wahrsager, die ihr Spuren nennen sollten, da sie glaubte, dass ihr Sohn möglicherweise nach einer Gehirnwäsche unter einem neuen Namen an einem unbekannten Ort lebte.

Die unvorstellbare Verzweiflung der Angehörigen von Verschwundenen, deren Schicksal nicht geklärt ist, weil jegliche Strafverfolgung dieser Verbrechen unterblieb, wird auch am Schicksal der Frau Idalina Tatter deutlich: Noch 15 Jahre nach der Entführung ihres Ehemannes Federico Jorge Tatter legte sie jedes Mal, wenn sie das Haus verließ, für den Fall seiner Rückkehr einen Zettel auf den Küchentisch, auf den sie notiert hatte, wo sie hingegangen war.

Obwohl mehrere Zeugen für die Inhaftierung des Federico Jorge Tatter vorhanden sind, wurde ein Strafverfahren wegen seiner Entführung und wahrscheinlichen Tötung weder in Argentinien noch in der Bundesrepublik Deutschland (auch Federico Tatter besitzt die deutsche Staatsangehörigkeit) nicht eingeleitet.

Das Ausmaß der Qualen für die Opfer selbst und deren Angehörige ist in Worten kaum zu beschreiben: Am 16.2.1978 wurde Marcelo Weisz, ein Bankangestellter, zusammen mit seiner Ehefrau und dem damals drei Monate alten Kind vor der BANSUD-Bank von bewaffneten Männern entführt. Das Kind wurde noch am Tag der Entführung der Schwiegermutter zurückgegeben. Erst nach mehr als 15 Jahren wagten die Eltern des Marcelo Weisz zu berichten, dass ihr Sohn ein Jahr lang jeden Samstag von seinen drei Folterknechten namens Turco Julian, Colores und El Tio für einen zweistündigen Besuch in das Haus seiner Eltern gebracht wurde. Die Folterknechte ließen sich von der Mutter des Gefangenen mit Essen und

Trinken verwöhnen und verlangten Geld und Elektrogeräte von den Eltern. Unter der Bedingung, dass die Eltern nie über diese Besuche berichten dürften, versprachen sie die Freilassung des Ehepaares Weisz. Anfang 1979 endeten diese Besuche plötzlich. Am 8.12.1978 haben Zeugen Marcelo Weisz zum letzten Mal im geheimen Haftzentrum »El Olimpo« gesehen.

1997 erklärte der Polizeisergeant der Bundespolizei, Hector Julio Simon (alias Turco Julian), vor laufenden Kameras in einem Fernsehprogramm von America Television, dass er Marcelo und Susanna Weisz getötet habe.

Weder in Argentinien noch in der Bundesrepublik Deutschland wurde ein Strafverfahren eingeleitet.

III

Die Straffreiheit verhindert die Aufklärung der Straftaten und damit die Schaffung von Wahrheit.

Da die Straftäter als freie Menschen unbehelligt bleiben und den Opfern und deren Angehörigen keinerlei Schadensausgleich und Genugtuung zuteil wird, verhindert die Straffreiheit vor allem auch die Wiederherstellung von Gerechtigkeit in den Gesellschaften, in denen zuvor Menschenrechte verletzt wurden.

Die Straffreiheit erleichtert den Tätern die Verletzung von Menschenrechten, da sie Strafe nicht befürchten müssen. Die Straffreiheit fördert die falsche An-

nahme, die Verletzung von Menschenrechten stelle keine Straftat dar und sei gerechtfertigt.

Das von den Siegermächten des 2. Weltkrieges eingerichtete Nürnberger Kriegsverbrechertribunal gegen führende Mitglieder der nationalsozialistischen Diktatur in Deutschland im Jahre 1946 markiert einen historischen Neubeginn. 35 Mitglieder des Naziregimes wurden zu hohen Haftstrafen verurteilt.

In den 90er Jahren beschloss der Sicherheitsrat der Vereinten Nationen die Einrichtung von Strafgerichtshöfen nach schweren Menschenrechtsverletzungen in Jugoslawien und Ruanda. Diese haben in der Zwischenzeit Verantwortliche der Regierungen und der Militär- und Polizeikräfte zu hohen Haftstrafen verurteilt, in Fällen ohne ausreichende Beweise wurden Angeklagte auch freigesprochen.

Im Jahre 1999 ist in einer Sonderkonferenz der Vereinten Nationen in Rom schließlich die Einrichtung des ständigen Internationalen Strafgerichtshofes mit künftigem Sitz in Den Haag beschlossen worden.

Dieser Weltstrafgerichtshof wird seine Tätigkeit beginnen, sobald 65 Regierungen seine Zuständigkeit anerkannt haben.

Er wird Strafverfahren nach schweren Menschenrechtsverletzungen, Verbrechen gegen die Menschheit und Völkermord durchführen, wenn die Beschuldigten im Inland straffrei bleiben.

Es ist dringend notwendig, dass sich eine möglichst große Anzahl von Staa-

ten der Rechtsprechung dieses Welt-
strafgerichtshofes unterworfen.

IV

Seit mehr als 25 Jahren bemühe ich mich
zusammen mit vielen Freunden bei
amnesty international, in kirchlichen
Gruppen und Juristenvereinigungen,
die Opfer von Menschenrechtsverletzungen und deren Angehörige zu unterstützen. Viel zu oft mussten wir unsere
Ohnmacht spüren. Für die Opfer und
deren Angehörige gibt die Solidarität
zwar wichtige Unterstützung und Ermutigung, eine Aufarbeitung der Menschenrechtsverletzungen und deren Verurteilung als Verbrechen fand jedoch so
lange nicht statt, wie Straffreiheit fort-
währte.
Die Menschenrechtsorganisationen in
Lateinamerika gaben nicht auf. Nachdem sie feststellen mussten, dass die
Straffreiheit, die sich die Militärregierungen in ihren Ländern selbst eingerichtet hatten, die Schaffung von Wahrheit und Gerechtigkeit blockierte,
bemühten sie sich darum, dass die dringend notwendigen Strafverfahren im
Ausland durchgeführt wurden.

Anfang der 90 Jahre wurden insbesondere in Frankreich, Spanien und Italien
Strafverfahren gegen führende Mitglieder mehrerer lateinamerikanischer Militärdiktaturen eingeleitet. In Frankreich
wurde der argentinische Marine-Of-
fizier Astiz in Abwesenheit zu einer
langjährigen Haftstrafe wegen der
nachgewiesenen Ermordung von drei
französischen Nonnen verurteilt. In

Spanien und Italien wurden umfangreiche Zeugenvernehmungen durchgeführt. Vor einem spanischen Gericht
gab der argentinische Offizier Scilingo
zu, an Flügen beteiligt gewesen zu sein,
bei welchen die Körper von Häftlingen
aus geheimen Haftzentren über dem
Meer abgeworfen wurden. Der zunächst als Zeuge vernommene Offizier
wurde daraufhin im Gerichtssaal wegen
der Beteiligung an Menschenrechtsverbrechen verhaftet, ihn erwartet jetzt
ebenfalls ein Strafverfahren in Spanien.

In der BRD gründeten Anfang 1998
kirchliche Gruppen, Gruppen von amnesty international und Juristenvereinigungen in Nürnberg die »Koalition gegen Straflosigkeit«.
Die Angehörigen von deutschen und
deutschstämmigen Opfern der Militärdiktatur in Argentinien baten uns,
Strafanzeigen gegen die ehemaligen argentinischen Militärjunta-Generäle Videla, Viola, Galtieri und weitere verantwortliche Militär- und Polizeikräfte zu
erstatten.

Die deutschen Strafverfolgungsbehörden wären bereits seit Bekanntwerden
der Straftaten seit 1976 nach § 7 des
deutschen Strafgesetzbuches gesetzlich
verpflichtet gewesen, Strafverfahren
mindestens in den Fällen von Auslandstaten einzuleiten, in denen Deutsche die
Opfer waren. Nachdem die deutschen
staatlichen Stellen durch ihre gesetzes-
widrige Passivität die Straffreiheit hier
fortsetzten, ist es den nicht-staatlichen
Menschenrechtsgruppen zu verdanken,
dass auf deren Anzeigen hin auch in der

Bundesrepublik Deutschland endlich Strafverfahren eingeleitet wurden. Die Mitglieder der »Koalition gegen Straflosigkeit« wurden, zur Unterstützung ihres Anliegens, im Mai 1998 zur Übergabe der Strafanzeigen in das Bundesjustizministerium in Bonn von dem argentinischen Friedensnobelpreisträger Adolfo Perez-Esquivel und Angehörigen der Opfer begleitet. In einer anschließenden öffentlichen Veranstaltung im Bundestag habe ich in einem kritischen Vortrag an konkreten Beispielen aufgezeigt, dass die deutsche Außenpolitik den wirtschaftlichen Interessen leider viel zu oft den Vorrang vor den Menschenrechten eingeräumt hat.

Nach dem Vorprüfungsverfahren zur Bestimmung des zuständigen Gerichtes nach Auslandstaten zur Frage des Vorliegens etwaiger Strafausschließungsgründe, wie z. B. Immunität, beschloss der Bundesgerichtshof in Karlsruhe, dass ein Immunitätsschutz die Strafverfolgung nicht ausschließe und dass das Landgericht Nürnberg-Fürth für die Strafverfahren gegen die argentinischen Militärs zuständig sei.

Dass ausgerechnet ein Strafgericht in Nürnberg Verfahren gegen die argentinischen Militärjunta-Generäle einleiten sollte, erregte in den lateinamerikanischen Medien und sicherlich vor allem auch bei den beschuldigten Militärs selbst großes Aufsehen, da die Stadt Nürnberg in Lateinamerika insbesondere im Zusammenhang mit den dort durchgeführten Kriegsverbrecherprozessen bekannt ist.

Nach der Verhaftung des früheren chilenischen Diktators General Augusto Pinochet im Oktober 1998 in London meldeten sich mehrere Opfer der chilenischen Diktatur bei uns, da auch die an ihnen ausgeübten Verbrechen bisher sowohl in Chile wie auch in der Bundesrepublik Deutschland straffrei geblieben waren.

Der frühere Priester Willi Köhlings war wenige Tage nach dem Militärputsch im September 1973 in Süd-Chile verhaftet worden und kam nur aufgrund mehrerer günstiger Umstände und Hilfe von außen nach zwei Wochen frei.

Der aktive Gewerkschafter Werner Simon musste in Chile vom 15. September 1973 an fast zwei Monate unter anderem auf dem berüchtigten Gefangenenschiff Lebu verbringen. Dort ist er schlimmsten Folterungen unterworfen worden. Es wurde ihm ein Sack über den Kopf gestülpt, er erhielt Fußtritte sowie Schläge und Elektroschocks an den Hoden. Eine Schein-Erschießung wurde inszeniert; das erzwungene Sitzen auf einem heißen Eisen führte zu Verbrennungen dritten Grades am Gesäß. Er erlitt unter anderem drei Rippenbrüche und einen Schlüsselbeinbruch.

27 Jahre nach den erlittenen Menschenrechtsverletzungen beauftragten mich Willi Köhlings und Werner Simon, Strafanzeige gegen General Pinochet zu erstatten. Die »Koalition gegen Straflosigkeit« in Nürnberg, die »Kommission für Menschenrechte« des Vereins der Richter und Staatsanwälte und des Anwaltvereins in Freiburg und das Max-Planck-Institut für ausländisches Straf-

recht in Freiburg unterstützten die schnelle Fertigung der Strafanzeigen, da Anfang November 1998 noch nicht absehbar war, wie lange General Pinochet in England festgehalten würde. Am Dienstag, den 3. November 1998, fuhr ich nach Karlsruhe um die Strafanzeige im Bundesgerichtshof persönlich zu übergeben. Ich war damals der Auffassung, dass ein Haftbefehl in derart dringenden Fällen sehr schnell ergehen würde. Der Generalbundesanwalt befürwortete die Durchführung des Strafverfahrens und nach zwei Wochen entschied der Bundesgerichtshof wiederum, dass diejenigen Staatsoberhäupter, die Menschenrechte verletzen, sich nicht auf den Schutz der Immunität berufen können. Das Landgericht Düsseldorf wurde als zuständiges Gericht bestimmt. Es sollte sich dann zeigen, dass die Erwartung eines schnellen Haftbefehls gegen General Pinochet auch aus der Bundesrepublik Deutschland nicht erfüllt wurde: Obwohl die Ermittlungen im Juli 1999 nach umfassenden Zeugenvernehmungen abgeschlossen waren und ein dringender Tatverdacht besteht, wurde der Haftbefehl bis August 2000 nicht erlassen. Willi Köhlings und Werner Simon warten immer noch auf Gerechtigkeit.

V

Die Passivität der deutschen Strafverfolgungsbehörden kann nur erklärt werden aus den damaligen allgemeinen außenpolitischen Interessen, die mehr durch Rücksichtnahme und offene Unterstützung der Militärdiktaturen geprägt war als durch eine aktive Menschenrechtspolitik zur Hilfe für die Opfer und der Wiederherstellung rechtsstaatlicher und demokratischer Verhältnisse. Die von der bundesdeutschen Außenpolitik allzu oft gepriesene stille Diplomatie blieb weitestgehend erfolglos und entpuppte sich in Wirklichkeit häufig als »stille Sympathie«. Insbesondere nach der Verhaftung des chilenischen Generals Pinochet in England wurde daher auch angemahnt, dass Menschenrechtsverletzungen oftmals von Mittätern, Helfern und Anstiftern gefördert und mitgetan werden und diese eigentlich auch auf die Anklagebank gehörten.

Eine konsequente internationale Strafverfolgung von Menschenrechtsverletzungen macht dann auch die häufigen Verknüpfungen und Verstrickungen deutlich, durch welche auch ausländische Regierungen Mitverantwortung für Menschenrechtsverletzungen tragen. Es wird deutlich erkennbar, dass die künftige Durchsetzung der Strafverfolgung von Staatsoberhäuptern sowie Militär- und Polizeiangehörigen ganz wesentlich von der Stärke des Drucks von nicht-staatlichen Organisationen abhängig sein wird.

Die in Europa eingeleiteten Strafverfahren gegen südamerikanische Militärs haben schon nach wenigen Jahren dazu geführt, dass es zumindest in einzelnen Fällen in diesen Ländern selbst inzwischen zu Strafprozessen gegen ehemalige Regierungsmitglieder kommt. Für Tausende von Opfern der Militärdiktaturen wachsen die Hoffnungen, dass eine offene und ehrliche Aufarbeitung des Unrechts erfolgt.

Strafverfahren gegen Suharto aus Indonesien, Pol Pot aus Kambodscha, Idi Amin aus Uganda, Mengistu aus Äthiopien, Rios Montt aus Guatemala und anderen Staatsoberhäuptern sind notwendig, um auch auf diese Weise in der Zukunft eine bessere Sicherung der Menschenrechte in der Welt zu erreichen.

Die Bedeutung der Schaffung von Wahrheit und Gerechtigkeit sowie der Aufarbeitung von Menschenrechtsverletzungen durch Unrechtsregime hat der frühere Bundespräsident Richard von Weizsäcker in seiner berühmten Ansprache zum 40. Jahrestag der Beendigung der nationalsozialistischen Gewaltherrschaft zusammengefasst:

»Es geht nicht darum, Vergangenheit zu bewältigen. Das kann man gar nicht. Sie lässt sich ja nicht nachträglich ändern oder ungeschehen machen. Wer aber vor der Vergangenheit die Augen verschließt, wird blind für die Gegenwart. Wer sich der Unmenschlichkeit nicht erinnern will, der wird wieder anfällig für neue Ansteckungsgefahren ... Bei uns ist eine neue Generation in die politische Verantwortung hereingewachsen. Die Jungen sind nicht verantwortlich für das, was damals geschah. Aber sie sind verantwortlich für das, was in der Geschichte daraus wird.«

GIOCONDA BELLI

Klar, wir sind kein Beerdigungsinstitut

Klar sind wir kein Beerdigungsinstitut,
wir nehmen uns das Recht auf Fröhlichkeit …
Mario Benedetti

Klar, wir sind kein Beerdigungsinstitut:
trotz all der hinuntergeschluckten Tränen
sind wir fröhlich genug, Neues anzugehn;
unsere Tage und Nächte genießen wir,
auch die Müdigkeit, und fangen
das Lachen ein aus dem hohen Wind.

Wir nehmen uns das Recht, fröhlich zu sein,
die Liebe anzutreffen
in ferner Erde,
beneidenswert,
weil wir Freunde fanden,
mit ihnen zu teilen
Brot, Schmerz und Bett.

Eigentlich sind wir geboren, glücklich zu sein,
doch umstellen uns Trauer und Verdruss,
Tod, und der Zwang uns zu verbergen.
Flüchtig wie Ausbrecher
sehn wir zu, wie sich Furchen in unsere Stirn eingraben,
und wir werden ernst,
aber immer wieder kommt uns das Lachen,
wie an unsere Fersen geheftet,
und wir können uns vor Lachen ausschütten
und in der schwärzesten und engsten Nacht glücklich sein,
denn wir bestehen aus großer Hoffnung,
aus großer Zuversicht, die uns voranbringt,
und wir haben den Sieg um den Hals geschlungen
und schlagen seine Glocke, lauter mit jedem Schlag,

und wir wissen, nichts kann geschehn, was uns aufhält,
denn wir sind Samen und Wohnung eines heimlichen Lächelns,
das wird schon bald
aus allen Gesichtern
springen.

(Aus dem Spanischen von Dieter Masuhr)

MARKUS MUNZER-DORN

Feierabend

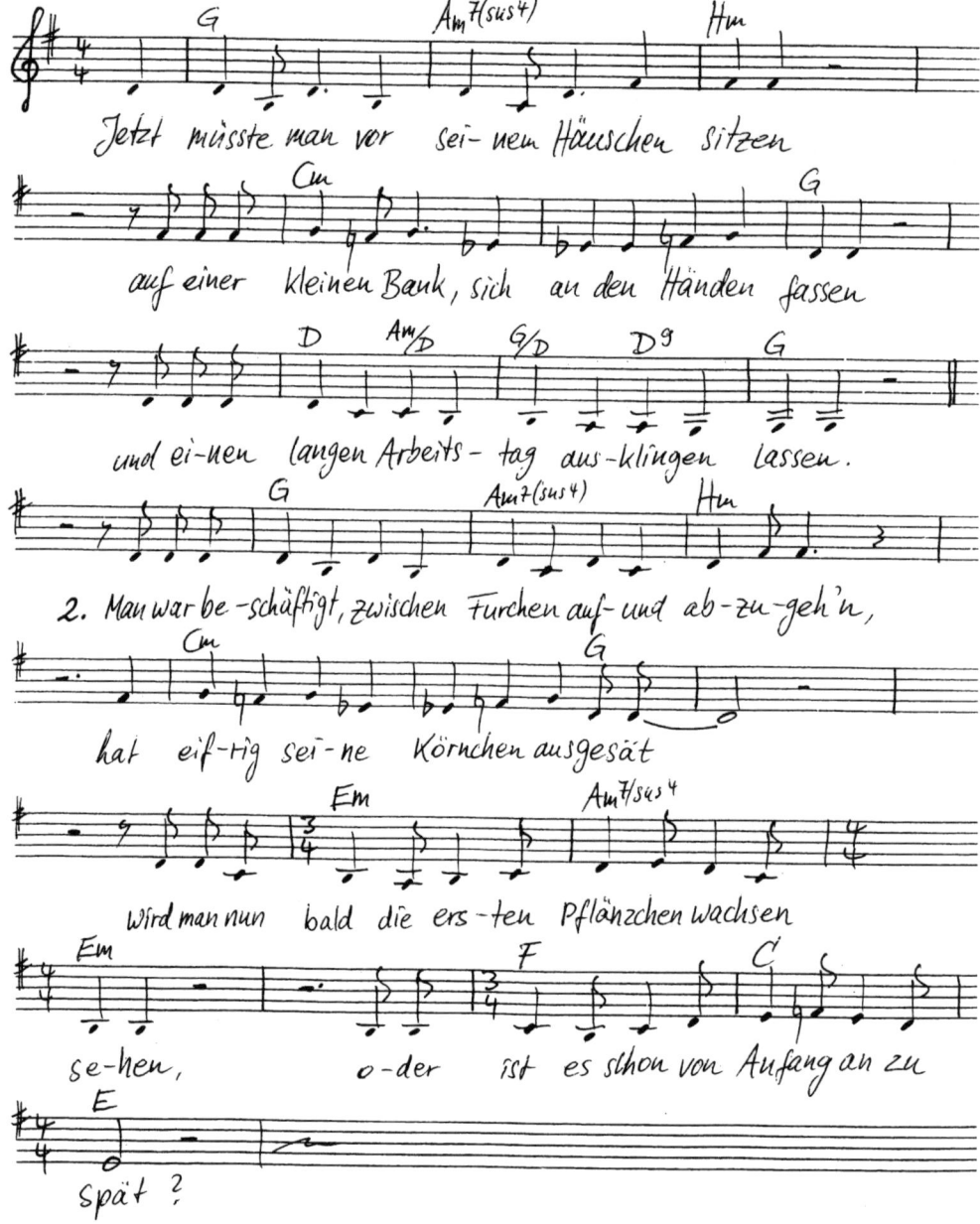

Jetzt müsste man vor sei-nem Häuschen sitzen
auf einer kleinen Bank, sich an den Händen fassen
und ei-nen langen Arbeits- tag aus-klingen lassen.

2. Man war be-schäftigt, zwischen Furchen auf- und ab-zu-geh'n,
hat eif-rig sei-ne Körnchen ausgesät
Wird man nun bald die ers-ten Pflänzchen wachsen
se-hen, o-der ist es schon von Anfang an zu
spät?

Jetzt müsste man vor seinem Häuschen sitzen
auf einer kleinen Bank
sich an den Händen fassen
und einen langen Arbeitstag ausklingen lassen.

Man war beschäftigt, zwischen Furchen auf- und abzugehen
hat eifrig seine Körnchen ausgesät
wird man nun bald die ersten Pflänzchen wachsen sehen
oder ist es schon von Anfang an zu spät?

So viele reden jetzt von kommenden Gefahren
und davon, dass wir niemals ernten werden
dass knisternde Geräusche zu vernehmen waren
wie von Feuer, Hagel oder Schädlings-Herden.

Man fürchtet: Raupen, die alles fressen. Oder planieren,
damit wir endlich unsre Hoffnungen verlieren
die wir doch noch dringend brauchen, weil vielleicht
ohne sie die Kraft, die Zuversicht nicht reicht.

Jetzt müsste man von seiner Bank aufstehen
bevor es kühl wird und nach drinnen gehen.
Morgen gibt's wieder Arbeit. Kurz nur lasst uns ruh'n

Der Zweifel bleibt. Und doch, es bleibt uns nichts
als: was man tun kann
zu tun.

Epilog

NADINE GORDIMER

Kunst und Politik: Schöpferischer Ausdruck und gesellschaftliche Fragen*

Der Begriff »schöpferisch« im Titel meines Vortrages heute ist mit viel Bedacht gewählt, denn ich möchte damit alle Formen von Propaganda im Zusammenhang mit Kunst und Politik ausschließen. Propaganda in Wort und Bild will Menschen dazu bewegen, in den Krieg zu ziehen, sich bestimmte Dinge zu kaufen oder eine politische Partei zu wählen. Propaganda ist keine unabhängige, künstlerische Äußerung, weil sie auf einer festgefügten, orthodoxen Denkweise basiert. Sie ist keine individuelle Suche.

Kunstwerke, die gesellschaftliche Fragestellungen thematisieren, gibt es natürlich viele. Das reicht von Picassos »Guernica« über Goya mit seiner Kritik an der Kriegsverherrlichung bis zu dem Film »Z« von Costa Gavras und Jorge Semprún, in dem griechische Militärs als Apotheose der Unterdrückung durch die Junta gezeigt werden. Auch die Schlöndorff-Verfilmung der »Blechtrommel« zählt dazu, in der es um den Niedergang gesellschaftlicher Umgangsformen und um das Verschwinden der Menschlichkeit während der Nazi-

zeit geht. Aktuelle Beispiele sind auch »Underground« von Emir Kusturica und der Film »The Crying Game« von Neil Jordan. Beide greifen politische Kontroversen unserer Tage auf. Und schließlich ist hier Spike Lees »Do the Right Thing« zu nennen, der sich mit dem Thema Rassismus in den USA auseinander setzt.

Als Schriftstellerin liegt mir natürlich meine eigene künstlerische Darstellungsform am nächsten, denn sie ist mir am ehesten vertraut. Am besten kenne ich mich mit der Literatur meiner Schriftstellerkollegen aus, egal, ob sie noch am Leben sind oder nicht.

Zunächst also ein Blick auf Werke vergangener Epochen, in denen Kunst und Politik ganz offensichtlich recht unterschiedliche Verbindungen eingegangen sind. Beginnen möchte ich mit der Bibel, dem Alten und dem Neuen Testament. Die Bibel ist sowohl lyrisches Quellenbuch weltlicher Politik – die Erbfolge der Stämme – als auch kirchlicher Politik: der Machtkampf zwischen Gott und Mensch um dessen Seele.

---

* Vortrag anlässlich einer Veranstaltung mit Jorge Semprún und Volker Schlöndorff, Weltwirtschaftsforum 1999

Dann ein Zeitsprung, zuerst zu den alten Griechen, später zu Dante und schließlich zu den beiden Romanen »Onkel Toms Hütte« von Harriet Beecher-Stowe und Alan Patsons »Denn sie sollen getröstet werden«. Beide Werke zeigen anschaulich, dass sich eine rührselige Geschichte sehr gut für die Darstellung gesellschaftlicher Probleme eignet. Schließlich haben Harriet Beecher-Stowe mit Onkel Tom und Alan Patson mit Reverend Kumalo vor gut hundert Jahren Millionen Lesern das Thema Sklaverei und Rassismus nahe gebracht, was in einer anderen Darstellungsform gar nicht möglich gewesen wäre.

Im Gegensatz dazu lehnten es die beiden schwarzen Schriftsteller Ralph Ellison und James Baldwin ab, mit Hilfe von Gefühlen Rassismus offen zu legen. Auf diese Weise, so ihre Auffassung, wären die Schwarzen nur »unsichtbar« oder namenlose, bedeutungslose Gestalten, die von den Weißen abgewiesen werden.

Ein anderes Beispiel ist Joseph Roth. Sein Thema ist die patriotische Selbstüberschätzung gegen Ende der k. u. k. Monarchie. Als Stilmittel für seinen »Radetzkymarsch« hat er den Schelmenroman gewählt, um die Geschichte der Familie von Trotta über mehrere Generationen zu erzählen.

Und während André Malraux in seinem Roman »Hoffnung« die Stimmung schilderte, die im spanischen Bürgerkrieg auf Seiten der frühen Gegner des Faschismus herrschte, hat im Gegensatz dazu Ernest Hemingway den sexuellen Reiz des Krieges als soziales Phänomen gezeigt. Bei ihm wird die Welt eher durch den Orgasmus verändert als durch Bomben.

Zu nennen ist hier auch Thomas Mann, der die schneebedeckte Abgeschiedenheit des ganz besonderen Ortes aufgegriffen hat, an dem wir uns heute hier treffen. Für Mann war Davos das Sinnbild eines selbstzufriedenen Europas, das ins blinde Verderben schlittert. Folgerichtig endet Manns Antiheld Hans Castorp in den »allumfassenden Fängen des Todes«, einer Umschreibung Manns für den Ersten Weltkrieg.

Der Schriftsteller Milan Kundera musste mit seinen künstlerischen Ideen im Gepäck das Heimatland verlassen, wo ihn das kommunistische Regime zum Fensterputzer degradiert hatte. Kundera floh in das Labyrinth des Exils und kam immer wieder zu der Erkenntnis, »Das Leben ist anderswo«. Und Ariel Dorfman, der im Exil »Der Tod und das Mädchen« verfasste, schilderte die gesellschaftliche Stellung einer Frau in einer aufstrebenden Demokratie. Diese Frau wird mit ihrem ehemaligen Peiniger konfrontiert, der Gast in ihrem Haus ist.

In meinem eigenen Roman »Burgers Tochter« habe ich beschrieben, wie die politische Überzeugung eines Vaters das Leben der nachfolgenden Generation bestimmen kann. Ich habe versucht, diesen Zusammenhang selbst zu begreifen und ihn anderen verständlich zu machen. In meinem Roman »Die Hauswaffe« habe ich die gesellschaftliche Bedeutung eines Verbrechens aus Leidenschaft thematisiert, das in der heute weltweit verbreiteten, gewalttätigen Umgebung einer Großstadt stattfindet.

Aus Jorge Semprúns Blickwinkel sind die gesellschaftlichen und ideologischen Konflikte unserer Zeit sogar so heftig, dass er seine Autobiografie »Adieu, vive clarté« nannte (deutscher Titel: »Unsere allzu kurzen Sommer«).

Warum haben sich nun diese Schriftsteller und noch viele andere Künstler mit sozialpolitischen Fragen auseinander gesetzt?

Günter Grass sieht das so: »Mein Berufsleben, mein Schreiben, und alle Fragen, die mich interessieren, lehren mich immer wieder, dass ich mir meine Themen keineswegs frei wähle. Im Gegenteil. Die deutsche Geschichte mit dem Krieg, der verbrecherisch vom Zaun gebrochen und geführt wurde, weist mir die Fragen ebenso zu, wie auch die historischen Folgen dieser Epoche. Ob ich will oder nicht, ich komme immer wieder auf diese Zeit zurück, und mit der Erfahrung stehe ich nicht alleine.«[1]

Das geht uns allen so. Auch wir sind wohl oder übel ein Teil der Gesellschaft und der Politik unseres Landes, und sogar das Auf und Ab der Globalisierung erfasst uns immer mehr. Deswegen sind unabhängige, schöpferische Äußerungen auch immer so eng mit dem politischen Geschehen verwoben. Unabhängige Kunst ist, wie Kafka es in seinen Tagebüchern formulierte, »ein Sprung aus der Mördergrube heraus. Unabhängig, künstlerisch tätig zu sein bedeutet, den Ereignissen um sich herum wirklich auf den Grund zu gehen.«[2]

Dann stellt sich die Frage: Wie wirken sich Äußerungen von Autoren zu gesellschaftlichen Fragen auf das individuelle Bewusstsein einer Gesellschaft aus? Mir wurde berichtet, dass für die Vergabe des Literaturnobelpreises neben der Qualität der Ausdrucksmittel auch zählt, ob eine Arbeit »dem Wohle der Menschheit« dient oder nicht. Ob eine Auseinandersetzung der Kunst mit gesellschaftlichen und politischen Fragen dem Wohle der Menschheit dient, hängt mit Sicherheit davon ab, wie tief sich ein Künstler mit dieser Problematik auseinander gesetzt hat. Er oder sie braucht kreative Phantasie um das ans Tageslicht zu befördern, was Menschen bewegt, worüber sie aber nicht sprechen. Auf diese Weise gelangen Künstler zu tiefen Einsichten, die bloße Tatsachen niemals enthüllen können.

Ich will nicht den Eindruck erwecken, als seien sich Schriftsteller immer einig, wenn es darum geht, ob sich die Kunst nun um politische und soziale Belange kümmern soll oder nicht. Marcel Proust zum Beispiel urteilte, dass die Überlegung, »ob man die Affäre Dreyfus oder den Krieg thematisieren solle«, oftmals nur »eine Entschuldigung dafür sei, dass ein Künstler im Grunde das Buch in seinem Inneren ... nicht entschlüsselt habe«[3]. Und auch für den marxistischen Kritiker Ernst Fischer gab es keinerlei Zweifel: »Alle bedeutenden Autoren und Künstler der kapitalistischen Welt sind unfähig, die soziale Realität, in der sie leben, wirklich zu begreifen.«[4] Pablo Picasso, der nie um ein Wort verlegen war, schrieb: »Was glauben Sie, was ein Künstler ist? Ein Idiot, der nur auf seine Augen angewiesen ist, falls er Maler ist, nur auf die Ohren, wenn er Musiker ist, oder auf seine Leier, wenn er Dichter ist ... Künstler sind gleichzeitig auch politische Wesen, die ständig wahrnehmen, was in der Welt vor sich geht, egal ob es qualvoll ist, bitter oder süß. Und dieses Weltgeschehen beeinflusst sie ... schließlich ist die Malerei kein reines Dekor. Sie ist eine Waffe, mit der man Krieg führen, den Feind angreifen und sich gegen ihn verteidigen kann.«[5] Dagegen beklagt sich Flaubert: »Ich habe immer versucht, in einem Elfenbeinturm zu leben. Aber weil unten die Scheiße dagegen brandete, hatte ich Angst, die Grundmauern könnten unterspült werden ... das ist keine Frage der Politik, sondern des Geisteszustandes von Frankreich.«[6]

George Steiner, der sich zum Problem der engagierten Literatur in einem totalitären Regime geäußert hat, forderte auf, »vor dem Todeslager« mit dem Schreiben aufzuhören. Denn »wenn eine Stadt angefüllt ist mit Grausamkeit und Lügen, dann ist nichts lauter als ein ungeschriebenes Gedicht.«[7] Pablo Neruda dagegen fragte sich: »Kann Poesie die Menschen retten? Hat sie überhaupt einen Platz im Überlebenskampf der Menschheit? ... Am liebsten würde ich etwas Grundsätzliches, Allumfassendes schreiben, ein Gedicht, das die historische Entwicklung, die geografischen Unterschiede, das Leben ... unserer Völker zum Thema hat.« Und Rilke begeisterte sich beim Betrachten der Bilder von Cézanne: »Plötzlich hat einer den richtigen Blick«[8]. Für Milan Kundera schließlich waren Künstler unverzichtbare Zeugen des 20. Jahrhunderts, das von Tyrannei gezeichnet ist: »Für die Menschen ist diese Zeit charakterisiert durch politische Prozesse, Verfolgungen, das Verbot von Büchern und den legalisierten Mord. Wir, die wir uns erinnern, müssen Zeugnis ablegen. Dieses Jahrhundert war nicht nur eine Zeit des Terrors, sondern auch der Lyrik, eine Epoche, die von Henkern und Poeten gemeinsam regiert wurde.«[9]

Inzwischen geht ein Jahrhundert zu Ende, in dem weder Sozialismus noch Kapitalismus Gerechtigkeit und Erfüllung menschlicher Träume für alle gebracht haben. In dieser Situation gibt uns, die wir als Künstler Politik und soziale Fragen schöpferisch aufgreifen, Czeslaw Milosz Folgendes mit auf den Weg: »Weder in der Tyrannei, noch in der Republik zu Hause. In der einen sehnte ich mich nach Freiheit, in der anderen nach dem Ende der Korruption.«[10]

(Aus dem Englischen von Beate Beheim-Schwarzbach)

———————
[1] Günther Grass, »In conversation with Nadine Gordimer«, 1997
[2] Franz Kafka, »Tagebücher«
[3] Marcel Proust, »Auf der Suche nach der verlorengegangenen Zeit«
[4] Ernst Fischer, »Von der Notwendigkeit der Kunst«
[5] Pablo Picasso, »Lettres Françaises«
[6] Gustave Flaubert, »The Letters of Gustave Flaubert 1857–1880«
[7] George Steiner, »Sprache und Schweigen«
[8] Rainer Maria Rilke, »Briefe über Cézanne«
[9] Milan Kundera, »Das Leben ist anderswo«
[10] Czeslaw Milosz, »Gedichte«, 1982

URS M. FIECHTNER

Die Poesie vielleicht

Einen Zauberkreis ziehen
um einen Vogel im Flug

Wissend, dass die Zeit ein Strom ist, uferlos
der träumt, innehalten zu können

Träumend, dass der Strom es wert sei, betrachtet
angehalten zu werden für einen Augenblick

Fühlend, dass der Augenblick wertlos ist
ohne das Wasser, das ihn trägt

Gehalten, in der Zeit die Zeiten zu sehen
und zugleich jeden einzelnen Tropfen im Fluss

Spürend, dass wir Einzelne sind, unendlich einsam
und doch verflochten mit allem, uferlos, niemals allein

Ahnend, dass hinter den Dingen noch etwas anderes ist
eine Begleitung, unantastbar, die Liebe vielleicht

Verpflichtet, den Schmerzen Namen zu geben und Stimme
der Wahrheit einen Felsen zu schaffen im Fluss

Wissend, dass in den Händen der Träumer
die Träume blutlos werden, kalt –

einen Zauberkreis ziehen
um einen Vogel im Flug

Und ihn beschützen
vor den Netzen der Jäger.

Anhang

URS M. FIECHTNER

amnesty international
im Überblick

DIE HERKUNFT

Bis vor wenigen Jahren war es üblich, fast jeder ausführlicheren Beschreibung der Arbeit von amnesty international ein und dieselbe Geschichte voranzustellen. Diese Geschichte spielt gewissermaßen im Untergrund, hat als Hauptperson einen ziemlich verärgerten Leser, der sich in einen engagierten Schreiber verwandelt, und führt schließlich zur Gründung der größten Menschenrechtsbewegung unserer Zeit. Es ist eine gleichzeitig seltsame und doch erhellende Geschichte, die mit ihrer Mixtur aus dem scheinbar Unwahrscheinlichen und dem Folgerichtigen sowohl die Lust der Anekdoten-Erzähler wie das Interesse der Analytiker wecken musste. Sie wurde deshalb oft erzählt. Vielleicht sogar zu oft – auch die besten Geschichten nutzen sich ab, wenn sie zu oft beansprucht werden. Heute spielt sie in den Publikationen über ai keine Rolle mehr und wird, wenn überhaupt, nur noch am Rande behandelt. – Eigentlich schade, denn bei genauer Betrachtung sind in dieser Geschichte schon beinahe alle Elemente vorhanden, die man kennen muss, um das Wesen und die Arbeitsweise von amnesty international zu verstehen.

In der Kurzfassung beginnt besagte Geschichte an einem – ich vermute: grauen und deprimierenden – Novembertag des Jahres 1960 in den Eingeweiden Londons. In einem Wagen der U-Bahnlinie Richtung Temple, dem Juristenviertel der Stadt, sitzt ein Rechtsanwalt namens Peter Benenson und schlägt, wie immer auf dem Weg ins Büro, die Morgenzeitung auf. Sein Auge fällt auf eine kurze Notiz, die von zwei portugiesischen Studenten handelt. In einer Kneipe in Lissabon hatten die beiden kritische Äußerungen über das Regime ihres Ministerpräsidenten Salazar fallen lassen und wurden daraufhin zu sieben Jahren Gefängnis verurteilt. Eigentlich nichts Besonderes. Solche Vorfälle waren damals und sind noch heute derart alltäglich, dass sie für Journalisten kaum einen Nachrichtenwert haben. Vielleicht wurde diese Notiz überhaupt nur deshalb ins Blatt gerückt, weil die staatsgefährdende Regimekritik der beiden Studenten offenbar in der Hauptsache aus einem fröhlichen Trinkspruch bestanden hatte, einem Toast »auf die Freiheit« – und niemand weiß einen guten Trinkspruch besser zu würdigen als ein Engländer.

Benenson ärgert sich gewaltig. Es dürfte ihm damit nicht anders ergangen sein als vielen seiner Zeitgenossen – und nicht nur Engländern –, die an diesem Morgen dieselbe Nachricht in ihren Zeitungen gelesen hatten. Oder irgendeine ähnliche Nachricht an jedem beliebigen Morgen. Doch während andere dazu neigen, ihren Ärger mit Gefühlen der Ohnmacht zu verbinden, verlässt Benenson die U-Bahn mit dem festen Entschluss, etwas zu unternehmen. Aber was?

Es war ja nicht erste Mal, dass der Anwalt mit Menschenrechtsproblemen in Berührung gekommen war. Schon rund zehn Jahre zuvor hatte er im Auftrag britischer Gewerkschaften und der Labour Party politische Prozesse in Spanien beobachtet und daraufhin das Spanish Democrat's Defence Committee gegründet, eine Organisation, die sich für politische Gefangene und ihre Angehörigen unter der Franco-Diktatur einsetzen sollte. In den Jahren danach hatte er sich für die Gründung einer überparteilichen Bürgerrechtsbewegung in Großbritannien und manch andere Initiativen zum Schutz der Menschenrechte eingesetzt. Er hatte durchaus einiges in Bewegung gebracht, war damit aber nicht zufrieden. Da fehlte noch etwas. Etwas Entscheidendes.

Seine bisherige Arbeit hatte zu Institutionen geführt, die nach seinem Urteil entweder keinen großen Erfolg hatten oder die sich nicht völlig unabhängig von parteipolitischen Einflüssen bewegen konnten oder die ihre Arbeitsweise so angelegt hatten, dass in ihnen nur Menschen mit entsprechenden Vorkenntnissen – Anwälte zum Beispiel – mitarbeiten konnten. Die Zeit war reif für etwas anderes, etwas Neues.

Benenson setzt sich mit Freunden und Kollegen zusammen. Der Kreis aus Journalisten und Juristen kommt bald überein, sich wöchentlich zu treffen, immer zur selben Zeit am selben Ort.

Genau besehen war damit schon die erste ai-Gruppe entstanden, auch wenn in den folgenden Monaten der Plan einer unabhängigen, überparteilichen und von vielen Menschen getragenen Bürgerbewegung nur sehr unbestimmt und in zahllosen Varianten durch die Diskussionen geisterte. Zuletzt einigte man sich darauf, es erst einmal mit einer einjährigen Kampagne zu versuchen. In einem »Appeal for amnesty« sollte die Öffentlichkeit bewegt werden, sich für die in den Artikeln 18 und 19 der Allgemeinen Erklärung der Menschenrechte verkündete Gewissens- und Religions-, Meinungs- und Informationsfreiheit einzusetzen und die Freilassung von Menschen zu fordern, die in politische Haft geraten waren, weil sie von diesen Rechten Gebrauch gemacht hatten. Benenson wurde beauftragt, einen Aufruf zum Start der Kampagne zu verfassen. Er sollte in der angesehenen und einflussreichen Wochenzeitung *The Observer* erscheinen, die über besonders gute Kontakte zu international führenden Blättern verfügte, so dass man, eine gute Vorbereitung vorausgesetzt, mit Nachdrucken des Artikels rechnen konnte. Außerdem spielte es wohl eine Rolle, dass der Anwalt Louis Blom-Cooper, eines der Gründungsmitglieder, seinerseits über beste Kontakte zu David Astor verfügte, dem Herausgeber von *The Observer* – dieser Mischung aus geschickter Planung, Improvisationsvermögen und guten Kontakten wird man auch in heutigen ai-Gruppen begegnen. Unter dem Titel »Die vergessenen Gefangenen« erschien Benensons Artikel am 28. Mai 1961 im *Observer* und, teils

noch am selben Tag oder kurz darauf, in weiteren 30 Zeitungen der (westlichen) Welt, darunter *Corriere de la Sera* und *Le Monde*. Der Artikel löste eine Lawine aus. Einladungen aus der halben Welt trafen bei der Gruppe ein. Ein Vortrag von Benenson in Paris sowie Gespräche von Eric Baker mit Carola Stern, Gerd Ruge, Felix Rexhausen und anderen deutschen Journalisten in Köln führten noch im Juni zur Bildung der ersten französischen und deutschen Gruppen. Im Juli trafen sich Abgesandte von Gruppen aus 6 europäischen Ländern und den USA zur ersten internationalen Jahresversammlung in Luxemburg. In diesem Tempo ging es weiter. Schon nach wenigen Monaten war klar, dass es nicht bei einer einjährigen Kampagne bleiben würde. Aus »Appeal for amnesty«, der Bitte um Amnestie für politische Gefangene, war, zur Überraschung ihrer eigenen Geburtshelfer, eine internationale Organisation aus selbstbestimmten Gruppen und ehrenamtlichen Akteuren geworden: amnesty international.

Seitdem gilt der 28. Mai als »Geburtstag« der Organisation, und die Sache mit dem Anwalt und der U-Bahn und dem Zeitungsartikel wird als Geschichte ihrer Gründung erzählt. Wer sie mit wachen Augen liest, wird hier viele Wesensmerkmale wiederfinden, die auch heute noch den Charakter der Organisation ausmachen. Aber sie lädt auch zu ein paar Missverständnissen ein. So ist amnesty international alles andere als das Geschöpf eines Einzelnen oder einer kleinen Gruppe. Sie ist auch nicht als Organisation nach einem präzisen Plan gegründet worden, sondern vielmehr als eine Bewegung entstanden, die man nicht wirklich gründen, sondern nur um einen Kristallisationspunkt versammeln kann. In gewisser Weise war amnesty international überall auf der Welt schon in sehr vielen Köpfen vorhanden, lange bevor zwei Studenten in einer Lissaboner Kneipe auf die Freiheit anstoßen würden. Ihre eigentliche Herkunft ist nicht in einem flammenden Zeitungsaufruf zu finden, sondern in der unendlich langen, zähen und blutigen Entwicklungsgeschichte der Menschenrechte, die, nachdem sie am 10. Dezember 1948 von den Vereinten Nationen nun endlich zu einer internationalen Erklärung zusammengefasst worden waren, immer drängender die Frage nach ihrer Verwirklichung aufwarfen. Immer mehr Menschen war klar geworden, dass die Durchsetzung und der Schutz der Menschenrechte nun nicht mehr, wie in vielen anderen Anläufen zuvor, allein den Regierungen, den Parteien oder irgendwelchen Ideologen überlassen werden durfte. Der Gedanke an überparteiliche, unabhängige Bewegungen, die über alle sozialen, kulturellen oder nationalen Grenzen hinweg nur den Menschenrechten und keinen anderen Interessen dienen durften, lag ganz einfach in der Luft. Wohl kaum eine der vielen Menschenrechtsorganisationen unserer Zeit ist nur deshalb entstanden, weil irgendjemand sich ihre Gründung in den Kopf gesetzt hätte, sondern weil es einen überwältigenden Bedarf an ihnen gab und, leider, noch immer gibt. Früher oder später wäre amnesty international so oder so entstanden, und wenn nicht mit dieser, dann mit einer anderen Gründungsgeschichte. Aber wahrscheinlich mit einer sehr ähnlichen.

In Ausstellungen über amnesty international finden sich fast immer Schaubilder, die mit graphischen Mitteln den Aufbau der Organisation auf einen Blick verdeutlichen sollen. Das Ergebnis ist jedoch meistens unbefriedigend, das Auge des Betrachters verliert sich in einer Unzahl von Pfeilen, Linien und Kästchen. Das mag daran liegen, dass die Zeichner solcher Organigramme die klassischen Führungsstrukturen von Wirtschaftsunternehmen, Parteien oder Staaten gewöhnt sind und automatisch versuchen, auch den Aufbau von ai anhand der üblichen Pyramidenform zu Papier zu bringen: an der Spitze die Leitung, unten die Basis. Aber bei ai funktioniert das anders. Man müsste eine Pyramide zeichnen können, deren Spitze identisch mit der Basis ist oder ein Gebäude, dessen Fundament im Penthouse sitzt.

Das Fundament besteht heute aus über einer Million Mitgliedern und Förderern in rund 150 Ländern der Welt. In über 100 Ländern haben sich Mitglieder zu mehr als 7500 lokalen Arbeitsgruppen zusammengefunden, die häufig als Kern und Motor der Organisation beschrieben werden. In Ländern, in denen es eine größere Anzahl von Gruppen gibt, schließen sie sich zu weitgehend eigenständigen Ländersektionen zusammen. Auf der Weltkarte findet man heute zwischen A wie Algerien und Z wie Zypern 55 Sektionen, weitere 20 sind im Aufbau. Gut vertreten sind Deutschland mit rund 620, Österreich mit 80 und die Schweiz mit 90 Gruppen. Die Spitze der Organisation könnte man fast mit demselben kurzen Ausflug in die Statistik umreißen. amnesty international ist eine demokratische Bewegung, deren Politik nicht von einer zentralen Führungsetage bestimmt wird, sondern von ihren Mitgliedern selbst. Alle wesentlichen Entscheidungen über die Ziele und Arbeitsweise von ai entstehen in einem Netzwerk von kleinen und großen Mitgliederversammlungen, wobei jeder Teil von ai – also zum Beispiel eine Gruppe – über die eigenen Angelegenheiten allein entscheidet und andere Anliegen an die nächsthöhere Mitgliederversammlung weitergibt. Auch die Führung der Ländersektionen liegt allein in den Händen der meist jährlichen Treffen ihrer Mitglieder. Diese Jahres- oder Generalversammlungen wählen einen ehrenamtlichen Vorstand, dessen Befugnisse jedoch sehr begrenzt sind. Generell haben alle »Ämter«, die es bei ai gibt, nur die Funktion, Entscheidungen und Aufträge der Mitgliedschaft auszuführen und das Tagesgeschäft zwischen den Versammlungen zu ordnen. Das höchste Gremium von ai ist die Internationale Ratstagung, zu der alle Sektionen gewählte Vertreter aus der Mitgliedschaft entsenden. Sie wählt den internationalen Vorstand von ai, Internationales Exekutivkomitee genannt, der nach bewährtem Muster ebenfalls ehrenamtlich arbeitet und an die Beschlüsse des Rates gebunden ist.

In dieser dezentralen, strikt demokratischen und auf sehr vielen Schultern ruhenden Struktur steckt eines der Erfolgsgeheimnisse von amnesty international. Eine Menschenrechtsorganisation kann ihre Anliegen nur dann glaubwürdig vertreten, wenn sie Einflussversuchen von Außen widersteht und ihre Unabhängigkeit gegenüber Parteien, Konfessionen, Ideologien und natürlich Regierungen garantiert. Es genügt nicht, Unabhängigkeit nur anzustreben, man muss sie auch absichern. In die dezentrale Demokratie einer sich selbst steuernden Mitgliederorganisation ist die politische Absicherung gewissermaßen schon eingebaut – der Aufwand, hier von Außen Einfluss nehmen zu wollen, wäre selbst für die sehr Mächtigen dieser Erde viel zu groß. Das gilt auch für die sehr Reichen: Die Organisation finanziert sich ausschließlich durch Spenden aus der Bevölkerung. Damit sind kleine Spenden gemeint. Sehr große Summen, die einen wesentlichen Anteil am Etat einer Gruppe oder gar einer Sektion ausmachen würden, werden ebensowenig angenommen wie Beiträge von Regierungen. Spenden, an die irgendwelche Bedingungen geknüpft sind, werden generell abgelehnt.

Die Knoten im Netzwerk der Organisation bilden hauptamtlich besetzte Sekretariate. Die meisten Fäden laufen im Internationalen Sekretariat in London zusammen. Hier werden Informationen über Menschenrechtsverletzungen aus aller Welt von einem bunt gemischten, international zusammengesetzten Stab aus 320 hauptamtlichen und 100 ehrenamtlichen Expertinnen und Experten gesammelt, geprüft, ausgewertet und schließlich an die Ländersektionen oder direkt an die Gruppen geleitet. Weitere knapp 600 Angestellte verteilen sich über die Sekretariate der Sektionen und die Verbindungsbüros, die ai zu großen zwischenstaatlichen Organisationen wie der UNO oder der EU unterhält. In vielen Veröffentlichungen wird der hauptamtliche Apparat, besonders das Internationale Sekretariat, immer wieder gerne als »der Kopf« von amnesty international vorgestellt. Ganz falsch ist dieser Vergleich nicht. In der Tat sind die Sekretariate Nervenknoten im Netzwerk und haben eine wesentliche Rolle bei der Koordination der vielen Glieder, aus denen die Organisation besteht. Den führenden Kopf der Organisation findet man jedoch nicht in ihren kleinen oder großen Zentralen, sondern auf den Schultern ihrer Mitgliedschaft.

»… damals im Gefängnis haben wir alle den Begriff ›amnesty international‹ gekannt und auch ungefähr gewusst, wofür Ihr eintretet. Ihr wart für uns etwas Wichtiges und Bedeutendes, aber auch etwas, das vielleicht zu wichtig und zu bedeutend war, um sich an uns kleine Leute zu erinnern. Manchmal spürten wir aber eure unsichtbare Anwesenheit – es gab Gerüchte, dass sich draußen etwas für uns tat, es gab geschmuggelte Briefe und geklopfte Nachrichten von Zelle zu Zelle.

Vieles aber verstanden wir nicht genau: dass es irgendwo da draußen in der Welt Menschen geben sollte, die unser Leben verteidigten, ohne selbst einen Nutzen daraus zu ziehen, erschien uns seltsam und fast ein bisschen unglaubwürdig. Ich dachte an amnesty, wie man an eine große Maschine denkt, an einen Apparat, riesengroß, mit Friedensnobelpreis und allem Drum und Dran, aber anonym, unpersönlich, nicht aus Fleisch und Blut.

Erst als ich meinen ersten Brief von euch erhielt und in meiner Zelle versuchte den fremden, zungenbrecherischen Namen des Absenders auszusprechen, begann ich mir Gedanken über die Menschen von amnesty international zu machen. Das war nicht leicht. Ehrlich gesagt, hab ich zuerst an einen Verein von frommen Betbrüdern gedacht, die eine Kerze für die Verfolgten anzünden und an das Gute im Menschen glauben und den lieben Gott freundlich bitten, er möge doch die Gefangenen rauslassen. Danach dachte ich an einen Haufen von weißhaarigen alten Damen, aber ich konnte mich nicht entscheiden, ob das welche sein sollten, die Bettsocken für frierende politische Gefangene stricken, oder solche, die mit ihren Regenschirmen entnervte Diktatoren verprügeln wollen.

Irgendwie konnte das alles nicht stimmen, deswegen stellte ich mir später effiziente Herren in grauen Anzügen vor, die mit schwarzen Aktenköfferchen in der Hand bei den Vereinten Nationen aus- und eingehen und wie Börsenmanager mit Generälen verhandeln, oder jene bestimmte Art von Frauen in streng geschnittenen Kostümen, die im Business-Ton einem Staatsoberhaupt ihre Bedingungen auf den Tisch knallen, schmallippig und strebsam und irgendwie gefährlich.

Das passte aber nicht zu dem Ton in euren Briefen. Der war immer nüchtern, sachlich, vernünftig, aber ich glaubte, dahinter noch etwas anderes zu spüren. Deshalb entschloss ich mich, nun an junge, rebellische Typen in Jeans zu denken, an bärtige Kerle und an Mädchen ohne Make-Up, an Mitstreiter also, an Gefährten, die unseren politischen Kampf auf ihre Weise führen und die unsere Fahnen in ihren Händen tragen. Doch dann habe ich bald gelernt, dass euch die Farbe meiner Fahne ziemlich wurscht ist und eure Farben nur die der Freiheit und der Menschenwürde sind. Das hat mich dann endgültig verwirrt. Zuletzt hab ich mir überhaupt nicht mehr vorstellen können, was für Menschen Ihr seid.

Heute bin ich auch nicht schlauer geworden, obwohl ich ein paar von euch nach der Freilassung am Flughafen kennengelernt habe: Da waren ältere Herren, aber die sahen nicht sehr fromm aus; da waren weißhaarige Damen, aber die trugen weder Stricknadeln noch Regenschirme, sondern wache politische Köpfe; da waren Leute, die sahen wie Computer-Verkäufer aus, aber sie trugen keine Aktenköfferchen, sondern Transparente und Blumensträuße in den Händen; da war sogar 'n Typ in Uniform, aber der hat mich nicht verhaftet, sondern umarmt. Und die schwarzen Aktenköfferchen und diesen besonderen Hauch der Tüchtigkeit trugen dafür einige Jungs mit Bart und groben Pullovern oder Frauen in Jesus-Latschen und mit langen Haaren.

Einige von euch sahen so aus wie Leute, die man bei einer Demonstration in meinem Land als erste verhaften würde. Andere sahen aus wie Leute, die solche Verhaftungen anordnen und wieder andere sahen so aus wie die Menschen, denen das alles immer scheißegal ist und die tatenlos zusehen.
Man wird nicht schlau aus euch. Ihr seht so aus, wie alle Menschen aussehen. Eigentlich gibt es nichts Besonderes an euch. Ihr scheint ein beliebiger Querschnitt durch die Bevölkerung eures

Landes zu sein. Aber Ihr habt einen Teil eures Lebens dafür gegeben, einen wildfremden Menschen aus dem Gefängnis zu holen. Seltsam. Ihr seid alle total verschieden und arbeitet doch gemeinsam. Sehr seltsam. Es gibt so vieles, was euch untereinander trennen müsste, aber Ihr habt euch doch wie ein einziger Körper an meine Seite gestellt, als ich glaubte zu sterben. Mehr als seltsam.

Ich verstehe das alles immer noch nicht, aber es gefällt mir. Weißt du, ich glaube, Ihr müsst alle irgendwie ziemlich verrückt sein, liebenswert, aufrecht, unbegreiflich und total verrückt. Aber sonst ganz normal ...«

Es ist schon ein paar Jahre her, dass diese Zeilen geschrieben wurden. Sie stammen von einem ehemaligen politischen Gefangenen aus einem der vielen Haftlager und Gefängnisse Südamerikas. Gerichtet waren sie an eine ai-Gruppe im süddeutschen Ulm, die sich jahrelang für seine Freilassung eingesetzt und schließlich die Aufnahme in ein europäisches Land arrangiert hatte. Die ai-Gruppe veröffentlichte den Text in einer kleinen Zeitschrift und vergaß ihn bald wieder. Aber der Text entwickelte ein Eigenleben. Immer wieder wurde und wird er in Publikationen oder Vorträgen von und über ai zitiert.
Das mag daran liegen, dass sein Ton sich wohltuend von der nüchternen, ja nahezu unterkühlten Sprache abhebt, in der die Organisation sonst über ihre Arbeit berichtet. Oder daran, dass viele Mitglieder sich hier in einem Anflug von

Selbstironie wiedererkennen und sich durchaus im Klaren sind, dass man in der vom Markt gelenkten und von Egozentrik geprägten Kultur unserer Tage in der Tat ein bisschen »verrückt« sein muss um seine Zeit und Kraft noch in etwas anderes zu investieren als nur in das eigene Fortkommen. Oder ganz einfach daran, dass eine Menschenrechtsbewegung nicht verstanden werden kann, ohne einen Blick auf die Menschen zu werfen, die sie bewegen.

Vielleicht lässt sich die Erfolgsgeschichte, die erstaunliche Kombination aus beharrlicher Langlebigkeit und immer wieder erneuerter Frische, die ungebrochene Agilität und Attraktivität der Organisation auch gar nicht besser erklären als mit der enormen Vielfalt individueller Persönlichkeiten, aus denen sie sich zusammensetzt. Anders als eine Partei oder eine weltanschauliche Glaubensgemeinschaft ist amnesty international kein Verein, in dem nur »Gleichgesinnte« ihren Platz finden würden. Ganz im Gegenteil wird das gemeinsame Anliegen, also die Durchsetzung der Menschenrechte, sehr bewusst immer nur als der kleinste gemeinsame Nenner gesehen, auf den sich auch ansonsten sehr »ungleich Gesinnte« verständigen können. Das sorgt ganz automatisch für ein Spektrum, in dem fast alle Farben vertreten sind, und hebt gleichzeitig auch all die anderen kleinen und großen Grenzen auf, die Menschen unter sich gezogen haben. Die »Erklärung der Menschenrechte« der Vereinten Nationen vom 10. Dezember 1948 hat diese Haltung in ihrer Sprache vorgegeben. Im Artikel 2 heißt es: »Jeder Mensch hat Anspruch auf die in dieser Erklärung verkündeten Rechte und Freiheiten, ohne irgendeine Unterscheidung, wie etwa nach Rasse, Farbe, Geschlecht, Sprache, Religion, politischer und sonstiger Überzeugung, nationaler oder sozialer Herkunft, nach Eigentum, Geburt oder sonstigen Umständen.« Da die Menschenrechte »ohne irgendeine Unterscheidung« für alle Menschen gelten, ist es nur folgerichtig, dass eine Organisation, die sich für die Durchsetzung der Menschenrechte einsetzt, für alle Menschen – »ohne irgendeine Unterscheidung« – offen sein muss. Bei amnesty international findet man diese Offenheit. Das mag manchmal anstrengend sein für diejenigen, die nach sozialer Nestwärme suchen und sich am liebsten unter ihresgleichen bewegen, aber es ist ein beinahe ideales Umfeld für wache Köpfe, die nach Anregungen suchen und ihren Horizont erweitern wollen.

DIE ZIELE

Die Frage nach den Zielen von amnesty international lässt sich auf mehreren Wegen beantworten. Der einfachste Weg liegt in einem Blick auf die »Allgemeine Erklärung der Menschenrechte« der Vereinten Nationen vom 10. Dezember 1948. Dieses kurze und einprägsame Dokument lässt sich sowohl als Auflistung wie als Definition aller grundlegenden Rechte lesen, auf die sich die Kulturen und Nationen der Welt nach einer hunderte von Jahren währenden Entwicklung geeinigt haben. Allerdings handelt es sich hier nur um eine Willenserklärung oder, um es mit den Worten der UNO zu sagen, um das »von allen Völkern und Nationen zu erreichende gemeinsame Ideal«. Von der Verwirklichung der Menschenrechte ist die Welt noch immer weit entfernt.

Eben die Verwirklichung der Menschenrechte, ihre Durchsetzung in allen Ländern der Welt ist das umfassende politische Ziel von amnesty international. Die Organisation versteht sich dabei, gemeinsam mit anderen nichtstaatlichen Verbänden und Initiativen, als Teil einer weltweiten Menschenrechtsbewegung, die mit den Vereinten Nationen und anderen zwischenstaatlichen Einrichtungen zusammenarbeitet.

In der praktischen Arbeit – und das heißt bei ai die Bekämpfung von Menschenrechtsverletzungen sowie die Hilfe für die Opfer – konzentriert sich amnesty international auf die bürgerlichen und politischen Rechte des Menschen, also die Freiheitsrechte. Die Organisation legt hier ihre Schwerpunkte auf

- den Einsatz für die Freilassung gewaltloser politischer Gefangener; gemeint sind Menschen, die Gewalt weder angewandt noch dazu aufgerufen haben und die allein wegen ihrer politischen, religiösen oder sonstigen Überzeugungen, wegen ihrer Abstammung, ihres Geschlechts, ihrer Hautfarbe oder Sprache, ihrer nationalen oder sozialen Herkunft in Haft genommen wurden;

- die Durchsetzung fairer und zügiger Gerichtsverfahren in allen politischen Fällen;

- die uneingeschränkte Abschaffung der Folter, der Todesstrafe und des »Verschwindenlassens« (geheimgehaltene Inhaftierungen);

- die Bekämpfung politischer Morde durch Staaten oder bewaffnete politische Gruppen sowie ungesetzlicher Tötungen bei bewaffneten Konflikten (zum Beispiel Tötungen unbewaffneter Zivilisten);

- den Schutz politischer Flüchtlinge vor Abschiebung in ein Land, in dem sie von Menschenrechtsverletzungen bedroht sind;

- den Einsatz gegen den internationalen Transfer von Waffen, Ausrüstung oder Know-how, wenn die Empfänger damit Menschenrechtsverletzungen begehen;

- die Information der Öffentlichkeit über Menschenrechte und Menschenrechtsverletzungen sowie die Förderung des Bewusstseins für die Menschenrechte in Behörden, in Bildungseinrichtungen und in der Bevölkerung;

- die Weiterentwicklung der »Allgemeinen Erklärung der Menschenrechte« von einer unverbindlichen Willenserklärung zu einem verbindlichen, durch internationale Konventionen und zwischenstaatliche Verträge abgesicherten Gesetzeswerk in allen Staaten der Welt.

Bei alledem ist amnesty international wohl eine überaus beharrliche, aber keineswegs unbewegliche Organisation. Die Schwerpunkte ihrer Arbeit und die Definition ihrer Ziele werden immer wieder neu durchdacht, verfeinert und erweitert. Das Mandat der Organisation, also ihr Aufgabenkatalog, unterliegt einer ebenso andauernden wie pragmatischen und nüchternen Diskussion, in der keine Wunschvorstellungen oder Ideale entscheiden, sondern die schiere Notwendigkeit und die realistische Einschätzung der eigenen Kräfte.

Gefordert wird nur, was auch mit eigenen Mitteln gefördert werden kann. Die Ziele der Organisation sind daher niemals so hoch gesteckt, dass man sie nicht erreichen könnte.

Der vielleicht kürzeste Weg, die Ziele von amnesty international zusammen zu fassen, findet sich in einem einzigen Satz: »Sie können Ihre Zeitung an jedem x-beliebigen Tag der Woche aufschlagen, und Sie werden einen Bericht über jemanden finden, der irgendwo in der Welt gefangen genommen, gefoltert oder hingerichtet wird, weil seine Ansichten oder Religion seiner Regierung nicht gefallen.« Dieser Satz wurde vor über einer Generation geschrieben und stand am Anfang jenes Zeitungsartikels vom 28. Mai 1961, der heute als Gründungsaufruf der Organisation angesehen wird. Seitdem hat sich sehr viel getan, und doch könnte man mit derselben Feststellung, ohne ein Wort zu verändern, auch heute noch einen Bericht über die Lage der Menschenrechte beginnen. Manchmal geschieht das auch. Das wesentliche Ziel von amnesty international ist es ganz einfach, diesem Satz seine penetrant andauernde Gültigkeit zu nehmen und ihn nie wieder zitieren zu müssen – außer ein letztes Mal, als historischen Rückblick auf barbarische Zeiten, in ihrem Abschlussbericht. Aber auf den wird man wohl noch ein Weilchen warten müssen.

DIE ARBEITSWEISE

Irgendwo auf der Welt wird irgend ein Mensch verhaftet, weil – um es mit den einfachen Worten aus dem Gründungsaufruf von ai zu sagen – »seine Ansichten oder Religion seiner Regierung nicht gefallen«. Dieser Mensch wird verhaftet, weil seine Regierung ein abschreckendes Beispiel geben und einen vermeintlichen »Unruheherd« von der Straße schaffen und in einer Zelle isolieren will. Insgesamt besteht das Ziel jeder politisch motivierten Verhaftung immer darin, jenen Zustand zu erreichen, den solche Regierungen mit »Ruhe und Ordnung« umschreiben. Also das Schweigen im Land, das manche brauchen um ihre Interessen durchzusetzen oder den Machterhalt abzusichern. Der Aufwand, den ein entsprechender Gefängnis- und Verfolgungsapparat kostet, fällt im Vergleich zum erwarteten Nutzen gering aus. Die Verhaftung eines einzelnen Menschen fällt sowieso nicht ins Gewicht. So scheint es jedenfalls. Für eine Weile.

Eines Tages aber treffen Anfragen nach dem Schicksal jenes verhafteten Menschen bei Regierungsstellen ein. Erst einige, dann viele, dann sehr viele aus immer mehr Ländern der Welt. Untergeordnete Behörden fragen bei ihren Vorgesetzten an, wie sie darauf reagieren sollen. Der Pressedienst des Auswärtigen Amtes stellt eine Mappe mit ausländischen Zeitungsartikeln über den Gefangenen zusammen. Verwaltungsvorgänge entstehen. Die Botschaften der Regierung berichten über Anfragen und Proteste aus der Bevölkerung ihrer Gastländer und möchten wissen, wie sie damit umgehen sollen. Ausländische Diplomaten erkundigen sich routinemäßig nach der Einhaltung internationaler Verträge zum Schutz der Menschenrechte und reichen die üblichen Listen mit Nachfragen zu Einzelfällen über den Tisch – auf den Listen steht ein neuer Name. Der Gefängnisdirektor lässt sich die Akte eines Insassen kommen und fühlt im Innenministerium vor, ob es Richtlinien zur Behandlung prominenter Gefangener gibt. Die Vertretung des Landes bei der UNO stellt ein weiteres Mal ihr Faxgerät ab und ändert ihre E-Mail-Adresse. Mehr und mehr Verwaltungsvorgänge entstehen und müssen bewältigt werden, ohne den normalen Betrieb der Behörden zu beeinträchtigen. Mehr und mehr beginnen die Kosten den Nutzen zu übersteigen. Mehr und mehr wird das Schweigen im Lande durch Rufe von außen gestört.

Man hatte einen Menschen hinter Schloss und Riegel gebracht um ihn aus der Welt zu schaffen. Aber jetzt besucht ihn die Welt in seiner Zelle. Aus dem einzelnen »Unruheherd« sind viele geworden. Die Rechnung geht nicht mehr auf...

So ungefähr könnte man die Arbeitsweise von amnesty international in kurzen Worten umschreiben. Die Organisation begnügt sich nie damit, Menschenrechtsverletzungen nur festzustellen oder zu beklagen, sondern sucht immer, im Kleinen wie im Großen, nach praktischen Wegen um (neue) Menschenrechtsverletzungen zu verhindern und den Opfern zu helfen. Und fast immer führt mindestens einer dieser Wege über die Erzeugung öffentlichen Drucks auf die Verantwortlichen.

Jeder Weg beginnt mit der Ermittlung und der Absicherung von Fakten. Die gesamte Organisation steht und fällt mit der Zuverlässigkeit ihrer Informationen und steckt daher ebenso viel Aufwand wie Sorgfalt in ihre Recherchen. In der Ermittlungsabteilung des Internationalen Sekretariates werden Medienberichte aus aller Welt ausgewertet, dazu Stellungnahmen von Regierungen, Berichte von Rechtsanwälten, lokalen Bürgerrechtsgruppen oder Gewerkschaften, Aussagen von ehemaligen Gefangenen, von Flüchtlingen, von Angehörigen inhaftierter Menschen oder von Augenzeugen und zahllose andere Quellen. Außerdem sind ständig ai-Delegationen unterwegs, die – übrigens immer ganz offiziell – Ermittlungen an Ort und Stelle durchführen, Prozesse beobachten, Gespräche mit Regierungsvertretern, Oppositionellen und lokalen Menschenrechtsgruppen führen oder Gefangene befragen. Die Vielzahl voneinander unabhängiger Quellen und die genaue Prüfung jedes einzelnen Hinweises durch erfahrene Fachleute führt am Ende zu genauen und zuverlässigen Informationen, kostet aber auch Zeit. Die Organisation wird deshalb bei aktuellen Krisen und Konflikten nicht in jedem Fall mit schnellen öffentlichen Stellungnahmen auf Medienberichte reagieren, sondern erst einmal eigene Recherchen in Gang setzen und geeignete Gegenmaßnahmen entwickeln, bevor sie mit präzisen Vorschlägen an die Öffentlichkeit geht. Umgekehrt werden aber, häufig genug, viele alltägliche Menschenrechtsverletzungen erst durch amnesty international ans Licht gebracht.

Schon allein die stetige Ermittlung und Veröffentlichung von Menschenrechtsverletzungen kann einen gewissen Veränderungsdruck erzeugen. Die Organisation verlässt sich jedoch nicht darauf, sondern setzt ihre Informationen so oft wie nur möglich in direkte und praktische Hilfe für die Opfer um.

Das »klassische«, nämlich älteste und nach wie vor beste Beispiel dafür findet man in der oft langfristigen Betreuung einzelner politischer Gefangener durch eine oder mehrere der über die ganze Welt verteilten ai-Gruppen. Die Gruppe erhält aus dem Internationalen Sekretariat eine Fallakte mit allen notwendigen Informationen, einigen Vorschlägen für die ersten Schritte der Arbeit und einem klaren Auftrag. Sie wird nun beginnen, sich an Regierungsvertreter, Gefängnisbeamte, Richter, Diplomaten, Journalisten zu wenden, kurzum an alle, die in irgendeiner Form Einfluss auf das Schicksal des Gefangenen nehmen könnten. Die Art ihrer Arbeit – und oft genug der Erfolg – wird allein von der Phantasie und der Ausdauer der Gruppenmitglieder bestimmt. Meistens werden sie versuchen, möglichst viele Kontakte zu knüpfen und möglichst viele Menschen auf den Fall aufmerksam zu machen, um den Druck zu verstärken.

Allerdings ist der Druck auf zuständige Behörden noch längst nicht alles. Wenn es notwendig ist, wird die Gruppe alles tun um das Leben des Gefangenen und seiner Angehörigen zu erleichtern. Sie kann den Lebensunterhalt der Familie absichern, einen Rechtsanwalt finanzieren oder sich um medizinische Versorgung bemühen. Und sie kann, im besten Fall, dem Gefangenen nach seiner Freilassung helfen, im normalen Leben wieder Fuß zu fassen. In gewissem Sinne ist die Gruppe für den von ihr betreuten Gefangenen verantwortlich und arbeitet selbstständig, ist jedoch nicht auf sich allein gestellt. Auf Wunsch wird sie handfeste Hilfe von anderen Teilen der Organisation bekommen oder kann sich von Experten aus besonders spezialisierten Gruppen beraten lassen.

Wenn die Situation eines politischen Gefangenen oder eines anderen Opfers von Menschenrechtsverletzungen ein besonders massives oder besonders schnelles Eingreifen erfordert – etwa bei Folterungen oder einer drohenden Hinrichtung –, belässt es die Organisation nicht bei dem Einsatz einer einzelnen Gruppe, sondern aktiviert eines ihrer Aktionsnetze. Tausende von Mitgliedern, Gruppen und Unterstützern der Organisation in aller Welt erhalten Informationen über den Fall und werden gebeten, sich mit Briefen und Telefaxen, e-mails oder Telefonaten an Regierungsstellen zu wenden. Bei Eilaktionen (»urgent actions«), die in jedem Jahr für rund 1000 Fälle gestartet werden müssen, geschieht dies innerhalb von 48 Stunden.

Sehr massiv kann der öffentliche Druck auf Regierungen werden, wenn die Organisation ihre Kräfte in weltweiten Kampagnen bündelt, die entweder weit verbreitete Formen von Menschenrechtsverletzungen aufgreifen oder sich auf die Lage der Menschenrechte in einem bestimmten Land konzentrieren. Auch hier können Einzelfälle im Vordergrund stehen, das generelle Ziel solcher Themen- und Länderkampagnen liegt jedoch in der umfassenden Ächtung von Verfolgungsformen (zum Beispiel Folter, Todesstrafe, staatlicher Mord, »Verschwindenlassen«) und in der Abschaffung von Gesetzen, die Menschenrechtsverletzungen ermöglichen.

Bei alledem ist sich die Organisation sehr wohl bewusst, dass es nicht genügen würde, an die Vernunft oder gar das Gewissen der Regierungen zu appellieren oder sich allein auf ein Dokument zu berufen, das ursprünglich nur als unverbindliche Willenserklärung und nicht als verpflichtendes internationales Recht gemeint war. Die rechtliche Verankerung der »Allgemeinen Erklärung der Menschenrechte« von 1948, ihre beständige Weiterentwicklung und Umsetzung in verpflichtende zwischenstaatliche Verträge gehört daher, von der Öffentlichkeit meist unbemerkt, zu den wichtigsten Arbeitsfeldern von amnesty international. Hochqualifizierte Abgesandte der Organisation haben beratenden oder beobachtenden Status bei der UNO, der Organisation Amerikanischer Staaten, der Organisation für Afrikanische Einheit und allen anderen wichtigen zwischenstaatlichen Gremien auf internationaler oder regionaler Ebene und bringen auf zahllosen Kanälen Initiativen zur Durchsetzung bestehender Konventionen und zur Entwicklung neuer Standards auf den Weg.

Schon ein kurzer und oberflächlicher Blick auf nur wenige Arbeitsformen von amnesty international genügt um ein wesentliches Merkmal ihrer Arbeitsweise zu finden. Einen großen, vielleicht den größten Teil ihrer Erfolge verdankt die Organisation ihrer Fähigkeit, Mitarbeitsmöglichkeiten »für alle« zu schaffen und gleichzeitig sowohl einfache (aber effiziente) wie anspruchsvolle Aufgaben anzubieten. Es bleibt allein den Mitgliedern überlassen, ob sie wenig oder viel Zeit für ihre Mitarbeit aufbringen können und wollen. Ohne irgendwelche Vorkenntnisse oder eine Ausbildung kann jeder sofort in die Arbeit einsteigen. Wer will, kann sich spezialisieren, und wer berufliche Erfahrung einbringen möchte, wird dafür ein passendes Arbeitsgebiet finden. Im Netz der Arbeitstechniken von ai hat jede Aufgabe, die ein Mitglied allein oder gemeinsam mit anderen übernimmt, dasselbe Gewicht.

Die vielfältigsten, oft auch interessantesten Aufgaben werden von den lokalen ai-Gruppen geleistet. In Deutschland, Österreich und der Schweiz findet man sie inzwischen in fast jeder größeren Stadt, neue Mitglieder sind immer und überall willkommen und können meist unter mehreren verschiedenen Mitarbeitsmöglichkeiten wählen. Natürlich kann man auch gemeinsam mit Freunden und Bekannten eine neue ai-Gruppe gründen; bei den ersten Schritten werden benachbarte Gruppen, regionale ai-Büros oder die Ländersekretariate gerne helfen. Dies gilt auch für Arbeitskreise und Projekte an Schulen: Die Gründung von Schüler- oder Jugendgruppen wird von ai sogar besonders gefördert. Näheres erfährt man über die unten aufgelisteten Kontaktadressen.

Wer nicht mit Gruppen zusammenarbeiten will, kann sich als einzelnes Mitglied an Aktionsnetzen und Kampagnen beteiligen. Einzelmitglieder erhalten regelmäßige Informationen und Aktionsvorschläge und können unter mehreren Mitarbeitsformen wählen.

Eine kurze, formlose Mitteilung per Post, Fax oder e-mail an eines der Ländersekretariate genügt, man bekommt dann alle nötigen Informationen für den Einstieg.

Natürlich kostet Menschenrechtsarbeit viel Geld und ist ohne die finanzielle Unterstützung möglichst vieler Menschen nicht denkbar. amnesty international stützt sich ausschließlich auf Spenden. Die zentralen Spendenkonten im deutschsprachigen Raum haben wir im Buch (siehe »Kontakt«) angegeben; es gibt jedoch meist auch die Möglichkeit, Spenden einer lokalen ai-Gruppe zukommen zu lassen. Als Förderer kann man ai auch mit regelmäßigen (Monats- oder Jahres-)Beiträgen unterstützen und erhält Informationen über die laufende Arbeit.

Wer sich in Ruhe orientieren möchte, kann im Internet stöbern oder sich ausführliche Informationen über Mitarbeitsmöglichkeiten von den Sekretariaten und ai-Büros kommen lassen. Oder einfach mal bei einer ai-Gruppe vorbeischauen.

AMNESTY INTERNATIONAL IM INTERNET

Im Internet erreicht man die deutsche Sektion von amnesty international unter **http://www.amnesty.de**. Gegliedert in Rubriken findet sich dort eine Fülle von Informationsangeboten. So kann man sich zum Beispiel aktuelle Themen und Länderberichte sowie Aktionsvorschläge (darunter Eilaktionen/urgent actions oder Briefe gegen das Vergessen) herunterladen, die neuesten Pressemitteilungen durchsehen oder im Archiv des »ai-Journals«, der Monatszeitschrift von ai, stöbern. Auch eine »Datenbank Asyl« steht zur Verfügung, die Stellungnahmen zur Situation von Flüchtlingen in Deutschland und Europa sowie Gutachten über die Fluchtgründe in den Herkunftsländern enthält. Unter der Rubrik »Kontakt« findet man Links zu ai-Gruppen oder zu Regionalbüros in der eigenen Umgebung. Der schnellste Weg führt über eine Karte oder die Liste der »Bezirke«, also der regionalen Zusammenschlüsse von örtlichen ai-Gruppen, die ein gemeinsames Bezirks- oder Regionalbüro unterhalten; hier sind meist alle Gruppen in einer Region mit Kontaktadressen oder eigenen Seiten aufgeführt. Sehr oft lassen sich Links zu einer Gruppe in der eigenen Stadt auch direkt über eine parallele Städte-Liste finden. Allerdings haben noch längst nicht alle lokalen ai-Gruppen eigene Seiten eingerichtet.

Andere deutschsprachige Ländersektionen erreicht man entweder über die Seite der deutschen Sektion oder direkt unter
- amnesty international Österreich: **http://www.amnesty.at**
- amnesty international Schweiz: **http://www.amnesty.ch**
- amnesty international Luxemburg: **http://www.amnesty.lu**

Die Seiten sind meist ähnlich strukturiert wie die Seite der deutschen Sektion. Interessant ist vor allem die Jugendseite der Schweizer Sektion, die verschiedene Aktionsvorschläge speziell für Jugendliche anbietet; auch ein Blick auf das umfangreiche und gut präsentierte Materialangebot lohnt sich.

Zusätzliche und vertiefende Informationen über fast alle gesuchten Themen sowie Links zu den Seiten anderer Ländersektionen rund um die Welt finden sich auf der zentralen internationalen Seite der Organisation:
http://www.amnesty.org

KONTAKT

SCHWEIZ   amnesty international
               Schweizer Sektion
               Postfach
               3001 Bern
               Tel.: 031 – 307 22 22
               Fax: 031 – 307 22 33

               Spendenkonto: PC-Kto./Chèque postal 30-3417-8

ÖSTERREICH   amnesty international Österreich
               Nationales Sekretariat
               Moeringgasse 10/1
               1150 Wien
               Tel.: 01 – 78 00 80
               Fax: 01 – 780 08 44

               Spendenkonto: PSK 1030000, BLZ 60 000

LUXEMBURG   amnesty international Luxembourg
               23, rue des Etats-Unis
               B.P. 1914
               1019 Luxembourg
               Tel.: 48 16 87
               Fax: 48 36 80

               Spendenkonto: C.C.P. Luxembourg, 33-33

DEUTSCHLAND   amnesty international
               Sekretariat der deutschen Sektion
               53108 Bonn
               Tel.: 0228 – 98 37 30
               Fax: 0228 – 63 00 36

               Spendenkonto: BfS Köln, BLZ 370 205 00,
               Konto Nr. 80 90 100

Wer Fragen hat, nach geeignetem Informationsmaterial sucht oder sich über die ai-Gruppen in der eigenen Umgebung orientieren will, wendet sich in Deutschland am besten an das nächstgelegene Regionalbüro (auch Bezirksbüro genannt). Die Regionalbüros werden ehrenamtlich geführt, Besucher sollten sich daher vorher anmelden oder sich nach den unterschiedlichen Öffnungszeiten erkundigen.

ai-Büro Aachen
Adalbert-Stein-Weg 123
52070 Aachen
Tel.: 0241 – 51 36 53

ai-Büro Augsburg
Oberer Graben 39
86152 Augsburg

ai-Büro Bergisches Land
Hünefeldstr. 90
42285 Wuppertal
Tel.: 0202 – 874 21

ai-Büro Berlin-Brandenburg
Greifswalderstr. 4
10405 Berlin
Tel.: 030 – 84 10 90 52

ai-Büro Bielefeld
Jöllenbecker Str. 103
33613 Bielefeld
Tel.: 0521 – 17 82 03

ai-Büro Bonn-Koblenz
Heerstr. 30
53111 Bonn
Tel.: 0228 – 965 31 91

ai-Büro Bremen-Ostfriesland
Goetheplatz 4
28203 Bremen
Tel.: 0421 – 32 79 37

ai-Büro Dortmund
Grisarstr. 2
44147 Dortmund
Tel.: 0231 – 83 67 11

ai-Büro Düsseldorf
An der Golzheimer Heide 120a
40468 Düsseldorf
Tel.: 0211 – 479 25 57

ai-Büro Frankfurt
Falkstr. 74
60487 Frankfurt
Tel.: 069 – 49 61 49

ai-Büro Hamburg
Immenhof 8
22087 Hamburg
Tel.: 040 – 220 77 47

ai-Büro Hannover
Fraunhoferstr. 15
30163 Hannover
Tel.: 0511 – 66 72 63

ai-Büro Karlsruhe
Durlacher Allee 66
76137 Karlsruhe
Tel.: 0721 – 966 39 36

ai-Büro Köln
Domstr. 56
50668 Köln
Tel.: 0221 – 12 14 15

ai-Büro Mainz-Wiesbaden
Kaiserstr. 31
55116 Mainz
Tel.: 06131 – 61 18 20

ai-Büro München
Leonrodstr. 9/1
80634 München
Tel.: 089 – 16 54 12

ai-Büro Nordhausen
Domstr. 12
99734 Nordhausen
Tel.: 03631 – 98 09 01

ai-Büro Nürnberg
Adlerstr. 40
90403 Nürnberg
Tel.: 0911 – 230 55 53

ai-Büro Rhein-Neckar
Augustaanlage 53
68165 Mannheim
Tel.: 0621 – 41 59 61

ai-Büro Kiel-Flensburg
Bremer Str. 2
24118 Kiel
Tel.: 0431 – 869 88

ai-Büro Lübeck
Brandenbaumer Landstr. 138
23564 Lübeck
Tel.: 0451 – 609 29 36

ai-Büro
Mecklenburg-Vorpommern
Hermannstr. 36
18055 Rostock
Tel.: 0381 – 201 21 02

ai-Büro Münster-Osnabrück
Achtermannstr. 10-12
48143 Münster
Tel.: 0251 – 473 02

ai-Büro Nordwürttemberg
Lazarettstr. 8
70182 Stuttgart
Tel.: 0711 – 23 36 53

ai-Büro Oberpfalz
Malergasse 15
93047 Regensburg
Tel.: 0941 – 599 99 90

ai-Büro Sachsen/Dresden
im ÖIZ
Kreuzstr. 7
01067 Dresden
Tel.: 0351 – 492 33 69

ai-Büro Sachsen/Leipzig
Sternwartenstr. 4
04103 Leipzig
Tel.: 0341 – 257 72 44

ai-Büro Sachsen-Anhalt
Eine-Welt Haus
Schopenhauerstr. 3
06114 Halle
Tel.: 0345 – 529 42 60

ai-Büro Südbaden
Basler Str. 20
79100 Freiburg
Tel.: 0761 – 752 15

ai-Büro Thüringen/Erfurt
Rudolfstr. 47
99092 Erfurt

ai-Büro Thüringen/Jena
Unterm Markt 13
07743 Jena
Tel.: 03641 – 44 30 57

ai-Büro Tübingen-Reutlingen
Reutlinger Str. 34
72001 Tübingen
Tel.: 07071 – 91 52 03

ai-Büro Ulm
Ensingerstr. 21
89073 Ulm
Tel.: 0731 – 636 32

ai-Büro Würzburg
Friedensstr. 3
97072 Würzburg
Tel.: 0931 – 88 69 27

»Allgemeine Erklärung der Menschenrechte«

Es ist immer wieder erstaunlich, wie viele Menschen von den Menschenrechten reden, ohne jemals auch nur einen Blick in das Originaldokument geworfen zu haben, nämlich in die Erklärung der Vereinten Nationen vom 10. Dezember 1948. Der Blick lohnt sich durchaus und erfordert wenig Mühe – der gesamte Text besteht aus nur 30 kurzen, aber erhellenden Absätzen.

amnesty international hat die »Allgemeine Erklärung der Menschenrechte« als Mini-Broschüre nachgedruckt, die man mit sich herumtragen kann. Man erhält sie kostenlos oder gegen eine kleine Spende von allen ai-Büros (siehe Adressenliste).

amnesty international
Jahresbericht
Fischer Taschenbuch Verlag

amnesty international veröffentlicht im Juni jeden Jahres einen umfangreichen Bericht über ihre Arbeit gegen Menschenrechtsverletzungen in aller Welt. Meist sind mehr als 150 Länder und damit über drei Viertel aller Staaten der Welt mit eigenen Kapiteln vertreten. In weiteren Beiträgen fasst ai ihre aktuellen Anliegen zusammen, informiert über die Arbeit der wichtigsten zwischenstaatlichen Organisationen und deren Rolle im Menschenrechtsschutz und listet auf, welche Staaten inzwischen den verschiedenen internationalen Verträgen zum Schutz der Menschenrechte beigetreten sind.

Das Buch gilt inzwischen als wichtigstes Nachschlagewerk zur aktuellen Lage der Menschenrechte in der Welt.

Jahrbuch Menschenrechte
suhrkamp taschenbuch,
Suhrkamp Verlag

In Zusammenarbeit mit amnesty international sowie dem Ludwig-Boltzmann-Institut für Menschenrechte (Wien) und dem Institut für Entwicklung und Frieden (Duisburg) erscheint seit 1998 diese jährliche Sammlung von Beiträgen namhafter Fachleute zur politischen Diskussion rund um den Menschenrechtsbegriff. Die einzelnen Bände eigenen sich vor allem für Leserinnen und Leser, die tiefer in die Materie einsteigen und sich über die Hintergründe aktueller Entwicklungen informieren wollen. Zahlreiche Literaturhinweise und ein informativer Service-Teil machen die einzelnen Bände auch als Nachschlagewerke nutzbar.

amnesty international: Publikationen

Die Organisation bemüht sich darum, möglichst viele Informationen öffentlich zugänglich zu machen, und bietet daher ein sehr breites Spektrum von

Materialien für fast jeden denkbaren Bedarf an. Die Palette reicht von komprimierten Überblicken in Flugblatt-Form über zusammenfassende Broschüren bis hin zu ausführlichen Büchern und umfasst sowohl Informationen über einzelne Länder als auch über allgemeine Menschenrechtsthemen wie zum Beispiel Folter, Todesstrafe oder Asyl. Einen aktuellen Überblick bietet die jährlich auf den neuesten Stand gebrachte »Publikationsliste«, die man kostenlos über alle Sekretariate und Regionalbüros von ai bestellen kann.

Die Würde des Menschen ist (un)antastbar
Ein Lesebuch gegen Folter
amnesty international, Ulm 2000

Beispielhaft für viele Themen, mit denen sich eine Menschenrechtsorganisation immer wieder konfrontiert sieht, fasst diese als Lesebuch aufgebaute Materialsammlung Erzählungen, Interviews, aktuelle und historische Sachinformationen sowie Berichte von Betroffenen über die Folter in heute über 100 Ländern der Welt zusammen und bietet einen kurzgefassten, aber umfassenden und vor allem leicht lesbaren Überblick zum Thema. Bezug: amnesty international, 53108 Bonn sowie ai-Büro Ulm, Ensingerstr. 21, 89073 Ulm.

Materialien für die Schule

amnesty international bietet unter dem Stichwort »Menschenrechtserziehung«

eine Fülle von Materialien für alle Schularten und Altersstufen an. Besonders vielseitig verwendbar ist das fächer- und stufenübergreifende Lehrwerk »Unterrichtspraxis Menschenrechte«, das eine Reihe von Unterrichtsarbeitungen zu verschiedenen Themen umfasst. Bisher sind im Rahmen der Reihe UE zu folgenden Themen erschienen: »Diskriminierung«, »Vereinbarungen«, »Konflikte«, »Frauen«, »Kinder«, »Religion«, »Toleranz«, »Asyl«. Bezug: amnesty international, 53108 Bonn.

Im Verlag Bergmoser + Höller sind Unterrichtsmaterialien zu verschiedenen Themen erschienen, darunter »Todesstrafe«, »Verschwindenlassen und politischer Mord«, »Einsatz für die Menschenrechte – amnesty international«, die über den Buchhandel, den Verlag oder ai bezogen werden können.

Speziell für Deutschstunden, aber auch für die fächerübergreifende Arbeit eignen sich Unterrichtsmodelle zu einigen belletristischen Büchern, die sich mit Menschenrechtsfragen befassen. Dazu gehören: »*Geschichten aus dem Niemandsland* – Angebote für die Arbeit in der Literaturwerkstatt und zur Öffnung von Unterricht« von Tanja Kurzrock und Sven Schmolke über das gleichnamige Buch von Fiechtner/Vesely (Bezug: Schmetterling-Verlag, Lindenspürstr. 38b, 70176 Stuttgart) sowie die Unterrichtsmodelle von Hans Göttler über »1789-1794: Revolutionsgeschichte von unten« zu Cili Weghams »Tignasse. Kind der Revolution«, über »Nicht die Erde hat sie verschluckt! Verschwundene – Opfer politischer Verfolgung« zu Urs M. Fiechtners »Annas

Geschichte« und über »Spuren legen, damit so etwas nie wieder geschieht« zu Irinia Korschunows »Er hieß Jan«. Unterrichtsmodelle für die 7. bis 10. Klassen sind im Sammelband »Moderne Jugendbücher für die Schule« im Schneider Verlag Hohengehren zusammengefasst.

Reiner Engelmann / Urs M. Fiechtner (Hg.)
Frei und gleich geboren
Ein Menschenrechte-Lesebuch
Verlag Sauerländer, Frankfurt am Main 1998; als Taschenbuch im Unionsverlag, Zürich 1999

Dieses viel gelesene und sehr vielseitige Lesebuch mit Beiträgen von 30 renommierten Autorinnen und Autoren, Wissenschaftlern, ehemaligen politischen Gefangenen, Mitarbeitern von Menschenrechtsorganisationen sowie Journalisten aus 10 Ländern der Welt beschäftigt sich mit den bürgerlichen und politischen Menschenrechten. Die Verbindung von Sachinformationen mit tiefer gehenden Kurzgeschichten, dokumentarischen Berichten, autobiographischen Erzählungen, Gedichten, Liedern und einem Bühnenstück mit dem vollen Text der Menschenrechtserklärung sowie einem Serviceteil mit Angaben über die wichtigsten Menschenrechtsorganisationen im deutschsprachigen Raum macht das Lesebuch gleichzeitig zu einer empfehlenswerten Materialsammlung für alle, die mehr über die Lage der Menschenrechte erfahren wollen.

Reiner Engelmann (Hg.)
Plötzlich ist nichts mehr sicher
Verlag Elefanten Press, Berlin 2000

Kinder im Krieg haben keine Zeit, Kind zu sein. Sie können nicht in die Schule gehen, haben oft keine Eltern mehr, die sich um sie kümmern, oder müssen Aufgaben der Erwachsenen übernehmen. Aus der Perspektive von Kindern erzählen namhafte Autoren über Krieg, Vertreibung und Flucht.

Reiner Engelmann (Hg.)
Tatort Klassenzimmer
Arena-Verlag, Würzburg, 6. Auflage 2000

Kurzgeschichten und andere Beiträge verschiedener Autoren über Gewalt im Schulalltag. Sind die heutigen Schülerinnen und Schüler gewalttätiger als die Generation ihrer Eltern und Großeltern? Wie stehen sie zu den Rechten der anderen? Können sie ihre Konflikte nicht verbal austragen? Sind sie in ihrer Gewalttätigkeit ein Spiegelbild der Gesellschaft?

Urs M. Fiechtner / Sergio Vesely
Geschichten aus dem Niemandsland
Kurzgeschichten über Menschenwürde und Menschenrechte
Schmetterling-Verlag, Stuttgart 1999

Diese dritte, überarbeitete und um neue Geschichten erweiterte Ausgabe umfasst die bekanntesten Kurzgeschichten beider Autoren über Menschenrechtsthemen. Auf der Basis von Dokumenten, Zeugenaussagen und Interviews mit Flüchtlingen aus vieler Herren Länder und aus eigener Erfahrung erzählen die Autoren, oft in überraschenden Wendungen und immer mit dem Blick für das Wesentliche, von Tätern und Opfern, von der äußeren und der inneren Situation der Verfolgten wie der Verfolger in unserer von politischen und sozialen Konflikten geprägten Zeit.

Begleitend zum Buch bietet der Verlag ein Unterrichtsmodell von Kurzrock/Schmolke für 9.-12. Klassen an, das auch Sekundärmaterialien für besonders interessierte Leser/innen enthält.

Am Beispiel der Eroberung Amerikas im 16. Jh. und der Lebensgeschichte von Bartolomé de Las Casas, dem ebenso berühmten wie bis heute umstrittenen »Verteidiger der Indios«, behandelt dieser spannend geschriebene Rückblick auf eine entscheidende Epoche der Welt- und Religionsgeschichte viele historische Grundlagen der heutigen geistigen und politischen Auseinandersetzungen rund um die Menschenrechte und gibt einen ebenso informativen wie unaufdringlichen Einblick in die Ursachen vieler Konflikte, die noch heute das Verhältnis zwischen Erster und Dritter Welt bestimmen.

Urs M. Fiechtner
Annas Geschichte
Die Geschichte einer Verschwundenen
Deutscher Taschenbuch Verlag, 9. Auflage 1998

Die mit vielen Literaturpreisen bedachte und in mehrere Sprachen übersetzte Erzählung berichtet vom Leben und Überleben einer jungen politischen Gefangenen und ihrer Familie, die lange Zeit als »verschwunden« galten. Das Buch ist bis ins Detail sorgfältig recherchiert, spannend geschrieben und wird gleichermaßen für Jugendliche wie für Erwachsene empfohlen.

Urs M. Fiechtner / Sergio Vesely
Erwachen in der Neuen Welt
Romanbiographie über Bartolomé de Las Casas
Schmetterling-Verlag, Stuttgart 2001

Monireh Baradaran
Erwachen aus dem Albtraum
Unionsverlag, Zürich 1998

Neun Jahre lebte die Autorin in den berüchtigten Gefängnissen von Teheran. Sie berichtet aus einer anderen Welt, von deren Regeln wir kaum eine Vorstellung haben. Tod und Trauer, Glück und Heiterkeit Zuneigung und Ausgrenzung – tiefe menschliche Gefühle und unmenschliche Grausamkeit prallen hier unmittelbar aufeinander.

Ingeborg Bayer
Ehe alles Legende wird
Arena Verlag, Würzburg 1995

Das Buch zeigt anhand von Dokumenten, Umfragen und Berichten von Zeitzeugen die Wurzeln des Dritten Reiches auf und spürt seinen Ausläufern nach –

ein Versuch, den »braunen Faden« von der Weimarer Republik über das »Tausendjährige Reich« bis hin zum Rechtsextremismus unserer Zeit sichtbar zu machen.

Luiz Claudio Cardoso
Der Tag, an dem sie Vater holten
Nagel & Kimche, Zürich 1996

Die Erzählung basiert auf einem authentischen Fall aus der Zeit der Militärherrschaft in Brasilien und berichtet aus unterschiedlichen Perspektiven vom Auseinanderbrechen einer Familie unter den Verfolgungen der Diktatur. Ohne selbst eine Bewertung vorzunehmen, konfrontiert der Autor den Leser mit einem zentralen ethischen Dilemma des Lebens unter jeder (beliebigen) Diktatur: Wer politisch verantwortlich handelt, kann sich selbst und seine Angehörigen gefährden; wer jedoch schweigt, macht sich mitschuldig.

Edition »Ich klage an«
(Buchreihe)
Verlag Elefanten Press, Berlin

Literatur und Sachbuch in einem bieten die zahlreichen, kurzgefassten und übersichtlich gegliederten Bücher dieser laufend fortgesetzten Reihe über aktuelle Konflikte und Menschenrechtsverletzungen. Jeder Band widmet sich einem bestimmten Thema (zum Beispiel »Folter«, »Sklaven«, »Landminen«, »Rassismus«, »Asyl« u.v.m.) und enthält zwei erzählende Texte, die einen leicht lesbaren Block mit Sachinformationen umschließen. Die Buchreihe ist auch für jüngere Leser/innen geeignet.

Hans-Martin Große-Oetringhaus
Kinder haben Rechte – überall
Verlag Elefanten Press, Berlin 1995

Ein äußerst nützliches Nachschlagewerk für alle, die sich über das Thema Kinderrechte kundig machen wollen. Das Buch enthält viele informative Geschichten, aber auch Spiele, Aktionsvorschläge, Bilder und Fotos.

Ivan Ivanij
Der Aschenmensch von Buchenwald
Picus Verlag, Wien 1999

Bei Renovierungsarbeiten im Krematorium der Gedenkstätte des Konzentrationslagers Buchenwald werden 700 Urnen mit der Asche von namenlosen Häftlingen gefunden. Es wird beschlossen, die Asche der Toten, fünfzig Jahre nach ihrer Ermordung, in einem Gemeinschaftsgrab beizusetzen. Damit beginnt der Roman von Ivan Ivanij, der selbst Häftling im Konzentrationslager war.

Till Müller-Heidelberg u.a. (Hg.)
Grundrechte-Report
rororo, Reinbek

Der Report erscheint jährlich als Projekt der Humanistischen Union, der Gustav-Heinemann-Initiative, des Komitees für

Grundrechte und Demokratie und des Bundesarbeitskreises kritischer Juragruppen. Er beschreibt Gefahren und Verstöße, die vom Staat und seinen Organen ausgehen. Die einzelnen Bücher eignen sich für kritische Leser/innen, die sich tiefer in die Materie einarbeiten und dabei ein Auge auf Grund- und Menschenrechtsthemen in Deutschland werfen wollen.

Dieter Schenk
Es geschah vor meinen Augen
rororo, Reinbek 1993

Isabel muss mit ansehen, wie ihr Vater in El Salvador von einer Todesschwadron erschossen wird. Sie geht nach Deutschland, lernt amnesty international kennen und beginnt, sich mit Menschenrechten auseinanderzusetzen.

Annemarie Stoltenberg (Hg).
Anstiftung zur Courage
rororo/Rotfuchs, Reinbek 1997

Ein Miniatur-Taschenbuch zu einem großen Thema: Zivilcourage. In mehreren kurzen Beiträgen und Geschichten bekannter Autoren behandelt das kleine Buch das Leben – so der Untertitel – »Von mutigen Menschen«, kommt dabei völlig ohne moralische Zeigefingerei aus und vermittelt wie nebenbei die alte Wahrheit, dass jeder eine Chance hat, gegen den Strom der Faulheit des Denkens und Fühlens, der Feigheit und Gleichgültigkeit anzuschwimmen. Eine längere Version desselben Büchleins mit weiteren Autoren ist unter dem Titel »Gegen den Strom« im selben Verlag erschienen.

Die Autorinnen und Autoren

Adewale, Toyin
*1969 in Ibadan/Nigeria, gehört zur Generation junger, schwarzafrikanischer Schriftstellerinnen, deren literarische Werke von Menschenrechten, ökologischen und sozialen Konflikten sowie der Stellung der Frau in der Gesellschaft handeln; lebt in Lagos.

Barnes de Carlotto, Estela
Die heutige Präsidentin der weltweit renommierten »Abuelas de Plaza de Mayo« in Argentinien schloss sich der Organisation noch unter der Militärdiktatur an. Ihre Tochter Laura Estela Carlotto war im November 1977 aus politischen Gründen verhaftet worden und brachte laut Zeugenaussagen während der Haft im Juni 1978 einen gesunden Jungen zur Welt, dem sie den Namen Guido gab. Sofort nach der Geburt wurden Mutter und Tochter getrennt. Laura wurde im August 1978 von Militärangehörigen ermordet. Ihr Sohn Guido, der Enkel der Autorin, gilt heute als »verschwunden«.

Belli, Gioconda
*1948 in Managua, studierte in Spanien und den USA, beteiligte sich ab 1970 am Widerstand der Sandinistischen Befreiungsfront gegen die Somoza-Diktatur, arbeitete vor allem im Bereich der politischen Bildung, lebt heute in Santa Monica, USA.

Chudožilov, Petr
*1943 im mährischen Prostejov, er verließ mit seiner Familie die frühere Tschechoslowakei, als er dort nicht veröffentlichen durfte, lebt als freiberuflicher Publizist und Schriftsteller in Basel.

Cumart, Nevfel A.
*1964, studierte Turkologie, Arabistik und Islamwissenschaft, lebt seit 1993 freiberuflich als Schriftsteller, Übersetzer und Journalist in Stegaurach bei Bamberg.

Darko, Amma
*1956 in Tamale/Ghana, gehört seit Jahren zu den wenigen schwarzafrikanischen Schriftstellerinnen, die international Gehör finden, 1998 ausgezeichnet mit dem »Ghana Book Award«, lebt in Accra.

Dieter, Richard C.
* in New York, studierte an der Universität von Notre Dame Mathematik und in Georgetown Jura, z. Zt. gehört er dem Gericht von Maryland an, dem Gericht des District of Columbia und dem Obersten Gerichtshof, er ist außerordentlicher Professor an der Columbus

School of Law und geschäftsführender Direktor des 1990 gegründeten Death Penalty Information Center in Washington DC.

Dijk, Lutz van
*1955 in Berlin, Studium der Pädagogik und Geschichte, von 1992 bis 1999 Mitarbeiter im Anne-Frank-Haus in Amsterdam, freiberuflicher Schriftsteller und Fotograf, lebt in Amsterdam.

Duo Duo (Pseudonym)
*1951 in Peking, Journalist und Schriftsteller, flüchtete 1989 zunächst nach England, arbeitete dort an der Universität in London, war in verschiedenen europäischen Städten Stadtschreiber, lebt heute in Leiden, Niederlande.

Eickelpasch, Rosida
*1944, aufgewachsen in Olbernhau/Erzgebirge, verheiratet, drei Kinder, seit mehr als zwanzig Jahren aktives Mitglied bei amnesty international, lebt in Ennigerloh/Westfalen.

Engelmann, Reiner
*1952 in Völkenroth/Hunsrück, Sozialpädagoge an einer Schule für Lernbehinderte, Autor und Herausgeber, seit 1969 Mitglied bei amnesty international, lebt in Manubach/Mittelrhein.

Fiechtner, Urs M.
*1955 in Bonn, aufgewachsen in Lateinamerika, seit 1970 Mitglied bei amnesty international in verschiedenen Funktionen, lebt als freiberuflicher Schriftsteller in der Nähe von Ulm.

Fröhlich, Roswitha
*1924 in Berlin, studierte Kunst und Germanistik, war Mitarbeiterin des Süddeutschen Rundfunks, VS-Mitglied, schreibt vorwiegend Kinder- und Jugendliteratur, lebt in Mannheim.

Galeano, Eduardo
*1940 in Montevideo/Uruguay, schreibt für verschiedene Zeitschriften in Uruguay und Argentinien, 1976–1985 im spanischen Exil, lebt seit Frühjahr 1985 nach der Beendigung der Militärdiktatur in Uruguay wieder in Montevideo.

Gordimer, Nadine
*1923 in Springs bei Johannesburg als Tochter jüdischer Eltern, mit fünfzehn Jahren publizierte sie ihre erste Erzählung; als Romanautorin und Erzählerin wurde sie weltweit bekannt, während in Südafrika mehrere ihrer Werke dauernd oder zeitweilig der Zensur zum Opfer fielen; ihre Werke wurden vielfach ausgezeichnet, u. a. 1991 mit dem Literaturnobelpreis, lebt in Johannesburg.

Gräbner, Cornelia
*1975, Studentin und seit einigen Jahren Mitglied bei amnesty international, lebt in Bonn.

Große-Oetringhaus, Hans-Martin
*1948, Lehrerstudium, mehrere Jahre Lehrauftrag zur »Pädagogik der 3. Welt«, zahlreiche Arbeits- und Studienaufenthalte im Ausland, ist heute Schriftsteller und arbeitet als Medienpädagoge bei terre des hommes, lebt in Duisburg.

Gruša, Jiři

*1938 in Pardubice/Böhmen, studierte Philosophie und Geschichte an der Prager Karls-Universität, Mitarbeiter und Gründer verschiedener Zeitschriften und Wochenzeitungen, wodurch er in große Auseinandersetzungen mit der damaligen politischen und literarischen Nomenklatur geriet, Mitwirkung am Prager Frühling, 1969 Anklage wegen Teilpublikation seines Romans, 1970 Berufsverbot, Unterzeichner der Charta 77, strafrechtliche Verfolgung und Verhaftung nach Erscheinung seines ersten Romans, 1980 Übersiedlung in die Bundesrepublik, 1981 Ausbürgerung gegen seinen Willen, 1983 deutsche Staatsbürgerschaft, nach der Wende 1989 zunächst Botschafter in Bonn, 1993 Minister für Bildungswesen, Jugend und Sport in Tschechien, seit 1998 Tschechischer Botschafter in Österreich.

Hashemi, Kazem

*1956, persischer Abstammung, deutscher Staatsbürger, lebt seit 1976 in der Bundesrepublik Deutschland, Dipl.-Ing. Werkstoffwissenschaften und Informatiker, setzt sich seit 1980 aktiv für Menschenrechte in islamischen Ländern ein, publiziert Bücher in persischer und deutscher Sprache zu Menschenrechtsthemen, lebt in Saarbrücken.

Heredia, Francisco

*1948 in Córdoba/Argentinien, Optikerlehre, wurde Musiker und Komponist und begleitete namhafte Künstler auf Tourneen, lebte von 1979 bis 1984 in Mexiko im Exil, lebt heute mit seiner Familie in Buenos Aires/Argentinien.

Hermanns, Jutta

*1962 in Biedenkopf/Lahn, Jurastudium, als Anwältin besonders tätig auf dem Gebiet des Asylrechts, derzeit Mitarbeit beim Aufbau einer Zweigstelle des Projekts »Rechtliche Hilfe für sexuell gefolterte Frauen« in Berlin, lebt in Berlin.

Herz, Monika

*in Aitrach (Allgäu), Rechtsanwältin in Ulm, als Diplomtheologin nebenberuflich für das Offizialat der Diözese Rottenburg-Stuttgart tätig, ehrenamtliche Tätigkeit bei verschiedenen Organisationen, die sich mit Menschenrechten und Gleichberechtigung beschäftigen, u. a. dem Behandlungszentrum für Folteropfer in Ulm, lebt in Ulm.

Ivanij, Ivan

*1929 in Zrenjanin/Jugoslawien, war als Jude 1944/45 in den Konzentrationslagern Auschwitz und Buchenwald, studierte in Belgrad Architektur und Germanistik, war Journalist, Dramaturg, Theaterintendant, Diplomat und Dolmetscher Titos, lebt heute als freier Schriftsteller und literarischer Übersetzer in Wien.

Jørgensen, Leif

*1929 in Dänemark, seit 1978 freiberuflicher Schriftsteller und Übersetzer, dessen Werke vorwiegend im skandinavischen Raum erscheinen, lebt in Hellerup/Dänemark.

Kirleis, Irmela

*1930 in Altenwalde/Cuxhafen, Erzieherin, Mutter von drei Kindern, seit

1977 Mitglied bei amnesty international, lebt in Einbeck.

Kohlrusch, Eva
*1942, gelernte Industriekauffrau, 1965 journalistische Ausbildung bei Axel Eggebrecht im Norddeutschen Rundfunk, als freie Autorin in Deutschland und Österreich tätig, lebt in Hamburg.

Konrád, György
*1933 in Debrecen/Ungarn, Studium der Literatur, Soziologie und Psychologie in Budapest, Teilnahme am ungarischen Volksaufstand, 1990–1993 Präsident des internationalen PEN, anschließend dessen Vizepräsident, seit 1991 Mitglied und seit 1997 Präsident der Akademie der Künste in Berlin; zahlreiche internationale Preise, darunter den Friedenspreis des Deutschen Buchhandels 1991, lebt in Berlin.

Krausnick, Michail
*1943 in Berlin, studierte Literaturwissenschaft und Soziologie, schreibt Hörspiele, Drehbücher, Theaterstücke, Gedichte und Geschichten, lebt als freiberuflicher Schriftsteller in Neckargemünd.

Kunert, Günter
*1929 in Berlin, studierte Graphik, 1948 publizierte er erstmals Gedichte, 1948 Eintritt in die SED, aus der er 1977 wieder ausgeschlossen wird, nachdem er eine Petition gegen die Biermann-Ausbürgerung unterschrieben hatte, Mitglied der Akademie der Künste und der Deutschen Akademie für Sprache und Dichtung, lebt als freiberuflicher Schriftsteller bei Itzehoe.

Kunze, Joe
*1972 in Waiblingen, Studium der Elektrotechnik in Ulm, viele Jahre ehrenamtliche Tätigkeiten in der Jugendarbeit, seit einigen Jahren Mitglied bei amnesty international, lebt in Heilbronn.

Kurt, Kemal
*1947 in Çorlu/Türkei, studierte in Ankara und Miami, lebt seit 1975 in Berlin, ab 1981 neben-, seit 1990 hauptberuflicher Schriftsteller.

Marti, Kurt
* 1921 in Bern, schweizer. ref. Theologe und Schriftsteller, veröffentlicht seit 1959 Lyrik, oft auch politische Lyrik, zählt zu den bekanntesten Lyrikern im deutschen Sprachraum, lebt in Bern.

Marynovych, Myroslav
war von 1977 bis 1987 politischer Gefangener in der damaligen UdSSR, eine amnesty-Gruppe setzte sich für seine Freilassung ein, gründete 1993 in der Ukraine die erste amnesty-Sektion in diesem Land, ist seit 1997 Leiter des Instituts für Religion und Gesellschaft an der theologischen Akademie in Levi.

Meisheit, Michael
*1972 in Köln, seit 1997 tätig als freier Drehbuchautor, seit 1992 Mitglied bei amnesty international, von 1995 bis 1998 im Bundesvorstand unter anderem für die Jugendarbeit zuständig, lebt in Berlin.

Monaco, Paula
*1977 in Villa Maria/Argentinien, beide

Elternteile sind 1978 während der Militärdiktatur »verschwunden«, aufgewachsen bei den Großeltern, engagiert sich seit einigen Jahren bei HIJOS, studiert Kommunikationswissenschaft, lebt in Córdoba/Argentinien.

Munzer-Dorn, Markus
*1955, klassische Gitarrenausbildung, studierte Literaturwissenschaft, Liedermacher, Komponist vor allem von Bühnenmusik, Konzertgitarrist und Autor, lebt in Ulm.

Ölmez, Yildiz
*1971 in Ahlat/Bitlis/Türkei, Kurdin, musste im November 1997 ihr Land aufgrund politischer Verfolgung verlassen und wurde 1998 in Deutschland als politischer Flüchtling anerkannt, arbeitet mit am Projekt »Rechtliche Hilfe für sexuell gefolterte Frauen«, lebt in Berlin.

Oufkir, Malika
*1953 als Tochter des marokkanischen Generals Oufkir, wurde vom marokkanischen König Mohammed V. als Spielgefährtin für seine gleichaltrige Tochter adoptiert, von 1972 bis 1991 in marokkanischer Gefangenschaft, lebt heute mit ihrem Mann in Paris und hat zusammen mit der Journalistin Michèle Fitoussi ihre Lebensgeschichte in dem Buch »Die Gefangene« veröffentlicht.

Sterthoff, Hubert
*1954 (von Geburt an blind), Verwaltungsangestellter bei der Stadt Hamm, Mitglied der ÖTV und des Personalrats, seit 1979 Mitglied von amnesty international und dort in verschiedenen Funktionen tätig, u. a. im Bundesvorstand, seit 1998 wieder Bezirkssprecher des Dortmunder Bezirks, lebt in Hamm.

Thomsen, Bernd
*1949, Rechtsanwalt, Autor und Herausgeber völkerrechtlicher Publikationen, lebt in Bremen.

Thun, Konstantin
*1949 in Herdringen/Westfalen, Jura- und Politikstudium, seit 1972 Mitglied bei amnesty international und der Kommission für Menschenrechte des Vereins der Richter und Staatsanwälte und des Anwaltvereins Freiburg, Rechtsberater des Bürgerkomitees der ehemaligen DDR und der Koalition gegen Straflosigkeit in Nürnberg, Vertreter von Opfern in Strafverfahren gegen chilenische und argentinische Generäle, lebt in Freiburg.

Tuckermann, Anja
*1961, Schriftstellerin und Journalistin, schreibt Prosa, Lyrik und Theaterstücke für Kinder, Jugendliche und Erwachsene, bis 1997 freie Mitarbeiterin beim RIAS-Kinderfunk Berlin, 1998/1999 Stadtschreiberin in Berlin-Hellersdorf, lebt in Berlin.

Vesely, Sergio
*1952 in Santiago de Chile, Autor und Musiker, ehemaliger politischer Gefangener in Chile, lebt seit seiner Ausweisung 1976 in der Nähe von Stuttgart.

Weber, Guntram
*1943 in Posen, Studium in Berlin und Madison/Wisconsin (USA), Autor von

Kinder- und Jugendtheaterstücken und Drehbüchern, Filmuntertitler, Übersetzer, führt seit 1987 Schreibwerkstätten mit Kindern und Jugendlichen in Berlin-Kreuzberg durch, lebt in Berlin.

Welsh, Renate
*1937 in Wien, Autorin zahlreicher mit Preisen ausgezeichneter Bücher vorwiegend für Kinder und Jugendliche, führt für Kinder, Jugendliche und Erwachsene Schreibwerkstätten durch, lebt in Wien.

Quellenverzeichnis

Alle Abdrucke erfolgen mit freundlicher Genehmigung
des jeweiligen Verlags.

Bittere Schokolade
aus: Toyin Adewale, Flackernde Ker-
zen. Frauengeschichten aus Nigeria,
© Schmetterling Verlag, Stuttgart 1999.
Übersetzt von Anita Jörges-Djafari

Die Hölle
aus: Malika Oufkir/Michèle Fitoussi,
Die Gefangene, © Marion von Schrö-
der, München 1999. Übersetzt von
Christiane Filius-Jehne

**Menschenrechte im sich
erweiternden Europa**
aus: György Konrád, Die Erweiterung
der Mitte – Europa und Osteuropa am
Ende des 20. Jahrhunderts, Wiener Vor-
lesungen, © Picus Verlag, Wien 1999

**Klar, wir sind kein
Beerdigungsinstitut**
aus: Gioconda Belli, Wenn du mich
lieben willst, © Peter Hammer Verlag,
Wuppertal 1985. Übersetzt von Dieter
Masuhr

Angst im Kopf
Auszüge aus dem gleichnamigen Theaterstück von Anja Tuckermann und
Guntram Weber, © Verlag Autorenagentur, Frankfurt am Main 2000
(Uraufführung im widu-Theater Ol-
denburg, 1999). Die vollständige Text-
fassung ist beim Verlag Autorenagentur
zu beziehen.